中国有个洪泽湖

郭明珠　主编

河海大学出版社
HOHAI UNIVERSITY PRESS
·南京·

内容简介

洪泽湖，我国第四大淡水湖，是淮河流域防洪和国家南水北调东线工程的调蓄湖泊，是苏北地区的重要水源，是我省生态安全保障的核心绿肺，具有重要的生态区位价值、优越的资源环境、禀赋和深厚的历史文化底蕴。《中国有个洪泽湖》是一本水情科普书籍，旨在向政府部门工作人员、社会公众以及中小学生等介绍洪泽湖基本水情知识，增加社会对洪泽湖的了解。本书主要介绍了洪泽湖基本情况、形成过程，历史上洪泽湖治理保护主要历程和相关历史人文，洪泽湖的主要功能及对经济社会发展的重要意义，周边水系水文及主要控制工程，沿洪泽湖重要名胜古迹和沿湖主要古镇，洪泽湖治理保护工作历史沿革和近期取得的主要工作成效，历史上关于洪泽湖开发利用以及治理保护的重要事件概况等。

图书在版编目(CIP)数据

中国有个洪泽湖 / 郭明珠主编. -- 南京 ：河海大学出版社，2022.12(2023.8 重印)

ISBN 978-7-5630-7834-9

Ⅰ. ①中… Ⅱ. ①郭… Ⅲ. ①洪泽湖－介绍 Ⅳ. ①K928.43

中国版本图书馆 CIP 数据核字(2022)第 233984 号

书　　名 中国有个洪泽湖
书　　号 ISBN 978-7-5630-7834-9
责任编辑 龚　俊
特约编辑 梁顺弟　卞月眉
特约校对 丁寿萍　许金凤
封面设计 徐娟娟
出版发行 河海大学出版社
地　　址 南京市西康路 1 号(邮编：210098)
网　　址 http://www.hhup.com
电　　话 (025)83737852(总编室)　(025)83722833(营销部)
经　　销 江苏省新华发行集团有限公司
排　　版 南京布克文化发展有限公司
印　　刷 广东虎彩云印刷有限公司
开　　本 880 毫米×1230 毫米　1/32
字　　数 277 千字
印　　张 9.875
插　　页 2
版　　次 2022 年 12 月第 1 版
印　　次 2023 年 8 月第 2 次印刷
定　　价 58.00 元

前言

习近平总书记在2021年11月13日视察江都水利枢纽时指出，要依托大型水利枢纽设施和江都水利枢纽展览馆，积极开展国情和水情教育，引导干部群众特别是青少年增强节约水资源、保护水生态的思想意识和行动自觉。

洪泽湖是淮河流域防洪的调蓄湖泊，是苏北人民的母亲湖，历史悠久，文化灿烂。自明清开始，洪泽湖就在经济社会发展中扮演重要角色，关乎社稷安全，关乎国计民生，因此，在洪泽湖的治理过程中留下了十分灿烂的历史文化，其中所蕴含的关心疾苦的人本精神、直面困难的拼搏精神、勇于开拓的创新精神和恪尽职守的奉献精神值得大力弘扬。

近年来，在江苏省委省政府坚强领导和江苏省洪泽湖管理委员会正确指导下，经省有关部门以及淮安、宿迁两市政府共同努力，洪泽湖治理保护工作取得显著成果，洪泽湖生态环境和水环境得到显著改善，沿湖群众安全感、获得感和幸福感显著提高，洪泽湖治理保护取得阶段性成果。

为贯彻落实习近平总书记讲话精神，普及洪泽湖水情知识，弘扬洪泽湖历史文化，展示洪泽湖治理保护成果，2022年，江苏省洪泽湖水利工程管理处着手编辑洪泽湖水情教育书籍，管理处成立了由处党委书记、主任郭明珠任主编，吴晓兵、张敏、郭军任副主编的编写组，组织开展编写工作。

为了写好这本书，参加编写的同志克服时间紧、任务重的困难，解决好撰写工作和正常工作之间的矛盾，深入学习生态文明建设、河湖管理保护以及水情教育方面的方针、政策和文件精神，查阅大量文史资料，深入洪泽湖现场调查研究。2022 年 6 月，《中国有个洪泽湖》初稿完成，由吴晓兵副主编统稿，经郭明珠主编审阅后，得以定稿。

《中国有个洪泽湖》第一章由吴晓兵、马雪柔、王亭亭执笔，第二章由张敏、吴晓兵执笔，第三章由霍中元执笔，第四章由徐铭执笔，第五章由吴晓兵、马雪柔执笔，第六章由张祯、许诺执笔，第七章由郭军执笔，第八章由李向向执笔，第九章由王进东、时殿亮、曹恒楼执笔。

由于时间较紧，且水平有限，本书错误在所难免，恳请广大读者给予批评指正，并对本书提出宝贵意见，以便我们今后进一步修订。

编者

2022 年 8 月

目录

第一章　洪泽湖概况 …………………………………… 1

第一节　自然地理 …………………………………… 1

一、基本概况 …………………………………… 1

二、地形地貌 …………………………………… 2

三、气候特征 …………………………………… 3

四、流域水系 …………………………………… 3

第二节　自然资源 …………………………………… 4

一、水资源 …………………………………… 4

二、岸线资源 …………………………………… 4

三、生物资源 …………………………………… 5

四、矿产资源 …………………………………… 5

五、滩地资源 …………………………………… 6

六、旅游资源 …………………………………… 6

第三节　社会经济 …………………………………… 7

一、淮安市 …………………………………… 7

二、宿迁市 …………………………………… 8

第四节　湖泊湿地 …………………………………… 10

一、泗洪洪泽湖湿地 …………………………………… 11

二、洪泽湖东部湿地 …………………………………… 13

第五节 水资源状况 …… 14
一、水资源总量 …… 14
二、降水量 …… 14
三、地表径流量 …… 15
四、地下水资源量 …… 15
五、水质状况 …… 15
第六节 灾害概况 …… 18
一、洪涝灾害 …… 18
二、旱灾 …… 20
三、水污染灾害 …… 21

第二章 洪泽湖的形成 …… 23
第一节 洪泽湖形成条件 …… 23
一、地质构造是洪泽湖形成的自然条件 …… 23
二、漕运的需要是洪泽湖形成的政治条件 …… 24
三、黄河南侵对洪泽湖形成影响重大 …… 25
四、洪泽湖大堤是洪泽湖形成的人为因素 …… 27
第二节 洪泽湖形成过程 …… 28
一、洪泽湖地区的治理开发为洪泽湖形成基础 …… 28
二、明万历时期洪泽湖初步形成 …… 29
三、万历以后对洪泽湖的完善 …… 32

第三章 洪泽湖水系水文 …… 35
第一节 水系 …… 35
一、上承河道 …… 35
二、下泄河道 …… 39

第二节　水文 …… 41
一、水位特征 …… 41
二、汛情特点 …… 43
三、降水分布 …… 45
四、洪水特征 …… 46
五、换水周期 …… 49
第三节　水文测站 …… 51
一、蒋坝水位站 …… 51
二、高良涧水位站 …… 52
三、老子山水位站 …… 52
四、尚嘴水位站 …… 53
五、双沟水文站 …… 53
六、三河闸水文站 …… 54
七、高良涧闸水文站、高良涧水文站 …… 54
八、二河闸水文站 …… 54
九、二河新闸水文站 …… 55
十、杨庄闸水文站 …… 55

第四章　洪泽湖周边主要水利工程 …… 56
第一节　洪泽湖大堤 …… 56
第二节　蓄洪圈堤 …… 57
一、蓄洪圈堤形成历史 …… 57
二、第一期蓄洪堤工程实施 …… 58
三、洪泽湖周边滞洪区建设 …… 60
第三节　水闸工程 …… 61
一、三河闸 …… 61

二、二河闸 …… 62
三、高良涧进水闸 …… 63
第四节　灌区工程 …… 64
一、洪金灌区 …… 66
二、周桥灌区 …… 67
第五节　泵站工程 …… 68
一、洪泽站 …… 68
二、泗洪站 …… 69
三、淮阴站 …… 70
四、淮阴三站 …… 71
第六节　船闸工程 …… 72
一、高良涧船闸 …… 72
二、三河船闸 …… 73
三、成子河船闸 …… 74
四、大柳巷船闸 …… 74
第六节　水电站 …… 75
一、高良涧水电站 …… 75
二、三河闸水电站 …… 76
三、高良涧进水闸水电站 …… 76
四、南水北调洪泽站水电站 …… 76

第五章　洪泽湖的功能 …… 77
第一节　防洪功能 …… 77
一、防洪工程布局 …… 78
二、主要防洪工程 …… 79
三、调度原则 …… 83

第二节　供水功能 …… 83
一、南水北调 …… 84
二、农业灌溉 …… 86
三、饮用水水源地 …… 87
第三节　生态功能 …… 90
一、调蓄洪水 …… 90
二、地下水供给 …… 90
三、水质净化 …… 91
四、土壤保持 …… 91
五、调节气候 …… 91
六、维持生物多样性 …… 92
第四节　其他功能 …… 93
一、水上航运 …… 93
二、水力发电 …… 94
三、水产养殖 …… 94
四、旅游功能 …… 95

第六章　洪泽湖治理及保护 …… 96
第一节　洪泽湖管理 …… 96
一、管理体制 …… 96
二、管理机构 …… 99
第二节　法律法规 …… 101
一、《江苏省湖泊保护条例》 …… 101
二、《洪泽湖保护规划》 …… 103
三、《江苏省洪泽湖保护条例》 …… 104
第三节　治理保护 …… 105

一、洪泽湖清障……105
二、打击非法采砂……107
三、"两违三乱"整治及清"四乱"……110
四、涉湖建设项目管理……111
五、两船整治……115
六、生态修复……118
七、退圩还湖……123
八、退渔还湖……125

第七章　历史人文……127
第一节　历史遗存……127
一、明清石工墙……127
二、周桥大塘……129
三、信坝遗址……130
四、镇水铁牛……131
五、高堰志桩……132
六、治水碑刻……133
七、清口水利枢纽……138
第二节　治水名人……140
一、陈登……140
二、陈瑄……141
三、潘季驯……144
四、杨一魁……146
五、靳辅……148
六、陈潢……150
七、张鹏翮……152

八、高斌 …………………………………………………… 154
九、黎世序 …………………………………………………… 155
十、郭大昌 …………………………………………………… 158
十一、张謇 …………………………………………………… 159
第三节　治水技术…………………………………………… 160
一、减(滚)水坝…………………………………………… 160
二、石工技术 ……………………………………………… 162
三、蓄清刷黄 ……………………………………………… 165
第四节　重要事件…………………………………………… 166
一、黄河夺淮 ……………………………………………… 166
二、礼坝决口 ……………………………………………… 169
三、黄河北徙 ……………………………………………… 170
四、导淮计划 ……………………………………………… 171
五、政务院《关于治理淮河的决定》……………………… 172
六、毛主席“一定要把淮河修好”题词 ……………………… 174

第八章　名胜古迹……………………………………………… 176
第一节　泗州城……………………………………………… 176
第二节　明祖陵……………………………………………… 180
第三节　第一山……………………………………………… 182
第四节　龟　山……………………………………………… 185
第五节　韩侯故里…………………………………………… 188
第六节　漂母墓……………………………………………… 189
第七节　周边古镇…………………………………………… 191
一、马头镇 ……………………………………………… 191
二、临淮镇 ……………………………………………… 193

三、半城镇 …………………………………………………… 195
四、蒋坝镇 …………………………………………………… 197
五、老子山镇 ………………………………………………… 199

洪泽湖大事记……………………………………………………… 202
古代…………………………………………………………………… 202
近代…………………………………………………………………… 221
现代…………………………………………………………………… 228

附录……………………………………………………………………… 264
江苏省洪泽湖保护条例……………………………………………… 265
江苏省人民政府关于同意成立江苏省洪泽湖管理委员会的批复
……………………………………………………………………… 281
江苏省洪泽湖管理委员会关于调整完善省洪泽湖管理委员会的
通知……………………………………………………………… 283
江苏省人民政府办公厅关于加强洪泽湖生态保护和科学利用的
实施意见………………………………………………………… 287
江苏省洪泽湖管理委员会关于印发《洪泽湖治理保护三年工作
计划》的通知 ……………………………………………………… 297
洪泽湖治理保护三年工作计划……………………………………… 298

第一章　洪泽湖概况

第一节　自然地理

一、基本概况

洪泽湖是中国第四大淡水湖，位于淮河中下游接合部，江苏省西北部，是淮河流域最大的湖泊，是淮河河床的一部分。其地理位置在东经 118°10′～118°52′、北纬 33°06′～33°40′之间，行政区划分属江苏省淮安市和宿迁市。洪泽湖位置图见图 1-1。

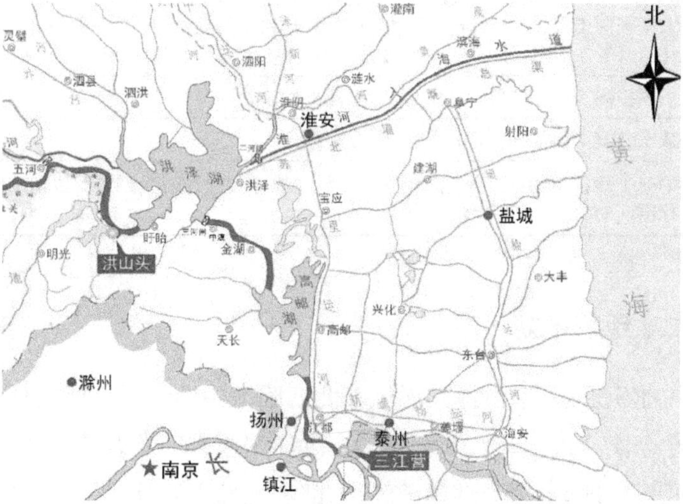

图 1-1　洪泽湖位置图

洪泽湖古称富陵湖，两汉以后称破釜塘，隋称洪泽浦。洪泽湖原为淮河两岸浅水型小湖群，后由于黄河夺淮和明清实施“蓄清刷黄济运”治理策略，不断修筑洪泽湖大堤而形成。洪泽湖属暖温带黄海平原区与北亚热带长江中、下游区的过渡带。洪泽湖水位变化与降水量的季节变化之间的关系极为密切。洪泽湖湖面辽阔，资源丰富，素有“日出斗金”的美誉。洪泽湖基本概况详见表 1-1。

表 1-1 洪泽湖基本概况

基本特征	地理位置：东经 118°10′～118°52′，北纬 33°06′～33°40′
	行政区划：淮安市（洪泽区、淮阴区、盱眙县）、宿迁市（宿城区、泗洪县、泗阳县）
	集水面积 15.8 万平方千米
	最大长度 60 千米，最大宽度 58 千米
	环湖主要河流 33 条，其中入湖 26 条，出湖 7 条
水文特征	死水位 11.3 米，汛限水位 12.5 米，正常蓄水位 13.0 米
	多年平均水位（蒋坝）12.55 米，平均水深 1.9 米，最大水深 4.5 米
	多年平均入湖水量 342 亿立方米、出湖水量 313 亿立方米
	2021 年平均水位（蒋坝）13.21 米
主要控制工程	入湖控制工程：蚌埠闸（淮干）、女山湖闸（池河）、何巷闸（怀洪新河）、团结闸（新汴河）、老汴河闸、濉河闸、安东河闸、民便河闸等
	出湖控制工程：三河闸、二河闸、高良涧进水闸
	取水灌溉工程：洪金洞、周桥洞、堆头涵洞
	通航工程：三河船闸、高良涧船闸（一线、二线、三线）、张福河船闸、成子河船闸、徐洪河船闸、大柳巷船闸

注：多年平均统计时段为 1953—2021 年。

二、地形地貌

在地质形态上，洪泽湖属于苏北凹陷区中的洪泽湖凹陷分区，其边缘在今淮河入湖口及其北一线。洪泽湖西南面的老子山镇为不连片的低丘陵地，中部为洪泽湖区，东部和北部主要是河、湖、海冲刷堆积而成的平原，地势平坦地势低下。洪泽湖大堤高程 18.5 米，与东部平原落差达 10 米以上；湖底浅平，高程为一般为 10～11 米，最低处约 8.5 米，最高处为 12 米，高出洪泽湖大堤以东地区 3～5 米。洪泽湖犹如囤在平原上的一座大鱼仓，所以又称之为“悬湖”。

三、气候特征

洪泽湖位于北半球中纬度，地处中国南北气候主要分界线——“秦岭—淮河”一带，属北亚热带和暖温带过渡性地带，四季分明，冬季寒冷干燥，春季冷暖多变，夏季湿热多雨，秋季温和晴朗。气候温和，年平均气温 14.9℃。1 月份最冷，平均气温 1.5℃；7 月份最暖，平均气温 27.2℃。无霜期长，年平均 242 天。雨量充沛，年均降水量 913.3 毫米。日照充足，年均日照 2 300 小时，日照率 52%。

四、流域水系

上游入湖河流主要在湖西侧，有淮河、怀洪新河、池河、新汴河、老汴河、新(老)濉河、徐洪河、安东河、民便河、朱成洼河和团结河等，在湖北侧和南侧主要有古山河、五河、肖河、马化河、高松河、黄码河、淮泗河、赵公河、张福河、维桥河、高桥河等，汇水面积为 15.8 万平方千米，其中淮河干流流入量占流入总量的 70%以上。

下游出湖主要河流有淮河入江水道、淮河入海水道、淮沭新河和苏北灌溉总渠(废黄河)等，其中淮河入江水道为洪泽湖的主要泄洪通道，约 70%的洪水由三河闸下泄，经入江水道流入长江；其余洪水由二河闸下泄后，经入海水道流入黄海，或经淮沭新河向北转入新沂河入黄海，由高良涧闸下泄，经苏北灌溉总渠流入黄海。

第二节 自然资源

洪泽湖蕴藏着丰富的自然资源，主要包括水资源、岸线资源、生物资源、矿产资源、滩地资源、旅游资源等。

一、水资源

洪泽湖为我国第四大淡水湖，同时也是全国最大的平原型水库。湖区的水资源由入湖地表径流、湖区当地径流和少量的地下淡水资源组成，水资源总量约有307亿立方米。其径流特点：一是汛期径流十分集中，多年平均入湖径流量约328亿立方米，而汛期（6—9月）占全年入湖径流量的66%；二是径流随季节变化，径流分配以夏季最多，占全年的50%以上，冬季最少，春秋两季居中；三是年际变化剧烈，湖区最大年径流总量800亿立方米（1954年），最小年径流总量为28亿立方米（1978年），年际的丰枯极值比高达28.6。

二、岸线资源

洪泽湖蓄水范围内湖岸线长521.3千米，其中淮安市境内267.1千米（洪泽区61千米、淮阴区13.7千米、盱眙县192.4千米），宿迁市境内254.2千米（泗阳县64.5千米、宿城区9.5千米、泗洪县180.2千米）。其中淮安市境内的32.35千米洪泽湖大堤岸线由省洪泽湖水利工程管理处管理。洪泽湖蓄水范围线内各县区面积及蓄水范围线统计表详见表1-2。

表 1-2　洪泽湖蓄水范围线内各县区面积及蓄水范围线统计表

序号	行政区划		蓄水面积(平方千米)	蓄水范围线长度(千米)
1	宿迁市	宿城区	56.3	9.5
2		泗洪县	612.7	180.2
3		泗阳县	209.0	64.5
4	淮安市	洪泽区	551.6	61
5		淮阴区	57.0	13.7
6		盱眙县	293.4	192.4
总　计			1 780.0	521.3

三、生物资源

洪泽湖面积大，湖岸曲折，湖底底质各异，各湖区水深不一，动植物水平分布不同。据水产研究部门调查，湖区水生植物 81 种，分布面积最广的是马来眼子菜、聚草和金鱼藻。浮游植物 165 种，藻类数量以蓝藻最高，其次为绿藻和隐藻。浮游动物 91 种，隶属 35 科、63 属，种类和数量最多的均为原生动物和轮虫。这些生物为鱼、虾、蟹、贝的肥育、产卵和栖息提供着丰富的饵料、产卵基质及栖息场所。湖区的水生动物鱼、虾、蟹、贝 4 大类 16 科 84 属。洪泽湖鱼类分布无明显区域性，如鲤、鲫、鳜、乌鱼、黄颡鱼等全湖均有分布。洪泽湖鸟禽类资源丰富，湖区滩洲上还有大天鹅、小天鹅、白枕鹤、黑鹳、白鹳等国家保护的珍稀鸟类。

四、矿产资源

洪泽湖的矿产资源主要分为非金属矿和金属矿，以非金属矿为主，目前已开采利用的有岩盐、芒硝、天然碱、石膏、石灰岩和玄武岩等近 10 种。洪泽的岩盐储量极为丰富，矿床分布于洪泽区西顺河镇及洪泽湖北东部，向北东延入淮阴区，是一个由新生代箕状断陷控制的内陆湖盆沉积型矿床。芒硝为洪泽区西顺河岩盐矿床的伴生矿床，属大型矿床，呈层状，矿石类型以无水芒硝为主，其次为钙芒硝等。石灰岩资源主要赋存在老子山—盱眙—佛窝一线，是淮安市境内唯一的石灰岩产出地区，主要用于水泥生产，部分用作建筑石材。玄武岩主要分布在盱眙县南部、西南部山区，分布广，储量大，可做生产铸石、岩棉的主要原料。

盱眙玄武岩地区蕴藏着丰富的优质地下水，且水量较稳定。由于与火山岩有关，地下水常含有某些特殊盐类、气体、少量活性离子和微量元素，属优质天然矿泉水，也是酿酒、饮料的优质水源，具有广阔的开发前景。

五、滩地资源

洪泽湖滩地是在成湖过程中或黄河、淮河带来的泥沙堆积而成的，呈环带状，主要分布于湖西部的临淮河淮头、王岗洼、侯嘴洼、杨老洼以及成子湖湾一带，滩地广袤，一望无垠。滩地地势平坦，土层一般都在 0.4 米以上，富含有机质，氮、磷、钾等营养成分含量较高，无钉螺孳生，适宜发展种植、养殖等多种经营。有的滩地生长着茂盛的芦苇、芡实、菱、藕，如顺河滩有“十里荷滩”之称。在一些地势较高的滩地上，栽种着杞柳、紫穗槐等经济灌木。

洪泽湖滩地属于季节性淹水区，水位涨落有着明显的季节变化。汛期，湖水位上涨，滩地淹没于水下，其淹没水深一般在 1～2 米上下，淹没时间每年约 4～6 个月左右；枯水期，湖水退落，滩地显露或积水甚浅。

六、旅游资源

洪泽湖烟波浩渺，空间开阔，加上远帆湖影和沿岸烟柳，展现了一幅苏北湖光水色的美丽画卷。洪泽湖大堤自东汉建安五年(200)

始筑，历时 1 800 余年，有厚重的历史沉淀，人文景观丰富。主要旅游景观景点有：三河闸国家水利风景区；二河闸水利风景区；洪泽区洪泽湖古堰 4A 级景区，老子山、龟山景区；盱眙县第一山国家森林公园、明祖陵景区、黄花塘新四军军部旧址；淮阴区古清口遗址；泗洪县洪泽湖国家级湿地、大王庄新四军军部；泗阳县成子湖旅游度假区等。沿湖古镇主要有洪泽区蒋坝镇，淮阴区马头镇，泗洪县半城镇、临淮镇等。

第三节　社会经济

洪泽湖涉及江苏省淮安和宿迁两市三县三区（淮安市的洪泽区、盱眙县、淮阴区，宿迁市的泗洪县、泗阳县、宿城区）。

一、淮安市

淮安市地处江苏省北部中心地域，淮河下游。位于东经 118°12′00″～119°36′30″、北纬 32°43′00″～34°06′00″之间。北接连云港市，东毗盐城市，南连扬州市和安徽省滁州市，西邻宿迁市。东西最大直线距离 132 千米，南北最大直线距离 150 千米，面积 10 030 平方千米。

2021 年末，淮安市下辖清江浦、淮阴、淮安、洪泽 4 区和涟水、盱眙、金湖 3 县。淮安经济技术开发区、淮安工业园区计划单列，统计单独列统。全市有 57 个镇、38 个街道（办事处）。全市常住人口为 455.62 万人，实现地区生产总值 4 550 亿元、一般公共预算收入 297 亿元，同比分别增长 10%和 12.4%，增幅分别居全省第二和第三。

（一）洪泽区

位于洪泽湖东畔，因湖设置，借湖得名。西依洪泽湖，与泗洪县、泗阳县隔湖相望，东挽白马湖，与淮安区、宝应县、金湖县水陆相依，南临淮河入江水道，与盱眙县毗邻，北濒苏北灌溉总渠，与淮阴区、清江浦区接壤。洪泽肩挑两湖（洪泽湖、白马湖），四面环水，素有“淮上明珠”“鱼米之乡”的美称，并建设湖滨新兴生态旅游新城。

洪泽区总面积 1 394 平方千米，其中水域面积占 55%。根据全国第七次人口普查数据显示，截至 2020 年 11 月，洪泽区常住人口为 28.51 万人。2020 年，洪泽区实现地区生产总值 342 亿元，比上年增长 3.5% 。

（二）淮阴区

淮阴区因古代县域在淮河南岸（水之南为阴）而得名，是有 2 300 余年历史的千年古县，是汉初三杰之一的淮阴侯韩信故里。淮阴区南濒洪泽湖，东与涟水相邻，北隔六塘河与沭阳县相望，西隔大运河与泗阳县毗邻，总面积 1 264 平方千米，辖 4 个街道、9 个镇，另设有 1 个开发区。截至 2020 年 11 月，淮阴区常住人口为 74.80 万人，占淮安市人口总数的 16.43% 。2020 年，淮阴区实现地区生产总值 549.76 亿元，比上年增长 3.1% 。

（三）盱眙县

盱眙汉代建州，为唐宋名城——古泗州州府所在地，曾孕育一代开国帝王朱元璋。位于淮安西南部，淮河下游，洪泽湖南岸，东与金湖县、滁州天长市相邻，南、西分别与滁州市天长市、滁州市来安县和明光市交界，北至东北分别与泗洪县、洪泽区接壤。县域面积 2 497.3平方千米，截至 2020 年 11 月，盱眙县常住人口为 60.72 万人，占淮安市人口总数的 13.33% 。2020 年，盱眙县实现地区生产总值 435.32 亿元，比上年增长 3.1%。

二、宿迁市

宿迁市位于江苏省北部，是江苏省最年轻的地级市，属淮海经济带、沿海经济带、沿江经济带的交叉辐射区，总面积 8 524 平方千米。

境内平原辽阔、土地肥沃、河湖交错，是著名的“杨树之乡”、“水产之乡”、“名酒之乡”、“花卉之乡”和“蚕茧之乡”，自古便有“北望齐鲁、南接江淮，居两水（即黄河、长江）中道、扼二京（即北京、南京）咽喉”之称。宿迁是世界生物进化中心之一，也是人类起源中心之一，被誉为地球上的“生命圣地”。

2021 年末，宿迁市辖沭阳、泗阳、泗洪三县和宿豫区、宿城区，有 67 个乡（镇）和 28 个街道办事处。宿迁市常住人口 499.90 万人，户籍人口 590.86 万人。2021 年，全市实现地区生产总值 3 719.01 亿元，按可比价格计算，比上年增长 9.1%。三次产业结构调整为 9.5∶43.4∶47.1。全市全体居民人均可支配收入 29 122 元，同比增长 10.2%。

（一）宿城区

宿城是宿迁的主城区，故名。1996 年，撤销县级宿迁市设立地级宿迁市，原县级宿迁市分为宿城区、宿豫县。宿城区地处江苏省北部、宿迁市中西部。现辖 8 个乡镇、7 个街道、1 个省级经济开发区和 1 个省级现代农业产业园区，总面积 854 平方千米，总人口 82 万。2021 年，实现地区生产总值 463.92 亿元。

（二）泗洪县

泗洪县地处江苏西北、淮河下游，东临洪泽湖，西与安徽接壤，位于长三角经济区和江苏沿海经济带交叉辐射区域，是中国著名的名酒之乡、螃蟹之乡、生态旅游之乡，全国“绿水青山就是金山银山”实践创新基地。行政区划面积 2 731 平方千米，人口 110 万，辖 15 个乡镇、4 个街道。2021 年全县地区生产总值 584.42 亿元，同比增长 8.7%。

（三）泗阳县

泗阳县位于江苏省北部，东临周恩来总理故乡淮安市，西接项羽故里宿迁市，南濒全国第四大淡水湖洪泽湖，古今名片是“泗水古都、美酒之都、林海绿都”，属长三角经济区和淮海经济区。县域面积1 418平方千米，总人口106.30万，辖10个乡镇、3个街道、1个省级经济开发区。2021年全县地区生产总值596.31亿元，同比增长9%。

第四节　湖泊湿地

洪泽湖成湖于平原河网地区，低岗洼地，缓坡浅滩，河湖相连，独特的水文地貌环境孕育了丰富的湿地资源，特定的自然地理位置、复杂的自然及人工调控作用等决定了洪泽湖湿地的特点。

1. 湖底平坦、水位较浅、天然岸坡低缓。洪泽湖在冲积平原上发育形成，是世界著名的“悬湖”，上游奔腾而下的来水夹带着泥沙和丰富的营养物质下泻至洪泽湖，被洪泽大堤阻拦，使得洪泽湖的湖底高出地平面5米以上，浅而肥沃的湖底孕育了丰富的湿地植被。

2. 河湖相连。洪泽湖既是淮河中游干、支流的交汇点，又是淮河中、下游河槽的联结点，还将是南水北调东线工程的重要调节水库，这使得洪泽湖呈现出河湖不分、河湖相连的面貌。受上游客水水质影响，湿地及湖区水质波动；同时，因与河流直接相连，洪泽湖的换水率较高，加上南水北调东线工程的竣工和运行，湿地及湖区的换水率将进一步提高，湿地生态系统将面临更多的干扰。

3. 水位依赖于降水和人工调控。洪泽湖是一个悬湖，湖床高，故湖水补给主要来自地表径流，加之洪泽湖位于淮河中游干、支流的交汇点，淮河流域的降水对于洪泽湖的水位变化有着巨大的影响。同时，受闸控等人为调节，洪泽湖湿地水位时常处于“春高夏低”的反季相波动特征。

江苏泗洪洪泽湖湿地和洪泽湖东部湿地是整个洪泽湖湿地生态系统中保存最为完整的区域。洪泽湖湿地生态系统结构完整、类型多样、生物多样性丰富，为净化水体、调节气候、蓄洪抗旱、维护生物多样性和保护区域生态平衡等方面发挥着其他系统所不能替代的作用，是我国极为重要并具有代表性的内陆湿地之一。

一、泗洪洪泽湖湿地

泗洪洪泽湖湿地(图 1-2)位于淮河下游，溧河洼、安河洼及其下游湖区，湿地内分布有河口、湖滨、岗洼、岛屿及湖滨带和浅水区，滩面起伏，水位涨落，制备交替，湿地多样。泗洪洪泽湖湿地属于典型湖泊湿地，但是，经过长期的演化，尤其是受淮河等较大型入湖河流的影响，在入湖河口形成了独特的河口湿地；此外，由于历史上的围垦围塘养殖，溧河洼中间的高地将溧河洼分为两条平行的河流，因此，溧河洼实际上已经演变为河流湿地。参照国内外湿地分类方法，将泗洪洪泽湖湿地划分为入湖河口滩地型(河口湿地)、河漫滩地型(河流湿地)、开阔湖区水面型(湖泊湿地)、岗洼型湿地以及人工湿地等。

图 1-2　洪泽湖泗洪国家级湿地

江苏泗洪洪泽湖湿地国家级自然保护区，位于淮河中游、洪泽湖西北角，范围在东经 118°12′14″～118°37′09″，北纬 33°10′48″～33°23′34″，占地 380 平方千米，是江苏省最大的淡水湿地自然保护区，在全国内陆淡水湿地中排第 11 位，华东地区第 2 位。1999 年 5 月，泗洪县人大常委会批准建立泗洪县杨毛嘴生态湿地自然保护区；2001 年 11 月经省政府批准成立江苏泗洪洪泽湖湿地省级自然保护区；2004 年 3 月县政府出台了《江苏泗洪洪泽湖湿地省级自然保护区管理办法》，明确了管理范围；2006 年 2 月经国务院批准为国家级自然保护区；2012 年 11 月经省机构编制委员会批准隶属省环保厅正处级单位。

保护区总面积 493.65 平方千米，约占洪泽湖水域面积的 30.9%，其中核心区 166.63 平方千米，缓冲区 175.79 平方千米，实验区 151.23 平方千米。保护区生态系统的物种多样性组成具有明显特色。保护区共记录到维管植物 336 种、浮游植物 198 种、浮游动物 91 种、底栖动物 61 种、鱼类 68 种、两栖及爬行动物 21 种、鸟类 147 种、哺乳动物 16 种。植物区系组成以北温带和北亚热带过渡型种类为主，湿地植被类型丰富，其中有国家Ⅱ级重点保护植物野大豆、莲和野菱等；鸟类区系组成中，古北界、东洋界分子分别占 34.69%、25.17%，其余为广布种，珍禽种类丰富，其中有大鸨、东方白鹳、黑鹳和丹顶鹤 4 种国家一级重点保护鸟类，鸳鸯、灰鹤、小天鹅等 26 种国家二级重点保护鸟类。此外，湖区还拥有丰富的水产资源，对地方经济贡献突出。

结合旅游发展的战略布局，将保护区生态旅游的核心放在保护区西片区的生态水景苑，该区面积为 7.8 平方千米，是集生态游览、科普教育、会议休闲为一体的旅游度假景区。目前，景区分为湿地生态植物园、湿地迷宫体验区、湿地生态休闲区、湿地文化体验区、湿地水上运动区、荷苑等 6 大板块，已建成水上运动区、湿地芦苑区、精品荷花区、水上网球场、沙滩排球场等 10 多个旅游景点，成为一个集餐饮、住宿、娱乐为一体的金水山庄度假村。景区水面宽广，清水绿波，原野广袤，芦荡深深；景区内荷苑飘香，曲桥蜿蜒，游鱼戏逐，百鸟齐鸣，于 2008 年入选“中国十大生态休闲基地”。

二、洪泽湖东部湿地

江苏淮安洪泽湖东部湿地省级自然保护区位于江苏省淮安市境内，地跨洪泽县、盱眙县、淮阴区三县区，总面积 540 平方千米，其中核心区面积 164 平方千米，缓冲区面积 141 平方千米，实验区面积 235 平方千米。洪泽湖东部湿地是我国重要湿地之一，1989 年该湿地被收入世界自然保护联盟（IUCN）、国际鸟类保护联合会（ICBP）以及国际湿地和水禽研究署（IWRB）编著的《亚洲湿地名录》中。2000 年，国家林业局等 17 个部委（局）发布的《中国湿地保护行动计划》将洪泽湖东部湿地列入中国重要湿地。2006 年 8 月，经江苏省人民政府批准同意，淮安市建立洪泽湖东部湿地省级自然保护区。

该保护区属于自然生态系统类别中的内陆湿地和水域生态系统类型自然保护区，是大量鸟类及各种湿地野生动物的栖息繁衍地，是我国重要湿地之一。保护区内水域宽阔、水质良好，生境复杂多样，为各种动物的生长提供了得天独厚的生态环境，为鱼类、两栖爬行类、哺乳类等各类动物提供了繁衍栖息的场所，野生动物种类繁多，更是各种鸟类迁徙、栖息、觅食的天堂。总体来说，洪泽湖东部湿地省级自然保护区拥有丰富的生物资源和较高的生物多样性，其中不乏珍稀动物资源，是一个宝贵的遗传多样性自然陈列馆和基因库。

第五节　水资源状况

一、水资源总量

洪泽湖的水资源主要由降水量、入湖地表径流、湖区地表径流和少量的地下水资源组成。入湖水系中，淮河干流为其最大的入湖河流，其入湖水量占总入湖径流量的70%以上，是洪泽湖水资源的主要补给源。据统计，洪泽湖多年平均入湖径流量约为342.0亿立方米，区间当地径流和湖面产水量为19.0亿立方米，浅层地下水量3.89亿立方米。扣除河川径流量和地下径流的重复水量，洪泽湖区的水资源总量约有307亿立方米。

二、降水量

流域降水是水资源的最初来源。洪泽湖处于雨量丰沛的南方和干旱少雨的北方过渡区，受季风气候影响，降水时空分布不均。洪泽湖地区多年平均降水量为925.5毫米，最大年降水量为1 240.9毫米(1965年)，最小降水量为532.9毫米(1978年)，年降水量的地区变化为0～97.5毫米，且从北向南自西向东逐渐增多。年内分布极不均匀，一般集中在汛期(6—9月)，汛期多年平均降水量为605.9毫米，占年总降水量的65.5%，集中程度从南向北递增。年降水量的空间分布大致是由南向北递减，西南部山区大于湖区。降水量年际变化较大，有些年份因副热带高压过强或西伯利亚冷气团势力过强，形成干旱气候；而有些年份梅雨锋在江淮停滞，形成长时间、大范围的降水。因此，洪泽湖的主要灾害天气有旱涝、暴雨、寒潮、冰雹等，以旱涝灾害为多。

三、地表径流量

流域降水的时空分布不均匀，导致湖区地表径流的年内分配不同，季节变化十分明显，汛期湖水上涨，在特大洪水年份泛滥成灾；枯季水量较少，用水量不足，极易形成旱灾。洪泽湖丰水年的水量几乎是枯水年的 20 倍。在淮河流域，径流的年际变化比降水量的年际变化更大，洪泽湖最大年径流量达 800 亿立方米（1954 年），最小年径流量仅为 28 亿立方米（1978 年），最大年径流量约为最小年的28.6 倍。一年中，径流分配以夏季最多，占全年的 50％以上，冬季最少，不足 10％。春秋两季水量主要是由上游淮河水量的补给而获得，在淮河中游的下段，秋季接纳了汛期较上游干流的北侧支流水量，所以淮河秋水大于春水，从而导致洪泽湖的来水秋季大于春季。

四、地下水资源量

洪泽湖多年平均地下水资源量为 3.89 亿立方米，仅占水资源总量的 1.27％。湖区地下径流由周围山区、黄河侧渗水以及降水入渗补给。降水入渗补给量占总补给量的 78％，约占年平均降水量的 15％左右。地下水埋深较浅，一般仅 1～2 米，其水流由西北流向东南，水力坡降趋缓。

五、水质状况

洪泽湖的水质状况与流域面上的降雨以及点面污染源的多少、湖泊上游干支流闸门的启闭有很大关系。多年以来，由于洪泽湖上游存在许多治污设施落后的小规模工业企业，湖区周边农业及水产养殖业也很发达，营养盐类和有机污染物作为面源污染大量排入湖体，加之洪泽湖自身流动性较差，生态系统结构和功能持久破坏，导致洪泽湖的水质富营养化严重。洪泽湖水质在改革开放初的十多年中，呈恶化趋势，20 世纪 90 年代中期以来，由于国务院和流域各省的治理，已逐步趋向好转。

（一）入湖河流水质状况

洪泽湖入湖河流的水质指标多年均值显示，溶解氧浓度均值为 8.15 毫克每升，高锰酸盐指数浓度均值为 5.78 毫克每升，氨氮平均浓度为 1.53 毫克每升，总氮平均浓度为 3.57 毫克每升，总磷平均浓度为 0.23 毫克每升，按照《地表水环境质量标准》(GB 3838—2002)，溶解氧处于Ⅰ类水，高锰酸盐指数处于Ⅲ类水水平，氨氮处于Ⅴ类水水平，总磷处于Ⅵ类水水平；水质指数(WQI)均值为 57.44，处于“中”水平。

在空间分布上，成子湖北部入湖区域以及洪泽湖西南部河流的水质状况较差，东部的入湖河流和淮河及其附属入湖河流水质较高。在季节变化上，洪泽湖入湖河流水质呈现年内波动变化，其中溶解氧与温度有相反的关系，呈现温度上升、溶解氧下降的趋势，在气温较低的 1 月溶解氧浓度上升，在气温较高的 7 月溶解氧浓度下降。溶解氧浓度水平的下降不利于水生生物的生长发育繁殖扩散等过程，在夏季藻类生长旺盛，对溶解氧也有一定的消耗作用。高锰酸盐指数浓度呈现季节差异，在秋冬季节浓度较低，而其他季节浓度较高。氨氮浓度则表现周期性变化，冬季到春季浓度逐渐增加，夏秋季浓度下降明显，9 月达到最低值。总氮浓度的变化趋势与氨氮的变化趋势一致，冬春季节浓度达到峰值，夏季秋季浓度下降，9 月达到最低值。同时，总磷浓度变化与氮磷元素变化相似，在 4 月达到峰值，9 月降到谷值。氮磷元素浓度的季节性变化可能与周边灌溉有关，冬春季节大量施肥导致的营养元素流失，进入河流，在夏秋收获季节施肥减少，河流中氮素、磷素含量降低。

WQI 的多年平均值显示，洪泽湖周边河流中，多数河流处于“中”水平(50<WQI<70)，西民便河、维桥河、古山河处于“低”水平

(WQI<50)。比较发现,水质处于“低”水平的河流通常总氮和氨氮浓度较高,而其他参数相差较小。流域的关键性河流——淮河水质变幅较小,其他河流 WQI 的变幅较大。洪泽湖周边入湖河流总体水质逐渐趋好,溶解氧有所升高,污染物浓度呈现降低的趋势。从变化趋势中可以看出,2013 年是关键的转变年份,WQI 在 2013 年后呈现强烈的上升趋势,主要原因是溶解氧升高,氮磷元素浓度的下降。

(二) 洪泽湖水质状况

洪泽湖的水质指标多年均值显示,溶解氧浓度的多年均值为 8.95 毫克每升,高锰酸盐指数浓度均值为 4.33 毫克每升,氨氮的浓度均值为 0.25 毫克每升,总氮浓度均值为 1.72 毫克每升,总磷平均浓度为0.08 毫克每升,叶绿素 a 浓度均值为 0.008 毫克每升,按照《地表水环境质量标准》(GB 3838—2002),溶解氧处于Ⅰ类水水平,高锰酸盐指数处于Ⅲ类水水平,氨氮处于Ⅱ类水水平,总氮处于Ⅴ类水水平,总磷处于Ⅳ类水水平。

在空间分布上,过水区的溶解氧、总氮、总磷浓度均值较高,而溧河洼、成子湖的高锰酸盐指数、氨氮浓度较高,溧河洼入湖尾间区域营养盐浓度均值较高,溶解氧浓度较低。2008—2021 年洪泽湖总氮变化在Ⅳ类到Ⅴ类之间,总磷浓度主要是Ⅳ类水,高锰酸盐指数浓度在Ⅱ类到Ⅲ类水之间,氨氮浓度主要处于Ⅱ类水。2008—2021 年洪泽湖水体营养状态指数中,2010 年营养状态指数最高,2017 年营养状态指数最低,由中度富营养降至轻度富营养状态。

第六节 灾害概况

一、洪涝灾害

洪泽湖位于淮河中游的末端，是淮河中游干、支流的总汇点，同时又是淮河下游河槽的联结点，它的命脉与淮河紧密地交织在一起，湖区位于南北气候过渡带，常遭雨涝、洪涝、干旱、台风、龙卷风、雷雨大风、冰雹、寒潮等灾害性气候袭击，易成灾害。

在历史上，淮河是一条独流入海的河道，河床深广，尾闾通畅，自然环境较好，古籍中灾害记载较少。黄河夺淮以后，黄河频繁的泛滥决溢和大量泥沙的随处淤淀，不仅改变了原有平原的地形地貌，还破坏了淮河干支流的排水系统，使其蓄泄洪水能力大大降低，使洪泽湖区上下的淮河流域成为“大雨大灾，小雨小灾，无雨旱灾”的多灾地区。

据《江苏省近两千年洪涝旱潮灾害年表》记载，洪泽湖地区从东汉永兴二年(154)至南宋绍熙五年(1194)的1 040年中，发生较大洪涝灾害的年数有126年，平均8年一次。

公元1194—1855年黄河夺淮时期中，南宋中晚期(1195—1278)的83年中，共发生较大洪涝灾害7次，平均12年1次，大都是淮河水系的洪涝灾害；在元朝(1279—1367)的88年中，共发生较大洪涝灾害18次，平均4.9年1次，其中黄河洪水灾害6次。

在明王朝统治的276年中，洪泽湖地区共发生洪涝灾害111次，平均2.5年一次，其中黄河单独成灾17次，黄、淮共同成灾36次，从隆庆年间(1567—1572)开始，黄河为害和黄淮共同为害的频率骤然升高，几乎无岁不灾，黄河夺淮的影响凸显。

从公元1644年清王朝建立至1855年黄河北徙的212年中，洪泽湖区发生洪涝灾害的年份共为149年，平均每1.4年1次，比明朝的2.5年1次的频率大大加快。在这149年中，由黄河为害22年，占灾害年数的14.8%；由淮河为害77年，占51.7%；由黄、淮共同为害为50年，占灾害年数的1/3强。从这一比例看，黄河单独酿成洪涝灾害比率并不高，但是，由于黄河将清口以下的黄、淮共用河床不断淤高，“蓄清刷黄”越来越力弱效微，加之黄强淮弱，故每到汛期，洪泽湖水位飙升，决溢成灾越来越频繁，所以，在统计中，尽管淮河为害高达51.7%，但根本原因还得归咎于黄河。

清乾隆元年(1736)以后，洪泽湖有了较完整的水位档案，到乾隆六十年(1795)的60年中，洪泽湖最高水位超过13米的年份共28年，超过14米的年份为7年，60年中的最高水位为14.63米(1786年)。而从嘉庆元年(1796)到咸丰五年(1855)黄河北徙的60年中，洪泽湖最高水位低于13米的年份仅5年，超过14米的高达48年，超过乾隆年间最高水位14.63米的年份为36年，超过15米的年份为27年。从道光十一年(1831)开始，还连续出现超过16米的年份，到黄河北徙前共有8年，咸丰元年(1851)出现有史以来的最高水位——16.9米。所以，道光年间，洪泽湖大堤滚水坝几乎无岁不开，尽管如此，还频频决口。

咸丰五年(1855)黄河北徙以后，至中华人民共和国成立的95年中，黄河虽然北徙，但黄河给淮河流域造成的水系混乱，出海无路，入江不畅，洪涝灾害仍较频繁。据统计，该时期，洪泽湖区共发生洪涝灾害30年，平均3.2年发生一次，远比黄河夺淮前的频率高。民国10年(1921)和20年(1931)两次洪水均为全流域大洪水。民国20年，全流域淹地51 827平方千米，受灾人口达2 000万，死亡7.5万人。民国27年(1938)，国民党军队在郑州花园口炸开黄河南堤，以水代兵，造成为时9年的黄河夺淮。这9年，对洪泽湖湖盆的淤垫尤为严重，超过历史上任何一次淤积。

中华人民共和国成立后，淮河流域进行了大规模的治理，小雨小灾的状况得到了根本改变。据统计1950—2000年的51年中，湖区共有程度和范围不等的水灾18年。总起来说，50年代较重；60年代，水灾减少，有2年较重灾害；70年代有中等灾害1年，较重次数2年；80年代后，因耕作制度改革，普遍种植水稻，虽有淫雨，水灾损失明显减少。在此期间，最严重的洪灾首推1954年，其次为1991年。

据治淮委员会编写的《淮河流域防汛资料汇编》所反映的历史情况，与全国其他大河流域相比，淮河、洪泽湖流域，仍是全国洪涝灾害较多的流域。

二、旱灾

洪泽湖区地处北纬33°左右，位于北亚热带向暖温带的气候过渡带，并为近海季风气候区，受副热带高压和西伯利亚冷高压系统的活动中心变化不定的制约，年际降水量变化较为悬殊。有些年份，因副热带高压过强或西伯利亚冷气团势力过强，形成干旱气候。

历史上，淮河、洪泽湖流域的旱灾不仅频率高，受灾范围大，而且灾情惨重。"淮水竭，井泉枯""江淮之间，赤地千里""遍地如焚，沟荡无水""民无食大饥，人相食"等大旱饥荒，史不绝书。据《江苏省近两千年洪涝旱潮灾害年表》及有关县志等资料记载，仅明朝初年到公元2000年的600多年间，洪泽湖周边盱眙、泗洪、泗阳、宿迁、淮阴、淮安、宝应、金湖、洪泽、高邮等州县，共有113年发生旱灾。其中中华人民共和国成立以来的50年中发生16次旱灾。虽然旱灾的发生频率未减，但是，由于50年来我国逐步建立起规模宏大的水利系统，抗灾能力大大增强，同等旱灾所造成的损失比1949年以前大为减少。50年中，较严重的旱灾有1966年、1978年、1992年、1994年等年份。

三、水污染灾害

洪泽湖处于淮河流域中下游，淮河是洪泽湖最大的补水水源，也是洪泽湖污染物的主要来源，其水质的好坏直接影响洪泽湖及其下游水体的水质。淮河发源于河南，流经安徽后进入我省，淮河中上游两岸城市众多，工矿企业密布，耕地集中，沿程接纳了大量的工业、生活和农业污废水，上游积蓄的大量污水，随上游来水集中下泄，污染淮河和洪泽湖。

近十几年来，淮河、洪泽湖每年都会发生不同程度的水污染事故。洪泽湖水污染事故主要是淮河过境水引起的。根据淮安市环境保护局提供的资料，1991—2005 年洪泽湖共发生不同程度的水污染事故 85 起，其中特大水污染事故 3 起，重大水污染事故 13 起，较大水污染事故 10 起，一般水污染事故 59 起。其中 3 次特大水污染事故分别发生在 1994 年 7 月 23 日、2000 年 7 月 3 日和 2003 年 2 月 16 日。

从污染事故调查统计资料来看，每年淮河中上游污水下泄有两个明显过程：一是在 1—3 月枯水季节，蚌埠闸一般以 100～500 立方米每秒的小流量下泄，污水经过 2～4 天后进入盱眙县境内，然后进入洪泽湖，污染范围一般是淮河盱眙段，主要污染物为氨氮、高锰酸盐指数、溶解氧等；二是汛期来临之际，洪泽湖主要特大、重大水污染事故基本都发生在 7 月份，特别是上游地区发生较大降水后，上游河道内积蓄的大量污水会随着蚌埠闸的开启与上游洪水一起下泄，集中进入洪泽湖，造成突发性水污染事故，其特点是污水来势凶猛、污染物浓度高、污染范围大、危害大。

淮河、洪泽湖水污染问题对洪泽湖的生态环境造成严重破坏，给沿湖水产养殖造成较大经济损失，给沿线及其下游人民生活、工农业生产以及社会安定带来一定的威胁和危害。

1994 年 7 月，近 2 亿立方米污水下泄，盱城镇 10 万人吃水困难，洪泽县老子山镇渔业遭受灭顶之灾，直接经济损失近 1.5 亿元。2000 年 7 月，1.4 亿立方米污水下泄，洪泽湖周边地区 3.3 万亩①围堤和 1.2 万平方米网箱遭受重创，直接经济损失 7 000 多万元。2001 年 7 月，1.44 亿立方米污水下泄，形成 20 余千米污水带，水利部门从骆马湖调水 8 亿立方米补入洪泽湖，直接经济损失约 1 000 万元。2002 年 7 月，1.34 亿立方米污水下泄，造成 40 万千克蟹、13.5 万千克鱼死亡，直接经济损失约 3 000 万元。2003 年 2 月，4 亿立方米的污水下泄，210 万千克蟹、鱼、虾全部死亡，直接经济损失 4 000 多万元。2004 年 7 月，5.4 亿立方米污水下泄，洪泽县老子山镇龟山村 1 万多亩围网养殖受损严重，25 万千克蟹、15 万千克鱼死亡。2018 年 8 月，洪泽湖溧河洼片区水质异常，导致临淮镇胜利村等地鱼蟹大量死亡。8 月 25 日早晨 5 点，胜利村村民段广玉发现，家门口的湖水变成了黑色，泛起白色泡沫，湖面上漂浮着死鱼，密密麻麻。2018 年 9 月 6 日晚，安徽省环保厅公布了“洪泽湖黑水污染”一事的初步调查结果，此次事件是在台风“摩羯”“温比亚”影响下，皖苏豫区域出现超百年一遇特大暴雨自然洪灾导致。江苏省环保厅 8 月 30 日在其官方微博“江苏环保”也通报，苏皖双方已经达成共识，“一致认为本次江苏省泗洪县洪泽湖溧河洼片区水质异常、临淮镇胜利村等地鱼蟹大量死亡事件，初步判断原因是由于上游泄洪挟带污水造成”。时任泗洪县委书记王晓东说，截至目前，已造成 2.5 万多人受灾，水产受灾面积 9.25 万亩，直接经济损失 2.34 亿元。

---

① 1 亩≈666.7 平方米。

第二章　洪泽湖的形成

洪泽湖的形成虽然有一个漫长的历史过程，但是在明代以前，洪泽湖无论从湖泊的面积还是对社会经济的影响以及受关注程度等方面来看，都不是十分显要。直到明代中叶后期，由于黄河逐步的南流、淮河的失尾以及漕运的中断，洪泽湖的地位和作用才显得越来越重要。因此，明代实际上是洪泽湖迅速形成和发展的重要阶段，这个时期洪泽湖大堤初具规模，洪泽湖面积迅速扩大。由于受到黄河泛滥、运河漕运等因素的影响，这段时期对洪泽湖的治理也进入一个鼎盛时期。由于明代对黄河、淮河以及洪泽湖的成功治理，使得黄河在 270 多年间顺畅入海，直至 1855 年铜瓦厢决口北归。

第一节　洪泽湖形成条件

一、地质构造是洪泽湖形成的自然条件

黄淮海区域范围为我国的第二大平原——黄淮海平原，以黄河、淮河和海河三条河流东流入海前沉积的一个广阔平原而得名。从地质构造上看，黄淮海平原的基础是一个受燕山运动影响、于白垩纪前后形成的断陷盆地。黄淮海平原下伏的隐伏断裂活动，对水系产生深远影响。河流流向、河道偏移、河流决口、湖泊形成等等，都会受到断层活动的影响。由于三大水系间没有坚硬的分水岭，助长了黄河的游荡性。从黄河下游现河道的延伸方向可看出，各河段走向都与

新构造运动有关。

黄淮海平原是一个大的冲积平原，位于我国地势的第三级阶梯。黄河是塑造黄淮海平原地貌的主要力量，整个平原以现黄河干道为分水脊，北侧由西南向东北倾斜，南侧则由西北向东南倾斜，形成一个微向渤海、黄海倾斜的大冲积平原。历史上黄河多次南北决口改道，加上古河道的影响，在冲积扇上形成了一系列的古河道（岗地）、沙丘和洼地相间分布的地貌形态，造成了黄淮海平原复杂多样的地貌形态和多级的地貌分异格局。黄淮海平原地貌区划图见图 2-1。

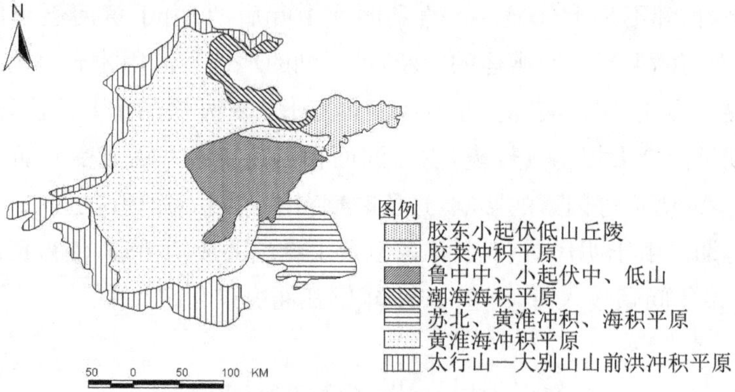

图 2-1 黄淮海平原地貌区划图

二、漕运的需要是洪泽湖形成的政治条件

从西晋末年开始，中国南方的经济发展水平逐步提高，到唐中晚期，南北经济发展水平基本相同。从唐中晚期至南宋，中国的经济重心不可逆转地移到南方。到南宋时，随着政治中心南移，中国南方的经济和文化发展水平远远地超过了北方，成为了中国新的经济重心。

明代迁都北京以后，由于人口的大量增加，而北方的经济发展难以支撑朝廷对物资的需求，因而对漕运十分依赖。据《明实录》记载，自明永乐十四年（1416）至天启五年（1625），每年运往北京的漕粮基本都在400万石左右。

明朝初年,漕运方式延续了元代河海并行的模式。但由于都城在南京,所以当时北运漕粮主要是供给北方戍边的军队使用。而且朱元璋还实行军屯制度,让军队自己种地生产粮食,所以海运漕粮的规模一年只有40万～80万石左右。后来,由于日本封建割据,造成大批武士流亡来到中国沿海,侵扰浙江、福建一带,因此朱元璋曾说过"片板不许下海"。

到了永乐年间,朝廷计划迁都北京,对于漕运的需求量急剧上升,海运的船只根本不够用。明成祖晚年,在郑和下西洋后,为防止倭寇势力进一步发展威胁大明江山,实行严厉的海禁政策,对日本只开放勘合贸易(官方许可贸易),导致东南沿海一带原靠走私贸易为生甚至发财的群体利益受损,嘉靖二年(1523)甚至爆发了宁波之乱。因此,海运方式风险很大。

永乐九年(1411),山东济宁州同知潘叔正上书,建议疏浚拥塞的运河故道会通河。他说:"浚而通之,非唯山东之民免转输之劳,实国家无穷之利。"开会通河的建议得到朝廷支持,永乐皇帝命宋礼重开会通河,1412年会通河通航。朝廷发现运河通畅以后,可以绰绰有余地解决北京物资供应问题,于是就在永乐十三年(1415)宣布停止海运漕粮,全部采用河运。

三、黄河南侵对洪泽湖形成影响重大

特殊的地质条件,导致黄河下游河床极不稳定。黄河下游河道河口宽度不等,宽窄相间,外形呈藕节形,滩地面积占河道总面积的80%,漫滩行洪使得大量泥沙淤积在滩地,加剧了河床和滩地高差的变化,也加剧了河床的不稳。

从先秦到中华人民共和国成立前约3 000年间,黄河下游决口泛滥达1 593次,平均三年两次决口,较大的改道有二三十次,其中重要的改道有6次(不含1938年花园口改道)。黄河下游改道不仅次数频仍,流路紊乱,而且波及地域也极为广阔。历史上黄河下游河道,犹如一把折扇,武陟、荥阳是扇纽,扇面的分布北至海河南至淮河,黄河的改道对这一广大区域的地貌变迁造成极大的影响。

古代的淮河大体上是独流入海的,干流以及干流南北有许多支流,淮北支流主要是洪汝河、颍河、涡河和汴泗河、沂沭河等,其中支流汇水面积最大的是泗水水系。古泗水源出蒙山,经曲阜、兖州、沛县至徐州东北角汇入汴水;又在邳县的下邳汇入沂水、沭水,在宿迁以南汇入濉水,至今天的江苏省淮安市淮阴区与淮河会流。古泗水的上游部分与现在的泗河相似,下游部分由于黄河夺淮,已被南四湖和中运河所代替。古泗水流域面积比现今骆马湖以上沂沭泗水系面积要大,当时是淮河最大的支流。

据史料记载,自汉代起,黄河就曾数次侵夺淮河流域,但为时较短,对淮河流域改变不大。自1194年第四次大改道起,淮河流域的豫东、皖北、苏北和鲁西南地区成了黄河洪水经常泛滥的地区。黄河长达661年的侵淮,使得淮河流域的水系,发生了重大变化。

从南宋绍熙五年(1194)到清咸丰五年(1855),黄河长期夺淮达661年,这一时期,在中国的近代史上经历了宋、元、明、清四个朝代。据《淮系年表》及其他有关史料记载,在宋、元以及明朝前期,黄河对淮河水系影响如下。

1. 南宋时期。在南宋其中84年间(1195—1279年),主流东夺汴泗,短期内尚较稳定。但由于宋金以淮河为界对峙,黄河每当南泛,金朝则以南宋受害为深,不加治理,反而有时乘机派兵顺水南下,侵扰南宋,黄河也侵害淮河愈深。

2. 元朝时期。在元朝统治的88年间(1279—1367年),由于忙于战争,疏于治河,黄河决口增多,淮河水系受到扰乱,水灾日益频繁。元代建都北京,为维护漕运需要,在治河策略上,都是尽力防止黄河向北决口，以免危及运河。元至正四年(1344)，黄河在白茅口(今山东曹县境内)决口，严重威胁漕运。朝廷派贾鲁治理黄河，贾鲁主张疏塞并举。疏是疏浚原汴河，导水东行；塞是修筑北堤，堵塞决口。1351 年，贾鲁大举治河，堵决口，修北堤，使黄河自黄陵岗以东河道改在徐州汇入泗水，时称贾鲁河。以后，由于年久失修，黄河又出现了以南流入涡、颍为主，以东流入泗为次的南、东分流局面。

3. 明朝前期。在明朝统治的 275 年间(1368—1643 年)，治黄策略仍与元朝相似，特别是永乐十九年(1421)迁都北京以后，为了维持运河的漕运，尽力避免黄河北决是治理黄河的不二选择。

景泰四年(1453)，徐有贞采用置水门、开支河和浚运河三策对沙湾河道进行治理。据说徐有贞提出本次治河方案时曾受到一些人的质疑，皇帝也因此犹豫不定，因此，派使者去了解情况。徐有贞听了使者来意后，二话没说，拿出两个水壶，一个水壶开一个孔，一个水壶开五个孔，注满水后，同时开始泄水，五孔壶内水很快泄完，一孔壶内还有很多水，使者回去回复以后，得到皇帝和大臣的一致认可。后来，白昂和刘大夏治理黄河，仍然采取遏制北流、分流入淮的策略，于黄河北岸筑太行堤，自河南胙城至徐州，阻黄河北决，迫使南行。

四、洪泽湖大堤是洪泽湖形成的人为因素

在所有人为因素之中，洪泽湖大堤(图 2-2)的修筑是影响最直接也是最大的一个因素。从东汉开始，当今的洪泽湖地区就多有驻兵屯田的开发利用，陈登所筑的三十里捍淮堰据说是今天洪泽湖大堤的滥觞，其后，唐代修筑唐堰，以后宋元明清均有修筑。洪泽湖大堤从最初的三十里捍淮堰逐渐接长、加高、培厚，最终形成今天逶迤 67 千米长的洪泽湖大堤，为洪泽湖的形成奠定了堤防基础。

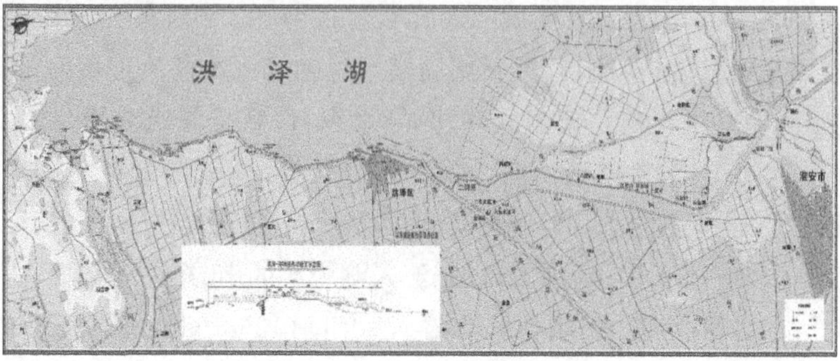

图 2-2　洪泽湖大堤工程位置示意图

第二节　洪泽湖形成过程

一、洪泽湖地区的治理开发为洪泽湖形成基础

自古以来，洪泽湖地区由于自然条件优越，宜农宜渔，有着悠久的治理和开发历史，这些治理与开发，对洪泽湖后期的形成有很大影响。由于自然条件优越，地理位置重要，洪泽湖区历代常有水利开发。

最早的记载是东汉元和三年(86)至永元六年(94)下邳相张禹开发湖西徐县北面的蒲阳陂。蒲阳陂宽二十里，长近百里，东西有良田万顷。张禹开水门，灌溉垦殖，成田千余顷，收谷一百多万斛。差不多同时，湖东也有开发。章和元年(87)至永元二年(90)，广陵太守马棱“兴复陂湖，溉田二万余顷”。当时广陵郡境北及泗阳、洪泽各县，马棱所修陂湖应当包括今湖区东部一带。东汉末初平时(190—193)，陈登为徐州典农校尉，“巡土田之宜，尽凿溉之利，粳稻丰积”，湖区也在他管辖境内。后代流传陈登兴水利的事迹不少，如始筑高家堰等。

三国时，魏将邓艾(自正始二年，即公元 241 年起)曾在淮河南北进行大规模军事屯田，后人相传白水塘、破釜塘、石鳖屯等都是他创建的。《晋书·荀羡传》载:永和五年(349),荀羡“北镇淮阴,屯田于东阳之石鳖”。

《隋书·食货志》载:“(北齐)废帝乾明(560)中,尚书左丞苏珍芝议修石鳖等屯,岁收数万石。自是淮南军防,粮廪充足。”

南北朝时,《陈书·宣帝纪》载:太建六年(574)夏四月辛丑,诏“石鳖等屯,适意修垦。”

唐代洪泽湖地区屯田事业很发达,证圣(695)时,开置白水塘、羡塘屯田,羡塘在白水塘北,两者相连。大历三年(768),在洪泽、射阳置官屯。长庆(821—824)中,大兴白水塘屯田,调发扬、徐、青三州民工开了青州泾、徐州泾、大府(扬州)泾、竹子泾、棠梨泾等几条干渠,分布在今洪泽县湖东。

北宋年间,为避淮河风浪之险,自末口(今淮安区境内)至汴口(今盱眙县境内),在淮河南岸,先后开凿了沙河、洪泽新河和龟山运河作为漕运河道。此时,在淮河南岸分布着众多的小湖泊,主要有万家湖、泥墩湖、富陵湖、破釜塘以及白水塘等,这些小湖泊为洪泽湖的前身。为防止陂塘威胁漕运,宋代在洪泽湖地区的屯垦规模大为缩减。

到了元代,由于建都大都(现在的北京),先后开凿通惠河和会通河,漕运改道,洪泽湖区屯田再度兴起,汴河(通济渠)由于淤积且无疏浚,逐渐淤塞、湮废。

二、明万历时期洪泽湖初步形成

黄河南徙之初,淮河尾闾尚深广能容,但是淮阴以下淮河水位已经被大幅抬高,而且黄河带来的大量泥沙在淮河形成沉淀,导致淮河河床逐渐被垫高,这两个方面的原因对淮河产生顶托,淮河(其实即黄河)出水日益不畅。出水不畅导致黄河决口频繁,黄河的频繁决口给明朝的漕运带来极大影响,而洪泽湖地区(当时还没有形成)由于处于黄河、淮河和运河的交汇点,因此,到了明代,由于和黄河、运河的复杂关系，洪泽湖地区的治理被提上议事日程。

为维护漕运的需要，明政府于成化七年(1471)设置了专职的总河，负责河道和运道治理。万历六年(1578)，由于治理黄淮运的需要，将总河府衙设置在黄淮交汇的淮阴。明代后期的治河以潘季驯为代表，思路发生了根本的变化，成就也最为卓著，这来源于他对黄淮运关系认识的深化。

潘季驯(1521—1595)，字时良，号印川，湖州府乌程县(今浙江省湖州市吴兴区)人。明朝中期官员、水利学家。嘉靖二十九年(1550)，潘季驯登进士第，曾于江西、广东等地任职，行均平里甲法。从嘉靖四十四年(1565)开始，到万历二十年(1592)止，他奉三朝简命，先后四次出任总理河道都御史，主持治理黄河和运河，前后持续27年，为明代治河诸臣在官最长者，以功累官至太子太保、工部尚书兼右都御史，著有《河防一览》《两河管见》《宸断大工录》《留余堂集》等。

潘季驯在长期的治理黄河的实践中，总结并提出了“筑堤束水，以水攻沙”的治黄方略和“蓄清(淮河)刷黄(黄河)”以保漕运的治河方略。

潘季驯从嘉靖四十四年(1565)到万历二十年(1592)曾四次主持治河工作。第一次开始于嘉靖四十四年，出任都察院右佥都御史总理河道，和尚书朱衡一起负责治河，时近一年，主要是恢复昭阳湖东部分淤塞的黄河故道。第二次始于隆庆四年(1570)八月，被任为都察院右副都御使总理河道提督军务，主要是解决黄淮并溢、运道大堵的问题。这次治河在历经千难万险完成堵口筑堤工作之后，开闸使河水重入故道。此时，潘季驯看到一个令人震撼的现象：河水流到新开的相对狭窄的河道以后，水势猛涨，流速加快，强大的水力像热汤化雪一样，迅速冲开并带走了两岸的泥沙，使河道迅速变宽变深，远比人工疏浚的速度快、效果好。这次的发现令潘季驯激动不已，一个新的治理黄河的思想在逐渐形成。

他主要治河成就是在第三次，始于万历六年(1578)二月，这一次有首辅张居正的支持，对黄河进行了一次较大规模的治理。万历初年，黄河决崔镇北去，淮河决高堰东流，黄淮运交汇处的清口一片淤沙，清口以下的黄淮入海尾闾也被严重淤塞。潘季驯经实地勘查后，提出堵塞崔镇决口，大筑黄河两岸遥堤缕堤，修筑高家堰大堤，拦淮河水尽出清口，流入黄河，以达到冲刷清口的淤沙和下游入海河槽的治理方案，这就是“束水攻沙”“蓄清刷黄”的思想。其中包含了两层意思：一是借淮水之“势”来冲沙，二是借淮水之“清”以刷黄。潘季驯提出并坚决实践“束水攻沙”“蓄清刷黄”的治理黄、淮、运河的思想，把修筑高家堰作为首要任务，于是便修建了从武家墩至越城的长达六十里的堤防，并将原有土堤改建成石工墙，切断淮河汊流，抬高水位，迫使淮河出清口，冲刷淤积的泥沙。明万历年间洪泽湖轮廓图见图 2-3。

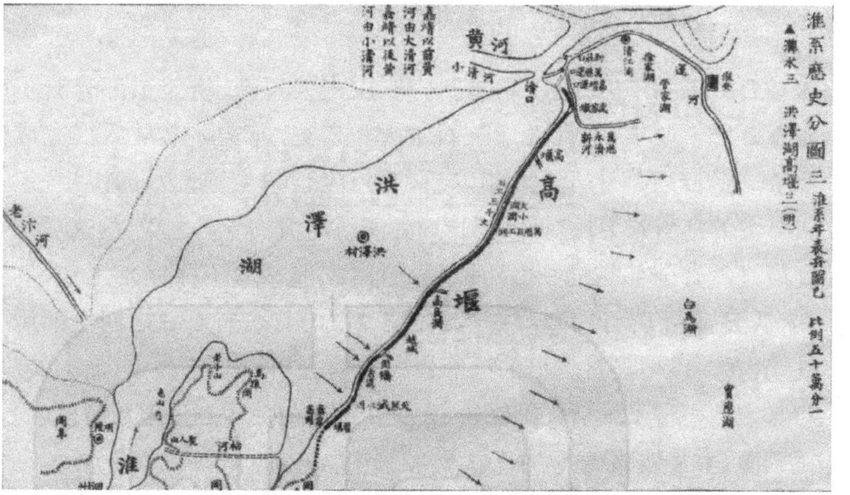

图 2-3　明万历年间洪泽湖轮廓图

从河流动力学的观点来看，用清释浑的思想是符合泥沙运行规律的。引清水流入黄河，不仅增大了整个河床的流量，加大了流速，从而提高了河流携沙能力；同时，由于加入了清水，使整个河流的含沙量相对减小，提高了对河床的冲刷能力。所以，“蓄清刷黄”的思想被实践以后，清口及清口以下至云梯关河道的淤积速度大为减缓，黄河近300年时间内无大的决口和改道，运道也因此畅通了300年。

潘季驯四次治河的成绩显著，特别是“束水攻沙”“蓄清刷黄”的提出，对明代以后的治河工作产生深远影响。不少水利史研究者和水利工作者都对潘季驯的贡献作出很高的评价。清康熙年间的治河专家陈潢指出：“潘印川以堤束水，以水刷沙之说，真乃自然之理，初非娇柔之论，故曰后之论河者，必当奉之为金科也。”近代水利专家李仪祉在论及潘季驯治河时说：“黄淮既合，则治河之功唯以培堤闸堰是务，其攻大收于潘公季训。潘氏之治堤，不但以之防洪，兼以之束水攻沙，是深明乎治导原理也。”

三、万历以后对洪泽湖的完善

万历十六年(1588)，潘季驯第四次出任总河，增筑了部分石工墙。万历十九年，曾批准增筑石工4 855丈，但实际上最后仅完成2 700丈，原因是万历十九年以后，明祖陵频频受到大水的浸淹，主张分黄的廷臣竭力反对，朝廷长期处于筑与泄的矛盾之中，故这项计划最终没有全部完成。万历以后，对高家堰又做了些完善工作，例如，从天启元年(1621)起，对已筑的石工加以改造，石块之间全部用铁锔衔接，以增强石工堤的稳固性。崇祯九年(1636)，由周鼎主持，对高家堰进行了最后一次修筑，大致在此时筑成了越城至周桥段，周桥以南，由于地势较高，作为天然减水坝。

清代继续延续明万历朝的治河策略，此时，明祖陵已经不是治河的掣肘因素，因而，洪泽湖水位也得以进一步抬高。清康熙年间洪泽湖轮廓图见图 2-4。

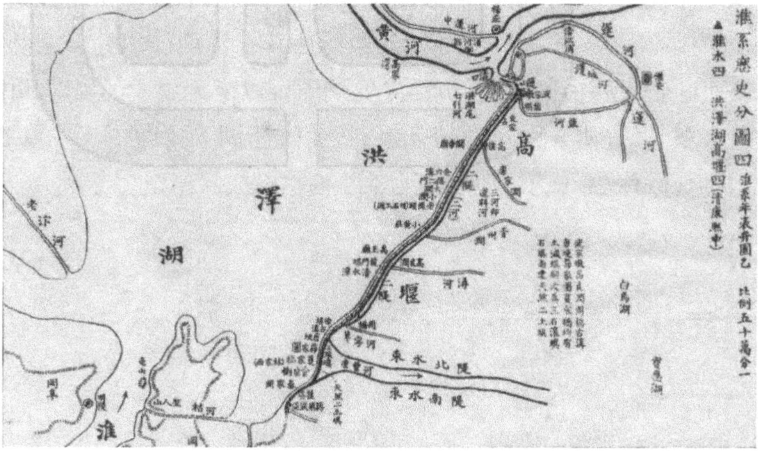

图 2-4　清康熙年间洪泽湖轮廓图

在清朝最初的 40 年中,黄河年年决口,而南堤决口居多,特别是北部的归仁堤和泗洪、宿迁境内的其他黄河堤段决口增多,造成黄水频频漫流入洪泽湖,迅速淤高湖底。此时,淮河入洪泽湖的龟山以北已淮、湖不分,常年洪波浩渺。由于湖面扩大,波浪作用随之增强,石工墙也频频被风浪冲决。康熙九年(1670)五月一次暴风雨,就冲卸石工 60 多处,并冲开一处 5 丈多宽的决口。康熙十五年(1676),高家堰又发生大溃决,“前此诸工皆废”。康熙十六年(1677),靳辅被任命为河道总督,他偕同其主要助手、治水专家陈潢,对黄淮运形势进行调查分析后,制订了综合治理的措施,对洪泽湖堤防进行了进一步完善,先疏通了淮河下游故道,使黄河归槽入海,再挑浚淮河入黄河处的清口,加强刷黄能力,堵塞高家堰各处决口,增筑了周桥以南和武墩以北的堤防,并建造了几座减水坝。明代筑高家堰时,将周桥以南留下空缺,作为“天然减水坝”,以利宣泄。这种状况一直延续到清康熙十七年(1678)。在此期间,天然减水坝由于经常溢洪过水,并冲刷成“九河”，以至“终岁滔天东注不止”，甚至黄河有时也由此东泄。靳辅认为，淮河东决、黄河倒灌的主要原因，是汛期淮河水位比黄河低，只有加高高家堰，拦蓄淮河水，才能使其在汛期能以建瓴之势出清口而刷黄。要做到这一点，首先要筑周桥以南无堤段的堤防，并增设减水坝，以宣泄异常年份的大水，从此洪泽湖大堤“仁、义、礼、智、信”五坝（俗称“上五坝”）形成，洪泽湖基本形成并稳定。

第三章 洪泽湖水系水文

第一节 水系

一、上承河道

洪泽湖承泄淮河上中游15.8万平方千米的来水，入湖河道包括淮河干流、池河、怀洪新河、徐洪河、新(老)汴河、新(老)濉河、濉河、高桥河、维桥河、团结河、安东河、西民便河、古山河、五河、肖河、马化河、朱成洼河、成子河、高松河、黄码河、淮泗河、赵公河、老场沟、杨场沟、张福河等。其中淮河入湖水量占总入湖水量的70%以上。

(一) 淮河干流

发源于河南省桐柏山，东流经鄂、豫、皖、苏四省，主流在三江营入长江，全长1 000千米，总落差200米。淮河干流洪河口以上为上游，长360千米，地面落差178米，流域面积3.06万平方千米。洪河口至洪泽湖出口为中游，长490千米，落差16米，中渡以上流域面积15.82万平方千米，其中洪河口至中渡区间集水面积12.76万平方千米。

淮河上中游支流众多。南岸支流都发源于大别山区及江淮丘陵区，源短流急，流域面积在2 000平方千米以上的有白露河、史灌河、淠河、东淝河、池河。北岸支流主要有洪汝河、沙颍河、茨淮新河、西淝河、涡河、怀洪新河、新汴河、奎濉河，其中除洪汝河、沙颍河、奎濉河上游有部分山丘区以外，其余都是平原排水河道。

（二）池河

池河，古称池水。淮河支流，源出定远县西北大金山东麓，流经女山湖，于明光市女山湖镇（原名旧县）过女山湖水利枢纽后，纳七里湖来水，沿七里湖北缘经范郢，于江苏省盱眙县洪山头注入淮河。总流域面积为 4 215 平方千米，全长 245 千米。

（三）怀洪新河

怀洪新河，是淮河中游兴建的一项治淮战略性骨干工程。流域面积 12 000 平方千米，全长 121 千米，其中安徽境内 95 千米，江苏境内26 千米。流经安徽怀远、固镇、五河和江苏泗洪县。其防洪标准为淮河干流 1954 年型 100 年一遇洪水，与漴潼河 40 年一遇涝水组合，设计行洪流量 4 710 立方米每秒，相应峰山镇水位 16.76 米，双沟引河进口水位 16.12 米。其主要作用是分泄淮河干流洪水，扩大漴潼河水系排涝能力，兼顾灌溉、通航等。在 2003 年淮河大水的抗洪度汛中，怀洪新河首次启用，大大减轻了淮河干流防洪压力。

（四）新汴河

新汴河河道全长 127.1 千米，流域面积 6 640 平方千米，上起安徽省宿州埇桥区北 4 千米处的七岭子，入洪泽湖溧河洼止。流域内上游来水大，中下游地势低洼，河槽经常被上游客水所占，高出两岸地面，致使内涝无法外排，涝灾严重。为解决该地区的排涝问题，1964 年 1 月，安徽、江苏两省联合提出《关于苏皖边界水利问题处理意见报告》，决定开挖新汴河。新汴河规划按照高低水分排、洪涝分开的原则治理，工程的主要任务是解决防洪、排涝问题，同时兼有灌溉、航运、供水、水产养殖等综合功能。

（五）老汴河

老汴河，在泗洪境内，又称汴河，隋大业元年（605）开凿，时称通济渠，唐称广济渠，又叫汴渠，从青阳镇至临淮河段，现指从青阳镇西接淮河来水，流入洪泽湖，全长 34 千米。泗城以东称东汴河，泗城以西称西汴河。西汴河与长直沟合流东行，经泗城时向南分流，绕城与石梁河汇合入天井湖。

（六）新濉河

新濉河发源于徐州市西南云龙山区，自云龙湖水库往北，流经徐州市区，折向东南流经户部山北，转向东南流经奎山东、十里铺、黄桥，于安徽省宿县时村注入濉河，濉河流经安徽省灵璧县、泗县，在安徽省与泗洪县小韩庄（下省界）进入泗洪县境内，最后入洪泽湖的溧河洼，是苏皖两省八县一条排水河道。新濉河全长 172.5 千米（其中奎河 67.5 千米，濉河 105 千米），流域面积 2 893 平方千米。

（七）老濉河

淮河水系的濉河原在浍塘沟分两股，南股为新开挖的新濉河；北股系原来的濉河，现称老濉河，在小韩庄两股汇合东流，经泗洪县境入洪泽湖。老濉河现已在浍塘沟堵塞，1966 年春从小韩庄调尾，平行于新濉河左侧，以两河三堤形式，自成水系，向南至傅圩子注入溧河洼。全长 90 千米，流域面积 626 平方千米。

（八）徐洪河

徐洪河是贯通三湖（洪泽湖、骆马湖、微山湖），串连三个水系（淮河、沂河、泗水），向北调水，向南排水，结合通航的多功能河道。该河道北起徐州市东郊京杭大运河，向南流经铜山、睢宁、泗洪三县，至顾勒河口入洪泽湖，全长 118.16 千米。

（九）张福河

张福河是淮阴区和洪泽区一条排水兼交通的骨干河道，沿线有码头、陈集、赵集和西顺河等乡镇，流域面积 107 平方千米，北至古黄河，南达洪泽湖，全长 33 千米。

（十）高桥河

位于马坝镇的西部，起源于穆店镇万湖水库，途经穆店、马坝及省三河农场，于老河口入洪泽湖，全长 27.69 千米，流域面积 175 平方千米。高桥河沿线主要汇入支流主要有聂湖大涧、神墩河和黑泥河，具有防洪、排涝、灌溉、航运等综合功能。

（十一）维桥河

原名坝桥河，1971 年改名维桥河。维桥河位于江苏省淮安市盱眙县境内，河道全长 20 千米。维桥河属于山丘区河道，上游发源于龙王山水库，中游与草涧大汇流，下游与神墩河、愚公河相交后汇入洪泽湖。

（十二）团结河

团结河是鲍集圩行蓄洪区内主要区域性河道，是洪泽湖周边重要县域河道。该河流为泄洪、排涝、引水、航运等多功能骨干河道，全长 33.3 千米，分为上游、中游、下游三段，源于鲍集镇沈集村，至淮河镇明祖陵村入淮河。

（十三）安东河

是宿迁市境内一条跨县骨干排涝、引水河道，位于安河（现徐洪河）以东，经宿城区、泗洪县入洪泽湖。安东河从太皇河南堤起，向南再往东通过泗河地涵，向东再向南至三岔河，与徐洪河并行成二河三堤，在顾勒河口入洪泽湖，全长 49.97 千米，流域面积 351.33 平方千米。

（十四）西民便河

西民便河是洪泽湖周边的一条区域性骨干排涝河道，河道发源于宿豫区王官集镇朱海水库东侧，全线位于宿迁市境内，流经宿豫区、宿城区、市经济开发区、泗洪泗阳二县等 10 个乡镇，贯穿宿城区新城区、市经济开发区，在泗洪县曹庙乡入洪泽湖。主要排泄古黄河以西、西沙河以东地区的涝水，同时也是该区域的引水灌溉河道。河道全长 68.85 千米，西民便河流域面积 326.20 平方千米。

（十五）古山河

古山河作为洪泽湖周边区域内的骨干河道，起于市洋河新区，流经泗洪、宿城，于宿城区中扬镇唐莫村入洪泽湖。河道全长24.9千米，流域面积80.9平方千米，是洋河新区中心城区主要排水通道。

二、下泄河道

洪泽湖主要泄洪河道为淮河入江水道、苏北灌溉总渠、淮河入海水道、分淮入沂、废黄河等5条。

（一）淮河入江水道

淮河入江水道是淮河的主要泄洪通道之一，该工程上起洪泽湖三河闸，下至江都附近的三江营，全长157.2千米，设计泄洪能力12 000立方米每秒，可将淮河上中游70%以上的洪水泄入长江，与入海水道、分淮入沂、苏北灌溉总渠、废黄河等工程联合运用，为洪泽湖地区的防洪安全提供保障，保障洪泽湖大堤的防洪标准达到100年一遇；同时也承泄京杭运河西部宝应湖、高邮湖地区及里下河地区的涝水，改善区域排涝状况，具有较好的社会、经济综合效益。1954年淮河发生特大洪水后，先后4次大规模治理入江水道，使入江水道全线恢复12 000立方米每秒的设计泄洪能力。

（二）苏北灌溉总渠

苏北灌溉总渠西起洪泽湖高良涧闸，东至滨海县扁担港入海，于1952年建成，长168千米，两岸堤防总长313.18千米，其中右堤从高良涧闸至六垛闸长161.02千米，左堤从越闸至六垛南闸长152.36千米。当洪泽湖水位超过13.5米时，灌溉总渠服务于排洪，总渠与废黄河共排洪1 000立方米每秒，灌溉面积约2 580万亩，同时还具有排涝、航运、发电等综合效益。苏北灌溉总渠沿线主要控制建筑物有高良涧闸、运东闸、阜宁腰闸、通榆河总渠立交枢纽和六垛南闸。

(三) 淮河入海水道

淮河入海水道西自洪泽湖二河闸，东至滨海县扁担港，全长163.5千米。工程分两期实施，近期工程设计行洪流量2 270立方米每秒，强迫行洪流量2 890立方米每秒，使洪泽湖的防洪标准从50年一遇提高到100年一遇；远期工程设计排洪流量7 000立方米每秒，洪泽湖防洪标准可进一步提高到300年一遇。一期工程在2003年大水期间已投入运行，行洪流量1 870立方米每秒。

(四) 分淮入沂

分淮入沂是淮河下游防洪体系的重要组成部分，是洪泽湖水出路之一，亦是淮河和沂沭泗流域相互调度、综合利用的一项多功能工程。该工程上起洪泽湖二河闸，经淮安、宿迁两市四县(区)，至沭阳西关入新沂河，由二河及淮沭河两段组成，全长97.5千米，分泄洪泽湖洪水，设计行洪能力3 000立方米每秒；当沂泗水丰而淮水偏枯时，可调沂泗水经中运河、二河由二河闸倒入洪泽湖，以补淮水之不足，引沂济淮设计流量为300立方米每秒，校核流量为1 000立方米每秒。

(五) 废黄河(杨庄以下)

废黄河(杨庄以下)从淮阴县杨庄闸至响水县套子口入海，河道长度181千米，两岸堤防长312.75千米。自20世纪70年代以来，废黄河不仅担负汛期排洪，而且增加了沿岸区间排涝任务。杨庄闸是控制淮、沂、泗洪水进入废黄河的建筑物，同时它还可以控制中运河水位，设计行洪流量500立方米每秒。现状河道行洪能力200立方米每秒左右。

废黄河与通榆河交叉处建有废黄河枢纽工程，包括废黄河地涵、废黄河南船闸、大套一站及其2座配套水闸(灌排闸、排水闸)、大套二站及其3座配套水闸(引水闸、送水闸、灌溉东闸)等工程。

第二节　水文

一、水位特征

洪泽湖水位除受湖泊水量平衡和湖面气象条件影响外，还受周围周边水利工程调度影响。自从建成淮河中游的蚌埠闸及洪泽湖大堤上的三河闸、二河闸、高良涧闸以及洪金洞、周桥洞、堆头涵洞等引水建筑物后，洪泽湖的水情变化主要取决于上述水利工程的调度运行。

（一）特征水位

洪泽湖死水位 11.30 米（以蒋坝水位站为代表），生态水位 11.50 米，旱限水位 11.80 米，汛限水位 12.50 米，正常蓄水位 13.50 米，设计洪水位 16.00 米，校核洪水位 17.00 米。历史最低水位 8.87 米（1951 年 2 月 20 日），最高洪水位 16.25 米（1931 年 8 月 8 日）。洪泽湖特征水位（废黄河基面）详见表 3-1。

表 3-1　洪泽湖特征水位（废黄河基面）

特征水位	水位（米）
洪泽湖死水位	11.30
生态水位	11.50
旱限水位	11.80
汛限水位	12.50
正常蓄水位	13.50
设计洪水位	16.00
校核洪水位	17.00
历史最低水位	8.87
历史最高洪水位	16.25

（二）水位变化

洪泽湖的形成和发展经历了几个不同的历史时期，在不同的历史时期，湖水的功效不尽相同，蓄泄原则也不同，因此，在不同历史时期，洪泽湖水位的特点也不同。

1736—1801 年，洪泽湖水位有刷黄之功效，因此水位升降明显，多年平均最高水位为 12.99 米；1802—1850 年，为保持漕运，湖水位较高，年际变化也较小，多年平均最高水位为 15.01 米；1851—1913 年，黄河改道北移，洪泽湖主要承接淮河来水，洪水经三河、高邮湖下泄入江，洪泽湖多年平均最高水位为 12.56 米。典型干旱、洪涝年特征水位见表 3-2。

表 3-2　典型干旱、洪涝年特征水位

年份		蒋坝水位			
		最高水位（米）	发生日期	最低水位（米）	发生日期
干旱年	1951	10.98	8月3日	8.87	2月20日
	1966	13.03	3月18日	9.68	11月11日
	1978	13.16	1月15日	10.27	6月29日
	1994	13.57	1月26日	10.63	8月24日
	2001	13.98	1月28日	10.47	7月25日
	2019	13.57	2月7日	11.17	7月28日
洪涝年	1921	16.00	9月7日	10.27	12月30日
	1931	16.25	8月8日	9.58	1月3日
	1954	15.23	8月16日	11.09	7月6日
	1991	14.06	7月17日	12.09	8月17日
	2003	14.38	7月14日	11.84	10月27日
	2007	13.90	7月15日	11.69	7月1日
	2020	13.55	12月29日	11.46	6月17日

三河闸建闸前，即 1914—1953 年，洪泽湖多年平均水位

10.52米，最高湖水位16.25米(1931年8月8日)，最低湖水位8.87米(1951年2月20日)。三河闸建闸后，洪泽湖水量得到了合理的调度，根据生产和生活的需要，通过涵闸将水位控制在理想范围内，使洪泽湖水资源的效益得到了充分的发挥。建闸后的洪泽湖多年平均水位12.59米，多年平均最高水位13.58米，最高水位15.23米(1954年8月16日)，最低水位9.68米(1966年11月11日)。三河闸建闸前后多年平均湖水位抬高了2.07米，但建闸后，湖水位的变化趋于平稳，年水位变幅在1.09～4.14米之间。

二、汛情特点

汛期是江河、湖泊洪水在一年中明显集中出现，容易形成洪涝灾害的时期。由于各河流所处的地理位置和涨水季节不同，汛期的长短和时序也不相同。

汛期类型：根据洪水发生的季节和成因不同，一般要分为4种汛期。(1)夏季暴雨为主产生的涨水期称为伏汛期；(2)秋季暴雨(或强连阴雨)为主产生的涨水期称为秋汛期；(3)冬、春季河道因冰凌阻塞、解冻引起的涨水期称凌汛期；(4)春季北方河源冰山或上游封冻冰盖融化为主产生的涨水期以及南方春夏之交进入雨季产生的涨水期称为春汛期。在黄河上，由于上游开河的凌洪传到下游，正值桃花盛开的季节，故又称春汛期为桃汛期。因为伏汛期和秋汛期紧接，又都极易形成大洪水，一般把二者合称为伏秋大汛期，通常简称为汛期。

汛期特点：中国多数江河的暴雨洪水发生在伏秋大汛期，暴雨洪水的季节性与雨带南北移动和台风频繁活动有密切关系，所以各地区汛期的起止时间不一样。汛期(主要指伏秋大汛)起止时间的划分，一般用该时段洪水发生的频率来反映。以超过年最大洪峰流量多年平均值的洪水称为“大洪水”。汛期时段的确定，是要保证90%

以上的“大洪水”出现在所划定的时段内;主汛期则以控制 80%以上的“大洪水”来确定时段。例如:江南地区 4—9 月是汛期,5—6 月是主汛期;珠江 4 月中旬至 9 月为汛期,其中 4—6 月为前汛期,7—9 月为后汛期,5—6 月是主汛期;长江 5—10 月中旬为汛期,7—8 月是主汛期;淮河 6—9 月为汛期,7—8 月是主汛期;黄河 7—10 月为汛期,7—8 月是主汛期;海河 7—8 月为汛期,7 月下旬至 8 月上旬是主汛期;松花江 7—9 月为汛期,8 月下旬至 9 月上旬是主汛期。分析表明,中国各地汛期开始时间随雨带的变化自南向北逐步推迟,而汛期的长度则自南向北逐渐缩短;珠江、钱塘江、瓯江和黄河、汉水、嘉陵江等有明显的双汛期,前者分前汛期和后汛期,后者分伏汛期和秋汛期;7—8 月是全国大洪水出现频率最高的时间。

《中华人民共和国防洪法》第四十一条:省、自治区、直辖市人民政府防汛指挥机构根据当地的洪水规律,规定汛期起止日期。当江河、湖泊的水情接近保证水位或者安全流量,水库水位接近设计洪水位,或者防洪工程设施发生重大险情时,有关县级以上人民政府防汛指挥机构可以宣布进入紧急防汛期。

《江苏省防洪条例》(2018 年 11 月 23 日江苏省第十三届人民代表大会常务委员会第六次会议第三次修订)第三十条规定本省长江流域、太湖流域防汛期为 5 月 1 日—9 月 30 日,淮河流域防汛期为 6 月 1 日—9 月 30 日。

紧急防汛期是指当发生重大洪水灾害和险情时,县级以上人民政府防汛指挥机构为了进行社会动员,有效地组织、调度各类资源,地方政府防汛指挥部门应立即采取应急的非常措施,进行抗洪抢险而确定的一段时间。

《中华人民共和国防洪法》第四十五条:在紧急防汛期,防汛指挥机构根据防汛抗洪的需要,有权在其管辖范围内调用物资、设备、交通运输工具和人力,决定采取取土占地、砍伐林木、清除阻水障碍物和其他必要的紧急措施；必要时，公安、交通等有关部门按照防汛指挥机构的决定，依法实施陆地和水面交通管制。

三、降水分布

降水量是从天空降落到地面上的液态或固态（经融化后）水，未经蒸发、渗透、流失，而在水平面上积聚的深度，以毫米为单位。

洪泽湖，属暖温带黄淮海平原区与北亚热带长江中、下游区的过渡带，因受季风气候的影响，洪泽湖降水量较为丰沛。夏季受副热带高压和西伯利亚冷高压系统的活动的影响，降水量较多，多暴雨；冬季由于受湖泊水域影响，洪泽湖区的降水量比苏北其他地区要多一些。

（一）年降水量地区分布差异明显

洪泽湖多年平均降水量为 936.7 毫米，从北向南自西向东逐渐增多，洪泽湖东南低山丘陵区为降水高值区，多年平均降水量达 1 000.7毫米。盱眙 1991 年年降水量为1 684 毫米，是洪泽湖多年平均降水量的 1.80 倍，汛期（6—9 月份，下同）降水量 1 133 毫米，占年降水量的 67.3%，是洪泽湖汛期多年平均的 1.84 倍。洪泽 1978 年年降水量为 485 毫米，是洪泽湖多年平均降水量的 51.8%。

（二）年内分布不均(表 3-3)

表 3-3　洪泽湖多年平均降水量年内分配表

月份	1月	2月	3月	4月	5月	6月	7月	8月	9月	10月	11月	12月	合计
降水量（毫米）	23.4	30.2	48.4	60.1	67.6	123.0	242.5	149.4	98.0	35.7	36.6	21.8	936.7

洪泽湖降水量的年内分布极不均匀，一般集中在汛期，最大、最小月降水量相差悬殊。汛期 6—9 月份降水量为 612.9 毫米，占全年降水量的 65.4%。1—5 月份降水量为 229.7 毫米，占全年降水量的 24.5%。10—12 月份降水量为 94.1 毫米，占全年降水量的 10.0%。

(三) 年际变化剧烈

洪泽湖区降水量的年际变化较大,有些年份因副热带高压过强或西伯利亚冷气团势力过强,形成干旱气候;而有些年份梅雨峰在江淮停滞,形成长时间、大范围的降水,从而造成洪涝灾害。洪泽湖最大年降水量为 1 240.9 毫米(1965 年);最小年降水量为 532.9 毫米(1978 年);连续最长降水日共有 11 日,发生在 1970 年 9 月;全年连续无降水日为 66 日,出现在 1973 年 11 月 9 日至 1974 年 1 月 13 日。

四、洪水特征

(一) 暴雨特征

洪泽湖区产生暴雨的天气系统可分为低空急流、切变线、低涡、台风等。6—7 月份暴雨多由低空急流、切变线、低涡造成,此时正值江南梅子成熟时期,古称为"梅雨"。入梅以后,暴雨频发、雨量陡增、大暴雨集中,尤其是连续暴雨过程是梅雨期的特征,如 1931 年和 1954 年。8 月份是台风影响的主要月份,台风型暴雨的特点是范围小、历史短、强度大。淮河干流及洪泽湖的洪水特性是洪峰持续时间长,水量大,一次洪峰历时往往有一个月左右。

淮河洪水特性大致可分为三类:

一是由连续一个月左右的大面积暴雨形成的全流域性洪水,量大而集中,对中下游威胁最大,如 1931 年、1954 年、2003 年的洪水。

二是由连续两个月以上的长历时降水形成的洪水,整个汛期洪水总量很大但不集中,对淮河干流及中下游影响不如前者严重,如 1921 年、1991 年洪水。

三是由一、两次大暴雨形成的局部地区洪水,洪水在暴雨中心地区很突出,但全流域性洪水不算很大,这些洪水主要形成于上游或局部小流域,对整个流域中下游影响很小,但对局部小流域影响较大,如 1968 年、2020 年的洪水。

（二）主要洪涝年

（1）1921 年洪水

6—9 月，淮河流域不断出现大雨和暴雨，有四次集中降雨过程，每次降雨历时较长，大多在 10 天以上。淮河干流正阳关站、蚌埠站、蒋坝站自 6 月中旬起涨，至 9 月初出现最高水位（蚌埠因决口除外）后，直到 11 月底才退尽，历时超过 5 个月。9 月 19 日中渡站洪峰流量约为 14 600 立方米每秒，中渡站 120 天洪水总量约为 826 亿立方米。

（2）1931 年洪水

1931 年全流域大水，入洪泽湖最大流量 19 800 立方米每秒，洪泽湖持续高水位 31 天，最高达16.25 米。中渡站最大流量 11 100 立方米每秒，入江水道也持续高水位，江淮并涨，高邮湖最高洪水位 9.46 米，从淮阴到扬州纵横三四百里，一片汪洋，仅里下河地区就死亡 7 万多人。

（3）1954 年洪水

1954 年洪水发生在治淮工程初建期间，入洪泽湖洪水相当于 50 年一遇左右，入湖最大流量 15 800 立方米每秒，已建苏北灌溉总渠、三河闸等及时发挥了显著作用，保住了洪泽湖大堤，保住了里下河地区。三河闸最大泄量 10 700 立方米每秒，洪泽湖蒋坝最高水位为 15.23 米，高邮湖最高水位 9.38 米。洪泽湖周边地区，入江水道沿线的白马湖、宝应湖地区全部被淹。

（4）1991 年洪水

1991 年 6—7 月，淮河发生了两次大洪水，最大入湖流量11 000 立方米每秒，蒋坝最高洪水位 14.06 米。20 世纪 70 年代治淮建设基本形成的淮河下游防洪工程体系发挥了显著作用。三河闸最大泄量 8 450 立方米每秒，入江水道高邮湖最高洪水位9.21 米，归江河道最大泄量(日平均)10 170 立方米每秒。分淮入沂提前使用,最大泄量 1 270 立方米每秒,分泄洪水 8.78 亿立方米。里下河地区出现历史最高水位 3.35 米,发生严重的洪涝灾害。洪泽湖周边部分低洼地区住房倒塌,人员撤离,很多圩区经过防汛抢险才得以保堤。

(5) 2003 年洪水

2003 年淮河流域出现大面积、长时间的暴雨,形成淮河 21 世纪的第一场大洪水。淮河干流的洪水自 1949 年以来仅次于 1954 年。与此同时,沂沭泗水系也出现较大洪水,以致淮河流域出现继 1991 年后的又一次淮沂洪水遭遇。洪泽湖入湖最大流量 14 500 立方米每秒,洪泽湖在诸出口站最大日平均流量为 12 700 立方米每秒的情况下,蒋坝出现年最高水位 14.38 米。三河闸最大流量 9 420 立方米每秒,入江水道金湖最高水位 11.97 米,距行洪 12 000 立方米每秒设计水位仅差 0.17 米;高邮湖出现 9.52 米高水位,超过了设计水位 9.50 米和历史最高水位9.46 米(1931 年)。淮河入海水道刚全线通水,马上投入使用,最大行洪流量 1 870 立方米每秒,行洪 33 天,分泄洪水 44 亿立方米。分淮入沂再次提前使用,行洪 29 天,最大流量 1 440 立方米每秒。

(6) 2007 年洪水

2007 年洪泽湖周边普降暴雨,又遇淮河流域大水,使得入湖淮河干流及主要支流发生了较大水情,淮河干流盱眙站从 7 月 8 日到 8 月 7 日,超警戒水位 31 天。新濉河最高水位达 16.75 米,超过 2003 年,为历史最高。徐洪河金锁镇站最高水位 16.24 米,超过警戒水位 0.74 米,超警戒水位历时 3 天。怀洪新河双沟站最高水位 15.33 米。由于洪泽湖水位持续偏高,加之洪泽湖周边地区降雨强度大,给一些低洼圩区排涝带来困难,使得低洼圩区受灾严重。

(7) 2020 年洪水

2020 年淮河发生了流域性较大洪水(约 10 年一遇),其中正阳关以上发生区域性大洪水。7 月 14 日以来，淮河流域出现 3 次强降雨过程，流域累积面雨量 170 毫米，较常年同期偏多 89%，列 1961 年以来第 2 位。受强降雨影响，淮河在 7 月 17 日出现 2020 年第 1 号洪水。淮河干流河南踅子集至江苏盱眙河段全线超警戒水位，王家坝至鲁台子河段超保证水位，润河集、汪集、小柳巷河段水位超历史纪录。王家坝最高水位 29.76 米，列有实测资料以来第 2 位；润河集最高水位 27.92 米，最大流量为 8 690 立方米每秒，列有实测资料以来第 1 位；正阳关最高水位 26.75 米，列有实测资料以来第 2 位。

五、换水周期

换水周期指全部湖水交换更新一次所需时间，是判断一个湖泊水资源能否持续利用和保持良好水质条件的一项重要指标。凡是出湖流量愈大的湖泊，其换水周期就愈短，湖水经利用后能很快地得到补充和恢复，从而有利于对水资源的持续利用。出湖流量愈小的湖泊，其换水周期愈长，如湖水被大量利用，就难以得到补充和恢复，湖面就会相应缩小，整个湖泊生态系统也会发生一系列的变化。

1954 年进湖水量 785.2 亿立方米、出湖水量 816.8 亿立方米，属历史最大值；1978 年进湖水量 32.4 亿立方米、出湖水量 44.2 亿立方米，为历史最小值；多年平均进、出湖水量分别为 311.3 亿立方米和 310.9 亿立方米。建闸后的洪泽湖多年平均水位(以蒋坝水位站为代表)12.59 米，相应库容为 23.7 亿立方米，换水周期为 27.8 天。详见表 3-4、表 3-5。

表 3-4 洪泽湖洪涝、干旱典型年份进出湖水量统计表

年份		入湖(亿立方米)	出湖(亿立方米)
干旱年	1966	51.5	79.1
	1978	32.4	44.2
	1988	121.9	126.7
	1992	111.7	91.8
	1994	80.6	59.4
	1999	83.0	59.0
	2001	59.9	121.7
	2011	143.5	142.7
	2019	93.8	100.2
洪涝年	1954	785.2	816.8
	1991	629.3	704.5
	2003	776.9	710.3
	2007	551.6	562.0
	2020	467.4	455.2

表 3-5 洪泽湖进出湖主要控制站最大流量统计表

序号	河道	控制站	最大流量	
			数值(立方米每秒)	出现时间
1	淮河	吴家渡	11 600	1954-8-5
2	怀洪新河(含下草湾引河)	双沟	3160	2003-7-7
3	濉河	泗洪(濉)	930	2007-7-7
4	老濉河	泗洪(老)	277	2003-8-30
5	徐洪河	金锁镇	1 240	1998-8-15
6	新汴河	团结闸	1 320	1982-7-25
7	池河	明光	2 610	1954-7-7
8	淮河入江水道	三河闸(中渡)	10 700	1954-8-6

续表

序号	河道	控制站	最大流量	
			数值(立方米每秒)	出现时间
9	淮河入海水道	二河新闸	2 080	2007-7-24
10	苏北灌溉总渠	高良涧闸	1 080	1975-7-19
11	淮沭新河	二河闸	3 250	2003-7-11
12	废黄河(杨庄以下段)	杨庄闸(闸上游)	681	1958-8-13

第三节　水文测站

一、蒋坝水位站

蒋坝水位站(图 3-1)位于淮安市洪泽区蒋坝镇老船坞内,洪泽

图 3-1　洪泽湖蒋坝水位站

湖东南角，是国家重要水情站和中央报汛站，其水位是洪泽湖代表水位。

该站由原江淮水利测量局于1914年1月设立，常年承担水位、风速（风力）、风向等要素监测与报汛任务。

100多年来，该站在淮河流域的防汛抗旱、水资源评价、水文预报、规划设计、工程管理、航运、生态环境保护等方面发挥着巨大作用，也见证了淮河流域人民与洪水抗争的光辉历史。第一任水位观测负责人李长源及其三代后人与此站有百年的水文情缘，广为流传。

三河闸建闸前实测历史最高水位16.25米，发生于1931年8月8日，最低水位8.87米，发生于1951年2月20日；建闸后实测最高水位15.23米，发生于1954年8月16日，最低水位9.68米，发生于1966年11月11日。

二、高良涧水位站

高良涧水位站位于淮安市洪泽区高良涧镇。该站是洪泽湖重要水位控制站，是为掌握洪泽湖基本水情，为防汛抗旱及工程管理控制运用收集资料而设立的，是国家级重要水位站和中央报汛站。

高良涧水位站1913年3月设立，观测要素为水位，至今历经近110年。设站建成以来，完整监测了洪泽湖100多年的水位数据，收集到了极为宝贵的水位历史资料，为全省防汛、抗旱、供水等提供了全面及时完整的水情，为国民经济的各项规划、建设和可持续健康发展提供了科学的基础依据。

三、老子山水位站

老子山水位站（图3-2）位于洪泽县老子山镇。1912年3月设立，属淮河流域洪泽湖水系，是洪泽湖上重要的水位（水情）控制站之一。

该站主要监测洪泽湖区降水、水位等水文要素，收集基本水文信息资料，为洪泽湖防汛防旱、工程规划设计、水资源开发利用、水生态环境保护、水工程运行管理等提供考核和评价依据。

图 3-2　洪泽湖老子山水位站

老子山水位站历史最高水位 15.42 米，发生于 1954 年 8 月 16 日；最低水位 11.86 米，发生于 1983 年 6 月 22 日。最大年降水量 1 558.3 毫米，发生于 1956 年；最小年降水量 549.3 毫米，发生于 1978 年。

四、尚嘴水位站

尚嘴水位站坐落于江苏省宿迁市泗洪县龙集镇尚嘴村境内，设立于 1967 年 5 月。该站监测水位、降水等水文要素，其水位直接反映洪泽湖蓄水量的变化，为洪泽湖规划设计、三河闸等工程运行调度、洪泽湖水资源合理利用以及南水北调调水等提供水文数据。

五、双沟水文站

双沟水文站为国家重要水文站，位于泗洪县双沟镇，包含两个监测断面，即双沟和下草湾，分别位于怀洪新河、下草湾引河。该站于

1953年5月由治淮委员会设立，原站名为“峰山”，站址位于窑河；1954年5月停测；1954年6月，测站迁移至潆潼河；2001年1月，测站分别迁移至怀洪新河、下草湾引河，观测至今，站名更改为“双沟”，下草湾引河测流断面为“下草湾”。该站作为洪泽湖入湖的重要监测站，对怀洪新河及下草湾引河进入洪泽湖水量及过程进行监测，为何巷闸开闸分泄淮河洪水提供技术支撑。

六、三河闸水文站

三河闸水文站位于淮安市洪泽区和盱眙县交界处，由三河闸（闸上游）水位站、三河闸（中渡）水文站、三河闸降水蒸发站3处站点组成。三河闸水文站始建于1912年5月，原名中渡水文站，由原江淮水利测量局设立。1953年7月，三河闸工程建成后，更名为三河闸水文站，是淮河入江水道总控制站，也是国家重要水文站和中央报汛站。

该站承担着水位、流量、泥沙、降水、蒸发等测报任务，历经了1921年、1931年、1954年、1991年、2003年、2007年等淮河大洪水的考验，实测最大流量10 700立方米每秒，为淮河流域的防汛调度、工程建设、规划设计、水资源管理、水环境保护等提供了重要水文基础数据。

七、高良涧闸水文站、高良涧水文站

高良涧闸水文站、高良涧水文站均为国家重要水文站，分别位于洪泽县高良涧闸、高良涧水电站。高良涧闸水文站于1952年11月由江苏省水文总站设立，高良涧水文站于1972年3月由江苏省水文总站设立，观测至今。两站作为苏北灌溉总渠渠首站，主要用于掌握洪泽湖进入灌溉总渠水量。

八、二河闸水文站

二河闸水文站位于江苏省洪泽县西顺河镇二河闸。该站于

1959 年 3 月由江苏省水文总站设立，观测至今。该站主要用于掌握洪泽湖通过二河闸下泄进入淮沭新河的流量，观测项目为闸上游水位、闸下游水位、流量及泥沙。该站历年最大洪峰流量为 3 250 立方米每秒，发生时间为 2003 年 7 月 11 日，历年平均流量为 233 立方米每秒。

九、二河新闸水文站

二河新闸水文站为国家重要水文站，位于淮安市清浦区二河新闸。该站于 2009 年 1 月由江苏省水文水资源勘测局设立，站别为汛期水文站。2003 年二河新闸工程竣工后，发生大洪水时，水文部门组织了应急测验，因而存在早于设站日期的水文资料。该站作为淮河入海水道入口站，主要掌握洪泽湖通过二河新闸进入入海水道的流量，观测项目为闸上游水位、闸下游水位及流量。

该站历年最大洪峰流量为 2 080 立方米每秒，发生时间为 2007 年 7 月 24 日；历年平均流量为 3.65 立方米每秒。

十、杨庄闸水文站

杨庄闸水文站为国家重要水文站，位于淮安市西郊活动坝。该站于 1931 年 9 月由导淮委员会设立；1947 年 11 月撤销；1949 年 8 月恢复观测；1982 年增设杨庄闸（活动坝水电站），观测至今。该站作为废黄河入口站，对二河闸下泄进入废黄河水量进行监测，观测项目为闸上游水位、闸下游水位、闸上游流量、活动坝水电站流量。

该站闸历年最大洪峰流量为 681 立方米每秒，发生时间为 1958 年 8 月 13 日；历年平均流量为 7.61 立方米每秒；活动坝水电站历年最大洪峰流量为 88.3 立方米每秒，发生时间为 1995 年 8 月 14 日；历年平均流量为 34.2 立方米每秒。

第四章　洪泽湖周边主要水利工程

第一节　洪泽湖大堤

洪泽湖大堤(图 4-1)是淮河下游重要流域性防洪工程,位于洪泽湖东岸,北起淮阴区码头镇,南至盱眙县张大庄,全长 67.25 千米,其中洪泽城区以南段 32.35 千米(里程桩号为 34K＋900－67K＋250)由江苏省洪泽湖水利工程管理处管理,其余堤段由淮安市淮阴区和洪泽区管理。

图 4-1　洪泽湖大堤

洪泽湖大堤始建于东汉建安五年(200),后经历代不断加高培厚,特别是明清两代,逐步将土堤加做石工墙。从明万历八年(1580)

到清乾隆四十七年(1782),经过202年基本完成。

洪泽湖大堤为1级堤防,设计水位16.0米,校核水位17.0米,堤顶高程19.5米,堤顶宽度30～50米。

中华人民共和国成立以来,洪泽湖大堤经历了5次较大规模加固。1951年8月,对大堤石工墙裂缝、错动、鼓肚、倾斜等97处险工进行修复。1966年至1969年,对大堤高良涧至蒋坝段23.67千米老石工进行了拆除,堤前增筑50米宽、顶高程14.5米的防浪林台,湖边设置条石护坡。1976年至1978年,在大堤高良涧至蒋坝段堤后加筑二级戗台,顶高程分别为11.0米和14.0米。1991年至1995年,对三河越闸预留段、菱角塘、三河闸上游拦河坝等险工段进行了除险加固。2012年至2016年,进行堤基和堤身防渗处理,增设安全监测系统和管理设施等。

洪泽湖大堤和沿堤建筑物三河闸、二河闸等工程构成了洪泽湖控制枢纽工程,拦蓄淮河上中游15.8万平方千米的洪水,是苏北里下河地区3 000万亩农田和2 600多万人民生命财产安全的屏障,是国务院规定任何时候必须确保安全的重点堤防。

第二节　蓄洪圈堤

一、蓄洪圈堤形成历史

清咸丰五年(1855)黄河北徙之前,洪泽湖作为蓄清刷黄的主要工程,湖周基本不筑防洪截水堤堰,每逢汛期,黄淮并下,湖水猛涨,北至黄河南堤,西至成子洼、安河洼、溧河洼,南至盱眙城以西沿河两岸洼地及高桥、维桥以北的洪泽湖南洼,均为洪水浸漫,水随沙平,涯岸无定。黄河北徙后,洪泽湖历年平均水位降低,湖滩久现,遂放垦,陆续筑起零星围堤,如赵集、韩桥、南陈集、新袁、裴圩、黄圩等。

清光绪三十二年(1906),华洋义赈会募款以工代赈,筑湖北岸防洪截水堤,从顺河集到成子湖边高家渡,俗称“洋堤”。

民国三十二年(1943)春,苏皖边区淮北行署建设处,为了保护湖边农业生产,坚持敌后抗日战争,动员民工 20 万人,自高良涧经顺河集、黄圩子向北绕成子湖,衔接湖西的安河堤,从低洼的荒草滩上,修筑了 200 余华里的马蹄形环湖圈堤。在临淮头以西,汴河和溧河之间,也筑成挡湖水的新堤。

真正把洪泽湖的蓄洪垦殖作为一个系统工程来建设,是在中华人民共和国成立以后,在 20 世纪 50 年代初治淮时就开始安排的。

在洪泽湖蓄洪垦殖工程实施前,沿湖洼地、滩地长期处于“水落随人种,水涨随水淹”的自然状态,群众种田靠天收,农业产量低而不稳。“种湖田,贩私盐,捉到一年是一年”,“九岗十八洼,怕旱又怕下(雨),下(雨)无沟,旱无坝”,这些民谣便是当时沿湖周边滩洼地区农业生产和人民生活的真实写照。

自从三河闸和高良涧进水闸建成,洪泽湖蓄水以后,特别是淮河流域遭遇 1954 年特大洪水后,里下河地区千百万人民生命财产得以保住,但是洪泽湖周边受灾严重,从而引起了中央到地方各级党委和政府的高度重视,洪泽湖蓄洪垦殖工程就在这个背景下展开。

二、第一期蓄洪堤工程实施

1954 年冬,淮阴地区治淮指挥部对洪泽湖周边进行垦殖工程测量,工程技术人员和工人组成两个测量队,冒着风雪赴泗阳县的湖北区和中扬区进行测量,由于寒冷,又大雪,测量工作十分艰苦,不但进度慢,而且大多数人都有不同程度的冻伤,秦祝伍工程师受冻生病,高烧不止,病情危重,用牛车拉到泗阳县人民医院抢救。当时,全靠步行肩扛测量用具。

测量人员白天在风雪中测量,晚上还要在煤油灯下做内业。当时都是住在老百姓家的厨房，铺上柴草就是床，办公在门板上，每天晚饭后都要做几个小时工作。特别是导线组，每天晚上都要到深夜才能完成计算和绘制导线工作，只有完成这些工作，地形组才有可能测量地形。尽管时间紧，困难多，条件差，但所有测量人员都能克服困难，努力完成任务。如水准组测量要求精度高，但是在天寒地冻大风的条件下，按测量规范不允许工作。但是为了开春洪泽湖蓄洪垦殖工程顺利开工，他们克服种种困难，为了使水准达到在规范要求允许的误差范围内，有时要重测两三个回合，很晚才赶到住地。在 60 多名测量人员的努力下，1955 年 2 月 1 日终于完成了测量任务，回到淮阴后已临近春节了。

在测量任务完成后，紧接着就是洪泽湖挡浪堤和截水堤工程规划设计工作，按照上级要求，要在 1955 年 2 月 25 日开工前完成规划设计和施工放样工作，而时间只有半个月。淮阴治淮指挥部负责人徐铁波召开会议，进行动员，并组成设计组、定线绘图组、计算工程数量组、校核组，进行流水作业，并互相帮助，齐心合力确保按时完成任务。经过各组人员的日夜赶办，于 1955 年 2 月 15 日提前 2 天完成全部设计工作，为 1955 年春按时开工打下基础。

1955 年 2 月 16 日，原班测量人马，踏着冰雪和泥泞，赶到湖北区和中扬区进行放样，这是中华人民共和国成立初期洪泽湖蓄洪垦殖工程的开始。这期工程是兴建沿 12.5 米地面高程和局部 12 米地面高程兴建一条挡浪堤，堤顶高程 14.5 米，另外加 0.5 米安全超高，堤顶宽 4.5 米。采取堤内开沟取土筑堤，以便圩内排水。另外，在沿 13.5 米地面高程建一条截水堤，采取堤内开沟出土建堤，沟通入湖河道，将 13.5 米以上涝水截入排涝河道排入洪泽湖，保证 12.5～13.5 米高程之间农田不受高水影响，堤顶高程 16.0 米，堤顶宽 5 米，可以防较大洪水。

尽管冰雪和泥泞增加了困难，放样工作还是在 2 月 23 日全部完成。淮阴和泗阳县部分专家及民工和干部已到达工地，进行搭棚安家和分工段工作，2 月 25 日准时全线开工。到当年 5 月 20 日，第一期洪泽湖蓄洪垦殖工程全部完成。

按照淮委对洪泽湖蓄洪垦殖规划要求，当洪泽湖遭遇洪水时，在蒋坝水位达到 14.5 米时，沿湖周边 12.5～13.5 米之间圩区应破圩滞洪。沿湖凡居住在 12.5 米以下的住户，全部迁移到 13.5 米以上高地居住。

1955 年 3 月，经国务院内务部批准，泗洪县和盱眙县划属江苏省淮阴地区管辖，以便解决洪泽湖蓄水统一管理问题。4 月 10 日，泗洪县组织民工 2.14 万人，进行洪泽湖蓄垦第一期工程，即溧东和王刘沟圩堤工程及相应的圩内桥涵配套工程，于 6 月 10 日竣工。当年盱眙县也组织民工完成国营三河农场附近的全家大圩和吴小圩的第一期洪泽湖蓄洪垦殖工程。

三、洪泽湖周边滞洪区建设

为保证滞洪区内人民群众在非滞洪期能安全地生产、生活，江苏省发改委于 2021 年 6 月，批复洪泽湖周边滞洪区近期建设工程可行性研究报告，工程于 2022 年 1 月开工，计划工期 48 个月。

主要建设内容为迎湖挡洪堤复堤加固长 159.27 千米，淮安市境内迎湖挡洪堤复堤加固长度 76.87 千米，其中淮阴区 12.27 千米、洪泽区 7.97 千米、盱眙县 56.63 千米。宿迁市境内迎湖挡洪堤复堤加固长度 82.40 千米，其中泗洪县 59.46 千米，宿城区 10.90 千米，泗阳县 12.04 千米。

复堤加固主要采用从背水侧向迎水侧帮宽加高原则，结合洪泽湖保护规划、退圩还湖规划，综合确定堤防加固断面形式，分别是斜坡式、斜坡平台复合式两种。滞洪一区迎湖挡洪堤顶高程按照洪泽湖水位 16.0 米，加 1.5 米超高，确定为 17.5 米；滞洪二区迎湖挡洪堤堤顶按照洪泽湖水位 14.5 米，考虑斜蓄、风浪爬高等因数，综合确定为 17.0 米或 17.5 米。

第三节 水闸工程

一、三河闸

三河闸（图 4-2）位于江苏省淮安市洪泽区与盱眙县交界处，洪泽湖东南角，是淮河入江水道的控制口门，是淮河流域性防汛抗旱骨干工程。它是中华人民共和国成立初期我国自行设计自行施工的大型水闸。

图 4-2 三河闸

三河闸工程于 1952 年 10 月动工兴建，1953 年 7 月建成放水。闸身为钢筋混凝土结构，共 63 孔，每孔净宽 10 米，总宽 697.75 米，闸门为钢结构弧形门，门墩架设公路桥，采用双车道，净宽 7 米。三河闸按洪泽湖水位 16 米设计、17 米校核，设计流量 12 000 立方米每秒。

三河闸建成以来经历过 4 次加固改造。1968—1970 年为提高防洪标准进行了加固，闸墩接长，增建新工作桥、检修门槽及浮箱式检修门，加厚消力池底板，加固闸门等。1976—1978 年进行了抗震加固，对排架、门墩进行抗震加固，公路桥加横向夹板。1992—1994 年进行除险加固，更新钢闸门、加厚消力池、加宽公路桥、处理工作桥裂缝等。2012—2015 年更新改造启闭机系统及部分电气设施，拆建工作桥、启闭机房及桥头堡，排架绑宽，升级改造闸门自动控制系统和视频系统等。

三河闸工程的建成，极大地减轻了淮河下游的防洪压力，保证苏北里下河地区不再受到淮河洪水灾害之苦。建成以来，成功抗御了 1954 年、1991 年、2003 年、2007 年等的大洪水，充分发挥了大型骨干水利工程的效益。为保证里下河地区 3 000 万亩农田和 2 600 多万人民生命财产的安全作出了巨大贡献。

二、二河闸

二河闸(图 4-3)位于洪泽县高良涧镇东北约 7 千米处，建成于 1958 年 6 月，是淮河下游洪水分泄入新沂河及淮河入海水道的关键性工程，又是淮水北调的渠首工程，并兼有引沂济淮的任务。

图 4-3　二河闸

二河闸是具有防洪、排涝、灌溉、调水等综合效益的大(1)型水工建筑物，共35孔，每孔净宽10米，闸总宽401.8米，采用弧形实腹式钢闸门挡水。二河闸分淮入沂设计流量为3 000立方米每秒。淮水北调设计流量750立方米每秒，供给淮安、盐城、连云港、宿迁四市沂南沂北地区1 030万亩农田灌溉用水及连云港市工业、生活用水。工程自建成以来，在防汛、抗旱、工农业生产、生活供水等方面发挥了重要作用，年供排水量约75亿立方米。

2004年3月，对二河闸进行了除险加固，消除了工程安全运行隐患，改善了工程面貌，提升了工程管理水平。

三、高良涧进水闸

高良涧进水闸(图4-4)作为苏北灌溉总渠的渠首，为洪泽湖的控制工程之一，建成于1952年6月，为大(2)型水闸，1级水工建筑物，设计流量为800立方米每秒。工程为胸墙式结构，共16孔，每孔净宽4.2米，净高4.0米，总净宽67.2米，设计最高防洪水位16.0米。

图4-4　高良涧进水闸

高良涧进水闸建成以来，共进行过5次较大规模的加固。1954年汛后进行第一次加固，主要是闸身抗滑稳定加固；1958年12月进行第二次加固，主要是修复和加强消力池；1966年11月进行第三次加固，主要是将原来8孔开敞式水闸改为16孔胸墙式水闸，并加厚闸门上游侧闸墩厚度；1994年进行第四次加固，主要是闸室抗震加固，更换钢闸门，增建4台水力发电机组等；2014年进行第五次加固，主要是拆除重建消力池、上游导流堤护砌以及启闭机房桥头堡拆除重建等。

第四节　灌区工程

洪泽湖形成之前，淮河右岸分布着破釜、白水、泥墩、富陵诸湖塘。汉建安初(196—200)，广陵太守陈登在破釜塘东筑高家堰，“巡土田之宜，尽凿溉之利”，开始引湖水灌溉农田。三国魏明帝时(227—238)，邓艾修白水塘，“立三埝，开八水门，置屯四十九所，溉田万二千顷”。唐长庆三年(823)，调扬州、青州、徐州民力开徐州泾、青州泾、大府泾、竹子泾、棠犁泾，灌溉范围扩大到东部沿湖地区。

1949年之后，对洪泽湖蓄水灌溉进行了全面规划。1951年4月，治淮委员会提出《关于治淮方略的初步报告》，计划兴建洪泽湖水库，备苏北农田灌溉之用。苏北治淮总指挥部在《苏北灌溉总渠工程规划概要》中提出淮河下游开辟四大干渠，引洪泽湖水，灌溉废黄河以南2 580万亩农田。1953年三河闸竣工，洪泽湖具备了蓄水条件。1954年1月，治淮委员会召集苏、皖两省协商，形成“洪泽湖蓄水位问题研究会议纪要”，暂定蓄水位12.5米。为便于治理和管理，同年12月，省政府报请政务院批准，将安徽省的泗洪、盱眙两县划给江苏，江苏的萧县、砀山划给安徽。开始进行蓄水垦殖移民工程，洪泽湖正式蓄水。

1956 年，淮河流域规划初稿编制完成，按 50％灌溉保证率，洪泽湖蓄水可灌溉下游地区 2 534 万亩农田。1957 年冬，淮沭新河进水口二河闸、盐河朱码节制闸、盐河涟东灌区、中运河竹络坝灌区等工程相继开工。1958 年，二河、淮沭河、淮阴闸、沭阳闸、盐河闸、淮涟闸、蔷北地涵、滨海闸等输水控制工程开工。1966—1969 年，淮沭河进行 3 次部分续建，具备输送灌溉水 95 立方米每秒的能力，并越过新沂河，在沭新河两岸相继建成了古泊灌区、沙河灌区、沂北灌区、沭新灌区。至此淮水北调灌区初步建成。1967 年，在洪泽湖大堤上建周桥洞，将原砚台、高涧灌区合并为周桥灌区。到 20 世纪 60 年代末，洪泽湖自流灌区面积扩大到 400 万亩。1970 年又在洪泽湖大堤上建洪金洞，将原蒋坝灌区扩大为洪金灌区。

1959 年发生了严重干旱，淮河断流 108 天，洪泽湖一度干涸。江苏省委提出抬高洪泽湖蓄水位与江水北调、引江济淮并举，以解决苏北地区的灌溉水源。1960 年 1 月，中共中央上海会议期间，同意举办江水北调、引江济淮的苏北引江灌溉工程。但提高洪泽湖蓄水位，因涉及邻省，长期未能实施。

1970 年冬，淮沭新河续建工程开工。1974 年淮沭河挖泓复堤工程完成，南段送水能力 440 立方米每秒，控制灌溉面积 695 万亩，北段送水能力 360 立方米每秒。淮沭新河沿线灌溉得到全面发展。

70 年代后期，江水淮水不但通过淮沭新河送到连云港市境内，并经新沭河太平庄沭南、沭北闸，穿过新沭河，送水至沭北赣榆县，而且通过中运河临时翻水站送到骆马湖以下。

为进一步增加灌溉水源，1981 年国务院召开的治淮会议上确定洪泽湖蓄水位由 12.5 米抬高到 13.5 米。经水电部与安徽、江苏两省商定，近期先抬高到 13 米，并要求争取在 1985 年前完成影响地区的处理工程。1985 年 7 月水电部向国务院报告，提出洪泽湖蓄水位由 12.5 米提高到 13.5 米，实施中困难很大。经与苏、皖两省商议先按13米安排工程。1986年4月，水电部又向国务院报送《关于“七五”期间治淮问题的报告》，确定洪泽湖近期蓄水位13米，防洪限制水位仍为12.5米，远景蓄水位将抬高到13.5米。1986年7月国务院批转了水电部的报告。

一、洪金灌区

洪金灌区的前身为蒋坝灌区，1958年，因旱改水需要，由淮阴专署水利局设计兴建蒋坝灌区，在蒋坝头河建灌溉涵洞一座，设计流量6立方米每秒。1960年3月，经江苏省水利厅批准，在蒋坝涵洞北侧另建一座引水涵洞，设计流量30立方米每秒，灌溉范围扩大到草泽河以南，金湖县老三河以南，入江水道以北地区，灌溉面积22.6万亩。1969年，因兴建三河船闸，又将后建的蒋坝洞拆除，在拆除的同时，又在洪泽湖大堤蒋坝镇北2千米处兴建一座引水涵洞，因洪泽、金湖两县受益，故取名洪金洞，又称洪金灌区渠首，1969年7月开工，1970年4月建成放水。洪金灌区属于大型自流灌区，源流洪泽湖，水资源丰沛，水质良好，洪金灌区位于洪泽湖东畔的淮河下游，地处洪泽和金湖两县境内，东经118°28′～119°22′，北纬32°02′～33°13′之间。洪金灌区属于淮河冲积平原，境内地势平坦，西高东低，地面高程在6.0～10.8米之间，灌区范围北以草泽河为界与洪泽周桥灌区毗邻，西临洪泽湖，南依淮河入江水道，东至白马湖、宝应湖。灌区总面积73.74万亩，耕地面积42万亩，灌区设计灌溉面积35.78万亩，现状有效灌溉面积为32.6万亩。洪金灌区灌溉范围包括洪泽、金湖两县部分地区和江苏油田农场共13个镇（场、圃），176个行政村（站），1 465个村民小组，管理单位为淮安市洪金灌区管理所。

洪金灌区洪泽区内耕地面积15.3万亩，有效灌溉面积13.18万亩，涉及东双沟、三河、蒋坝3个镇以及苗圃农场。

洪金灌区金湖县有陈桥、金北、吕良、前锋等 4 个镇，其中灌溉面积 20.2 万亩，实灌面积 19.14 万亩。

2000 年，洪金灌区建设被列入国家大型灌区节水改造计划，工程实施后，增强了农作物的抗灾减灾能力，灌溉水利用率达 0.59，骨干渠道抬高灌溉水位 20 厘米，改善灌溉面积 11.2 万亩，改善排涝面积 70 多平方千米，降低了农业生产成本，促进农业增效、农民增收，改善了农村环境，经济、社会、生态效益显著，实现了“三提高、三改善”。“三提高”是：一是提高了工程的配套率，水利基础设施进一步得以完善，中沟斗渠级配套率从 55％提高至 85％；二是提高了农田的灌溉保证率，灌溉用水进一步得到有效保障，工程灌溉保证率从原先 75％提高到目前的 85％；三是提高了灌溉水利用系数，水资源利用率进一步提高，农田灌溉水利用系数从原先 0.52 提高至目前的 0.6。“三改善”是：一是改善农业生产条件，通过工程建设，农田灌溉排涝条件得到进一步改善，促进农业增产和农民增收，通过水利工程建设，亩均粮食增产约 60 千克，亩均增收近 160 元；二是改善水生态环境，通过活水工程建设，疏通水系、改善水质，水生态环境显著改善；三是改善农村人居环境，通过项目结合水保等绿化工程的建设，打造了联堡闸、北干渠、永丰支渠等多处水利景观带，改善了农村群众的居住环境。

二、周桥灌区

洪泽区周桥灌区建成于 1967 年，位于淮河下游，西靠洪泽湖，南以草泽河为界，与淮安市洪金灌区毗邻，东接白马湖，北临苏北灌溉总渠。灌区总面积 51.2 万亩，其中耕地面积 36.5 万亩，设计灌溉面积 32 万亩，有效灌溉面积 31.95 万亩。灌区涉及区高良涧街道、黄集街道、朱坝街道、岔河镇全部及东双沟镇北片共 5 个镇(街道)，其中自流灌溉面积 21.2 万亩，提水灌溉面积 10.8 万亩。管理单位为淮安市洪泽区灌区管理所。

灌区渠首为周桥洞，位于洪泽湖大堤中部，建成于 1967 年 3 月，为双孔箱涵式涵洞，每孔断面尺寸为 3 米×3 米。灌区骨干灌溉渠系有：干渠 3 条，总长 32.5 千米，其中周桥干渠 3.8 千米、砚临干渠 14 千米、渠南干渠 14.7 千米；分干渠 5 条，总长 51.6 千米，其中浔南分干渠 18 千米、浔北分干渠 15.2 千米、横流河支渠 5 千米、一分干渠 8 千米、二分干渠 5.4 千米；支渠（包括直挂斗渠）101 条，总长 267.38 千米；农渠共 1 430 条，总长 1 038 千米。干渠、分干渠引水建筑物总数量 220 座，配套率及完好率约 95%；支、斗渠配套建筑物总数量 897 座，完好率约 85%；农渠建筑物总数量 4 781 座，完好率约 85%。机电排灌站 252 座，295 台机组，配套动力 1.92 万 kW。

灌区内有草泽河（27 千米）、花河（15.8 千米）等 2 条过境河流，以及浔河（27.7 千米）、往良河（15.5 千米）、横流河（5 千米）、龙须港（7.5 千米）、大荡河（5.5 千米）、四十里河（8.1 千米）、桃园河（13 千米）、丰产河（8 千米）、山阳河（6.3 千米）等 9 条境内河流。

第五节　泵站工程

一、洪泽站

洪泽站位于淮安市洪泽区境内的三河输水线上，距洪泽区蒋坝镇北约 1 千米处，介于洪金洞和三河船闸之间，紧邻洪泽湖。洪泽站工程是南水北调东线一期工程第三梯级泵站之一，其主要任务是通过与第二梯级的金湖站联合运行，由金宝航道、入江水道三河段向洪泽湖调水 150 立方米每秒，并结合宝应湖、白马湖地区排涝。

泵站规模为大（1）型工程，工程等别为Ⅰ等，设计防洪标准为 100 年一遇，校核防洪标准为 300 年一遇。

南水北调洪泽站(图 4-5)于 2011 年 1 月开工,2013 年 4 月通过通水验收,开始投入运行。截至 2021 年底,洪泽站累计抽水 35.83 亿立方米,发电 4 573 万度,为南水北调调水、所在地工农业生产及淮北地区的防洪排涝、抗旱灌溉等方面收获了巨大的经济效益和社会效益。

图 4-5　南水北调洪泽站

二、泗洪站

泗洪站枢纽工程(图 4-6)位于江苏省泗洪县朱湖镇东南的徐洪河上,距三岔河大桥下游约 4 千米,洪泽湖顾勒河口上游约 16 千米处。泗洪站与泗阳站共同组成南水北调东线工程的第四梯级泵站,其主要任务是将第三梯级抽入洪泽湖江水通过运西线徐洪河继续北送至第五梯级睢宁站,再由房亭河入骆马湖;同时结合地方排涝和通航。

泗洪站枢纽工程包括泵站、排涝调节闸、徐洪河节制闸、利民河排涝闸、泗洪船闸及引河等调水、排涝、挡洪、航运交通建筑物。泵站工程规模为大(2)型,工程等别为Ⅰ等,防洪标准为 100 年一遇设计、

图 4-6　南水北调泗洪站

300 年一遇校核，设计流量为 120 立方米每秒，有 5 台套水泵机组，其中 1 台备用。

徐洪河节制闸为大(2)型水闸，所在河流为徐洪河，主要功能为排涝和防洪，按排涝标准 5 年一遇设计，设计流量 1 120 立方米每秒。

船闸主要功能为通航，可配合泵站和节制闸工程实现防洪功能，泗洪船闸设计采用单线、单级布置，按Ⅴ级船闸、通航 300 吨船舶标准设计，闸室尺寸为(长)180 米×(宽)16 米×(门槛水深)3.5 米。

泗洪站工程于 2011 年 9 月开工建设，2013 年 5 月底完成南水北调江苏段试通水，截至 2020 年 6 月，泗洪站先后 18 次参与调水及抗旱运行，累计开机 4.75 万台时，抽水 44.18 亿立方米。

三、淮阴站

淮阴抽水站(图 4-7)位于江苏省淮安市清江浦区和平镇，北靠二河、西临灌溉总渠，是我省江水北调工程的第三级泵站，与淮阴二站、淮阴三站以及洪泽站共同组成南水北调东线工程第三梯级泵站，主要作用是接转淮安站抽入灌溉总渠的江水入二河，循京杭大运河北送，兼可补给中运河航运及徐淮地区工农业用水，同时在特殊干旱年份，也具有向洪泽湖补库功能。

图 4-7　南水北调淮阴站、淮阴三站

淮阴站于 1983 年 10 月兴建，1987 年 9 月竣工，安装机组 4 台套，设计流量 120 立方米每秒，设计扬程 5 米。

淮阴抽水站具有向北调水、提高灌溉保证率、改善水环境、提高航运保证率等功能，是一项综合利用工程。淮阴抽水站建成后，累计开机运行 21.4 万台时，抽水约 231.5 亿立方米，为所在地工农业生产及淮北地区的防洪排涝、抗旱灌溉、航运供水发挥了巨大的经济效益和社会效益。

四、淮阴三站

淮阴三站（图 4-7）在淮安市清江浦区和平镇境内，位于淮阴站南侧 156 米处，与淮阴一站并列布置。淮阴三站工程是南水北调东线抽引长江水的主体骨干工程之一，与淮阴一站、淮阴二站及洪泽站共同组成南水北调东线第三梯级，主要任务是抽引第二梯级淮安站来水直接北调或入洪泽湖。工程建成后，使淮阴一、二、三站抽水规模达到 300 立方米每秒，具有向北调水、提高灌溉保证率等功能。

淮阴三站工程于 2005 年 10 月开工建设，2009 年 12 月竣工，安装机组 4 台套，设计流量 100 立方米每秒，设计扬程 5 米。

淮阴三站泵站规模为大(1)型泵站，工程等别为 I 等，泵站设计洪水标准为 100 年一遇，校核洪水标准 300 年一遇。

第六节　船闸工程

一、高良涧船闸

高良涧船闸(图 4-8)上接洪泽湖，下连苏北灌溉总渠，是洪泽湖大堤穿堤建筑物，沟通淮河与京杭大运河的咽喉要道。

图 4-8　高良涧船闸

高良涧船闸共有三座船闸，一号船闸于 1953 年 8 月建成通航，闸室尺度(长)100 米×(宽)10 米×(门槛水深)2.5 米，年设计单向船舶通过能量为 300 万吨。二号船闸 1993 年 12 月建成通航，三号船闸2015年12月建成通航，二号、三号两座船闸均为(长)230米×(宽)23米×(门槛水深)4米，年设计单向船舶通过能力为1 600万吨。

随着三号船闸建成通航，高良涧船闸船舶通行能力大幅提升，也彻底结束了淮河黄金水道在高良涧船闸卡脖子的历史，近三年来，高良涧船闸年船舶通过量都能保持在4 000万吨以上。

近年来，高良涧船闸管理所致力于强化运行管理，不断探索提高船舶过闸效率的新技术、新方法，首创全国内河航道视频登记系统，船舶进入视频登记区域只需拨打即可完成登记；推广安装升级版“水上ETC”，进一步提高船舶过闸便捷性，降低船舶过闸成本，节省过闸时间，真正实现可视化监管和船舶免上岸服务。

二、三河船闸

三河船闸(图4-9)位于江苏省淮安市洪泽区蒋坝镇，是洪泽湖大堤的穿堤建筑物。上游经引航道入洪泽湖，下游出路有两条，一是从入江水道三河段经石港船闸、金宝航道和南运西船闸连通大运河，二是从入江水道三河段经金湖控制西偏泓漫水套闸入高邮湖。

图4-9　三河船闸

三河船闸是淮河入江水道全面规划综合利用的工程之一，兴建原因主要为沟通高邮湖、宝应湖以及大运河之间的航运。

三河船闸原设计通航、抗旱和挡洪功能。正常时段，发挥通航功能；防洪期间，通航服从防汛大局，发挥挡洪作用；抗旱期间，与石港站、蒋坝站配套实施“引江济淮”，利用闸室作为输水廊道，打开上下游闸门，向洪泽湖输水。

三河船闸于1969年开工建设，1970年3月建成。原设计年通航能力180万吨，按Ⅴ级船闸设计，500吨拖挂一次过闸。

2007年加固改造以后，闸室扩建为100米×16米闸室，闸室底板顶高程降至4.8米。

三、成子河船闸

成子河船闸位于宿迁市泗阳县城郊，上游衔接京杭运河，下游连接成子河航道，是沟通京杭运河与洪泽湖的一座通航建筑物。

成子河船闸主要包括船闸主体工程、引航道工程、远调站、闸阀门及机电设备制作安装、房屋建筑、跨上闸首公路桥等，以及滚水堰、西条堆地涵等水利配套工程。于2013年4月开工建设，2015年11月建成通航。成子河船闸按Ⅳ级标准建设，船闸尺度为(闸室长)180×(口门宽)18×(槛上水深)4米，最大设计船舶等级为500吨级，兼顾千吨级船舶。

上、下闸首、闸室均采用钢筋混凝土坞式结构，输水系统采用集中输水系统。

四、大柳巷船闸

大柳巷船闸位于苏皖交界处，在泗洪县四河乡境内，南邻安徽省明光市泊岗乡，上游衔接淮河，下游为洪泽湖，是一座沟通淮河与洪泽湖的重要通航建筑物。大柳巷船闸始建于1972年，为七级船闸，通行能力低，于 2012 年拆除重建，于 2013 年 12 月 28 日正式通航。新扩容改建的大柳巷船闸尺度 130 米×18 米×4 米，主要通行船舶为 300 吨级，兼顾 500 吨级船舶，正常水位下可通行千吨级船，船闸设计年通过量 1 253 万吨。船闸采用门缝输水系统，钢质三角闸门，主要承担着水运物资的运输。大柳巷船闸隶属于江苏省宿迁市航道管理处。

第六节　水电站

一、高良涧水电站

高良涧水电站（图 4-10）位于洪泽区西侧洪泽湖大堤上，坐落在苏北灌溉总渠之首，安装有 16 台套水轮发电机组，总容量 4 000 千瓦，设计流量 160 立方米每秒，是江苏省平原地区装机容量最大的水

图 4-10　高良涧水电站

力发电站。

工程1969年开始建设，1972年建成投入运行，每年向灌溉总渠下游输水30多亿立方米，向电网输送电量1 000多万千瓦时，每年的发电量相当于为国家节约标准燃煤3 490吨，减少向大气排放二氧化碳8 959吨。建站至今已累计发电5.2亿千瓦时，为当地社会经济发展作出了积极贡献。

二、三河闸水电站

三河闸水电站利用三河闸工程两岸空箱岸墙兴建，1970年8月开工，1972年6月建成投运，原装机容量均为75千瓦，2012年、2014年分别对闸北、闸南水电站进行了增容，目前装机容量均为200千瓦，总装机容量400千瓦。

三、高良涧进水闸水电站

高良涧闸水电站是1994年高良涧闸工程抗震加固时，利用工程原有空箱岸墙改造的水电设施，分布于水闸工程两侧，主要利用洪泽湖余水发电。1995年9月建成投入使用，装有4台水轮发电机组，总装机容量500千瓦。2013年6月实施水电站改造工程后，综合效率提高15.6%，工程于2017年1月10日通过竣工验收。

四、南水北调洪泽站水电站

洪泽站水电站位于南水北调洪泽站两侧，于2013年8月建成，2014年5月通过试运行验收并投入运行。

洪泽站水电站共安装立式轴流定桨式水轮机2台套，单机设计流量15立方米每秒，总装机容量1 000千瓦。从2014年投运至2022年1月，洪泽站水电站累计开机运行831天，运行3.56万台时，发电1 611万千瓦时。

第五章　洪泽湖的功能

洪泽湖是淮河流域防洪的重要调蓄水库，利用洪泽湖大堤及其他防洪设施，有效利用湖库调蓄、畅泄淮河洪水，结合流域治理，保证洪泽湖"蓄得住、滞得进、排得出"。

洪泽湖是国家南水北调东线工程重要的水源地，具有调蓄江淮之水和湖内输水功能，供水范围主要包括苏北地区的淮安、宿迁、连云港市和安徽境内从洪泽湖引水的地区，江苏境内直接灌区包括滨湖区、中运河、淮沭河和盐河沿线灌区，耕地面积 8 430 平方千米，沿湖主要取水口门为二河闸、高良涧闸、洪金洞、周桥洞等。截至 2021 年，以洪泽湖为水源的饮用水源地有 7 个。

洪泽湖具有地区生态平衡功能。湖泊及其流域是人类赖以生存的重要场所，湖泊本身对全球变化响应敏感，在人与自然这一复杂的巨大系统中，湖泊是地球表层系统各圈层相互作用的联结点，是陆地水圈的重要组成部分，与生物圈、大气圈、岩石圈等关系密切，具有调节区域气候、记录区域环境变化、维持区域生态系统平衡和繁衍生物多样性的特殊功能。

此外，洪泽湖还有水上航运、水产养殖以及发展旅游等其他功能。

第一节　防洪功能

洪泽湖是黄河夺淮和明清两朝采用"蓄清刷黄济运"治水策略而

不断修筑洪泽湖大堤形成的。洪泽湖属浅水型湖泊，湖底高程在9.81～10.81(10.00～11.00)米(1985年国家高程基准，括号内为废黄河高程基准，下同)之间，呈西北高、东南低趋势。

洪泽湖死水位11.11(11.30)米，汛限水位12.31(12.50)米，正常蓄水位12.81(13.00)米，规划蓄水位13.31(13.50)米，相应蓄水面积为1 780平方千米、库容39.57亿立方米；设计洪水位15.81(16.00)米，相应蓄水面积为3 414平方千米、库容112.13亿立方米。洪泽湖多年(1954—2003年)平均水位为12.18(12.37)米，历史最低水位9.49(9.68)米，最高洪水位15.04(15.23)米，建三河闸后历年最高水位超过12.81(13.00)米的年份占88.6%。

洪泽湖是淮河下游最大的拦洪调洪蓄水的湖泊型水库，洪泽湖的防洪功能主要由洪泽湖大堤、三河闸、二河闸、高良涧进水闸、高良涧船闸、三河船闸等沿堤控制工程组成，主要泄洪通道有入江水道、入海水道、苏北灌溉总渠以及分淮入沂。

一、防洪工程布局

对于洪泽湖的防洪工作，历代都有筹划。由于1855年以前，黄淮在清口合流，因此，洪泽湖牵涉黄河和淮河的防汛，也是黄河淮河防洪的关键节点。明清时期，治水官员万恭、潘季驯、靳辅等人提倡并实行“筑堤束水，以水攻沙”和“蓄清刷黄”方略；杨一魁、常三省等倡导“分黄导淮”的策略。清末民初，朝野人士对于治理淮河提出“复淮故道”“导淮入海”“江海分流”等各种主张，其中，张謇提出的“江淮水利施工计划书”，主张淮河洪水三分入海、七分入江的主张最为完善，也最切合洪泽湖的实际，他建议出湖流量定为10 000立方米每秒。

1950年淮河大水后，政务院作出的《关于治理淮河的决定》中，要求淮河下游开辟入海水道。1951年8月，水利部召开第二次治淮会议，确认淮河洪水总量为760亿立方米，经上中游有效蓄洪后，下泄至洪泽湖的最大流量为 11 400 立方米每秒，经洪泽湖调节，并由苏北灌溉总渠分泄入海 700 立方米每秒以后，三河最大流量可不超过 7 000 立方米每秒。因此，会议决定，入海水道改为由洪泽湖至黄海修筑一条以灌溉为主、结合排洪的干渠。是年冬，苏北灌溉总渠及高良涧进水闸、运东分水闸等配套工程开工，1952 年 7 月三河闸工程动工兴建。

1954 年淮河再发大水，已建工程经受严峻考验，也暴露了工程防洪标准较低的问题。汛后，淮委与江苏、河南两省进行流域规划研究，提出《淮河流域规划提要》，对淮河干流的防洪标准，下游选为千年一遇设计，万年一遇校核。在千年一遇洪水时，限制洪泽湖最大泄量为 16 600 立方米每秒，其中入江水道下泄 11 000 立方米每秒，入海水道下泄 4 500 立方米每秒，灌溉总渠下泄 800 立方米每秒，废黄河 300 立方米每秒，洪泽湖拦蓄洪水 78 亿立方米。主要工程措施为：下游加固洪泽湖大堤，增加洪泽湖蓄水量；整修入江水道，开辟入海水道，加大入江入海泄量等。

1957 年，开挖淮沭新河，兴建二河闸、淮阴闸、沭阳闸等涵闸工程，要求利用新沂河相机分泄淮河洪水 3 000 立方米每秒，以代替入海水道的部分作用。

1975 年 8 月，河南省发生特大暴雨，石漫滩、板桥水库先后溃坝。1976 年 5 月，水电部召开会议，总结河南大水经验教训。1978 年 10 月，淮委编制了《洪泽湖设计洪水和可能最大洪水报告》，提出洪泽湖的排洪泄量，要扩大到 28 000 立方米每秒，但部分工程尚未实施。

二、主要防洪工程

（一）洪泽湖大堤

北起淮阴县马头镇，南至盱眙县张大庄，全长 67.25 千米。整个大堤分三段：北段，码头镇至高良涧，长 34.4 千米，堤顶高程 18～

19.3 米，堤顶宽 4～8 米。堤前有土坡、块石护坡、老石工墙和宽约 25 米的防浪林台，堤后大部分为二河和苏北灌溉总渠，河湖夹堤。中段，高良涧至蒋坝镇，长 25.39 千米，堤顶高程 19～19.5 米，公路路面顶宽 7～10 米，临湖面筑有宽 50 米防浪林台，高程 14.5 米，堤后地面高程一般为 6～9 米，在高程 11 米和 14 米分别筑 20 千米长的两级平台，宽 15 米。南段，蒋坝至张大庄，长 7.46 千米，堤顶高程 17.4～19 米，顶宽 5～7 米，堤后地面高程 10.5～15 米。洪泽湖防洪调度形势见图 5-1。

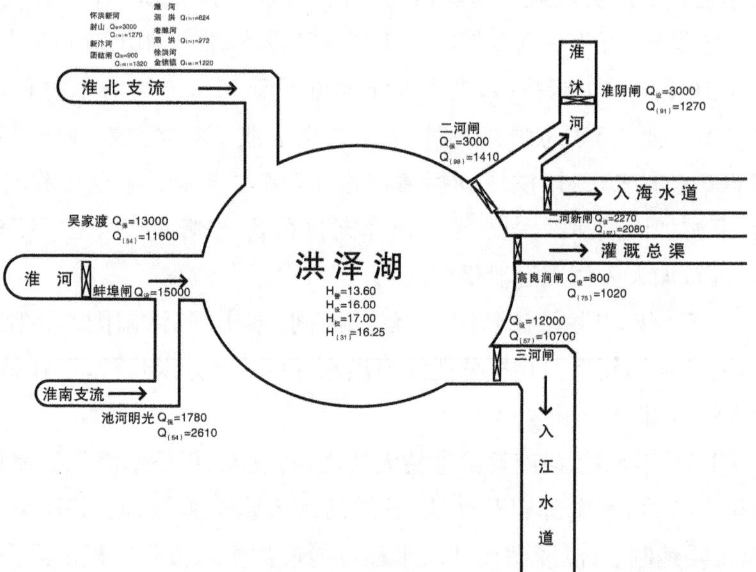

图 5-1　洪泽湖防洪调度形势图

洪泽湖大堤虽经多次修复加固，但还存在着一些薄弱环节。主要是：全线标准不一，迎湖面防浪设施不全，已拆的老石工墙还有一些基桩未拔；现有的老石工墙错牙、臌肚、裂缝还较为普遍。特别是三河拦河坝等重点堤段的堤身、堤基，以及在软淤土、砂壤土及粉砂土的堤段的防洪抗震能力差，还未进行抗震加固。沿线穿堤建筑物抗震标准偏低，是构成大堤防洪的险工隐患。码头镇以北至废黄河高地一段未封闭(长 3.38 千米)，在高水位时将形成防洪缺口。部分堤段上违章建筑多，影响大堤的正常维护和防汛抢险。

(二) 三河闸

位于洪泽湖东南洪泽县蒋坝镇附近，为淮河排洪入江的口门，是洪泽湖控制工程中的最大建筑物。该闸共 63 孔，闸身总长 697.75 米，每孔净宽 10 米，工程初期设计泄洪 8 000 立方米每秒，后经加固，现设计流量为 12 000 立方米每秒。

清咸丰元年(1851)，湖东南角的三河口大堤礼河坝被洪水冲坏，坝下冲跌成深潭，此后，淮河洪水从决口下三河，穿高邮湖、宝应湖，南入长江，形成淮河入江水道。但此入江水道大水年份，高邮湖、宝应湖不能容纳时，须开放里运河东堤归海五坝下泄洪水，洪水泛滥于江苏省里下河地区，民国十年(1921)及二十年(1931)大水，高邮湖、宝应湖地区受淹，里下河地区沦为泽国，人民生命财产损失惨重。于是，中华人民共和国成立后，在三河口兴建地防洪控制工程就成为重大任务。

1952 年淮委编制的《一九五二年工程计划纲要》指出："为保证里下河区不受洪水灾害，必须减少洪水来量，除上、中游水库蓄洪外，建筑三河闸一座，以发挥洪泽湖蓄水、防洪和灌溉的效能，并控制入江流量。"根据淮委和水利部审定的淮河洪水总量 800 亿立方米、洪泽湖最高水位 15.32 米时，三河闸按最大泄量不超过 8 000 立方米每秒进行设计。

经水利部批准，于 1952 年 10 月 1 日开工，至 1953 年 7 月 25 日全部竣工。1954 年淮河发生大洪水，洪泽湖蒋坝最高水位 15.23 米，三河闸最大下泄流量 10 700 立方米每秒，超标准行洪，闸身稳定已接近安全限度。1956 年《淮河流域规划报告》提出洪泽湖千年一遇设计洪水位 16 米，三河闸排洪 11 000 立方米每秒；万年一遇校核洪水位 17 米。1965 年 9 月，江苏省人民委员会将《洪泽湖控制加固改建工程设计任务书》报送水电部，要求三河闸按照洪泽湖最高设计洪水位 16 米、10 级台风、吹程 15 千米，最大泄量 11 500 立方米每秒，校核最高洪水位 17 米，最大泄量 13 500 立方米每秒进行加固。

（三）二河闸

位于江苏省淮河下游洪泽湖东侧淮安市洪泽区（原洪泽县）高良涧镇东北约 7 千米处，二河闸共 36 孔，单孔宽 10 米，建成于 1958 年 6 月，是洪泽湖分淮入沂及淮河入海水道的总口门，又是淮水北调的渠首工程，并兼有引沂济淮的任务。淮河入海水道建成后，也从二河闸下泄洪泽湖洪水。另外，下游淮河入海水道上口另建有二河新闸一座，与二河闸分级控泄洪泽湖洪水。

二河闸建设以前，洪泽湖下游已有三河闸、高良涧进水闸分泄淮河洪水。1954 年淮河发生特大洪水，洪泽湖最高水位达 15.23 米，三河闸、高良涧进水闸都超标准行洪，已建工程标准明显偏低。1957 年，国家计委、水电部批准了“分淮入沂、综合利用工程规划”，开始挖淮沭新河，沿线兴建二河闸、淮阳闸、沭阳闸等涵闸工程，利用新沂河相机分泄淮河洪水 3 000 立方米每秒（校核 4 000 立方米每秒），以代替入海水道的部分作用。

（四）高良涧进水闸

位于江苏省淮安市洪泽区高涧镇境内，是苏北灌溉总渠的渠首，为洪泽湖的控制工程之一，建成于 1952 年 7 月，共 16 孔，每孔净宽 4.2 米，设计流量 800 立方米每秒，进行过多次较大规模的加固和 3 次大修。

（五）三河船闸

位于江苏省洪泽区蒋坝镇南端，是洪泽湖大堤的穿堤建筑物，是三河闸水利枢纽的组成部分。上闸首切洪泽湖大堤入洪泽湖，下游经入江水道三河段、石港船闸、金宝航道和南运西船闸连通大运河。其主要功能是通航，兼顾防洪和抗旱输水。工程于 1969 年开工建设，建成于 1970 年 3 月，2006 年 12 月—2007 年 7 月进行除险加固，加固后的船闸口门净宽 10 米。闸室为扩散结构，有效长度 100 米，最大净宽 16 米。

三、调度原则

1. 汛期限制蒋坝水位 12.5 米。

2. 蒋坝水位超过 14.5 米时，滨湖圩区破圩蓄洪，苏北灌溉总渠及废黄河共泄 1 000 立方米每秒，三河闸全开，同时视情况分淮入沂分洪 1 000～300 立方米每秒。

3. 蒋坝水位超过 15.0 米时，三河闸控泄 12 000 立方米每秒。如三河闸以下区间水大，高邮湖水位达 9.5 米或遇台风影响时，三河闸要控制下泄。

第二节　供水功能

洪泽湖是江苏北部黄淮平原地区的主要水源。由于湖面高于东部平原 4～10 米不等，因此许多农田具备了得天独厚的自流灌溉条件，灌溉面积达 12 000 平方千米，其中 22%是自流灌溉。枯水年份，与灌溉配套的输水干线有苏北灌溉总渠和淮沭新河，分别调用湖水 800 立方米每秒和 300 立方米每秒。此外，在湖周地区通过筑圩建站，开挖排灌渠系网，排灌条件得到改善，引水灌溉农田 9.72 万公顷①，使灌溉效益大大提高，有力地促进了湖区农业生产的发展。洪泽湖还向宿迁、徐州、连云港和扬州等市提供农业和城镇用水；安徽

---

①　1 公顷＝10 000 平方米＝0.01 平方千米。

省淮北部分地区和沿淮河两岸的农田、城镇用水也通过抽水站抽取洪泽湖水。

在枯水之年,为保证苏北平原和淮北地区的农田得到灌溉水和增加航道水深,在洪泽湖以下的长江、淮河(三河段)及里下河水系的交汇处建成江都水利枢纽工程,利用此工程将长江江水扬程10米,送入150千米外的洪泽湖,既使农田灌溉水源得到保证,又使京杭运河有一定的通航水深,使淮河、运河及长江的航运有机地结合起来。当淮河及洪泽湖水量丰沛时,江都水利枢纽还可倒转发电,尾水排入长江或直接输向里下河地区。

在湖东岸的洪泽湖大堤上,还有洪金洞、周桥洞及堆头洞等涵闸,通过涵闸与洪泽、金湖两县的各级灌溉渠网衔接,利用湖水灌溉2.7万公顷农田。

一、南水北调

我国地形复杂,地区之间气候差异很大,降雨时空分布不均,水量分布不合理。南水北调工程是解决我国北方水资源严重短缺问题的重大战略举措,也是关系到我国经济社会可持续发展的特大型基础设施。经过半个世纪的研究,规划确定分别从长江上、中、下游向北方调水的南水北调东、中、西三条调水线路,形成与长江、淮河、黄河和海河相互连通的"四横三纵、南北调配、东西互济"总体格局。

南水北调东线工程简称东线工程,是指从江苏省扬州市江都水利枢纽从长江干流提水,沿京杭大运河逐级翻水北送,途经江苏、山东、河北三省,向黄淮海平原东部、胶东地区和京津冀地区提供生产生活用水的国家级跨省界区域工程。其中江苏省内工程分为:长江至洪泽湖,分别利用里运河、三阳河、苏北灌溉总渠和淮河入江水道送水;洪泽湖至骆马湖,采用中运河和徐洪河双线输水;骆马湖至南四湖，由中运河输水至大王庙后，利用韩庄运河、不牢河两路送水至南四湖下级湖。南水北调东线工程线路图见图 5-2。

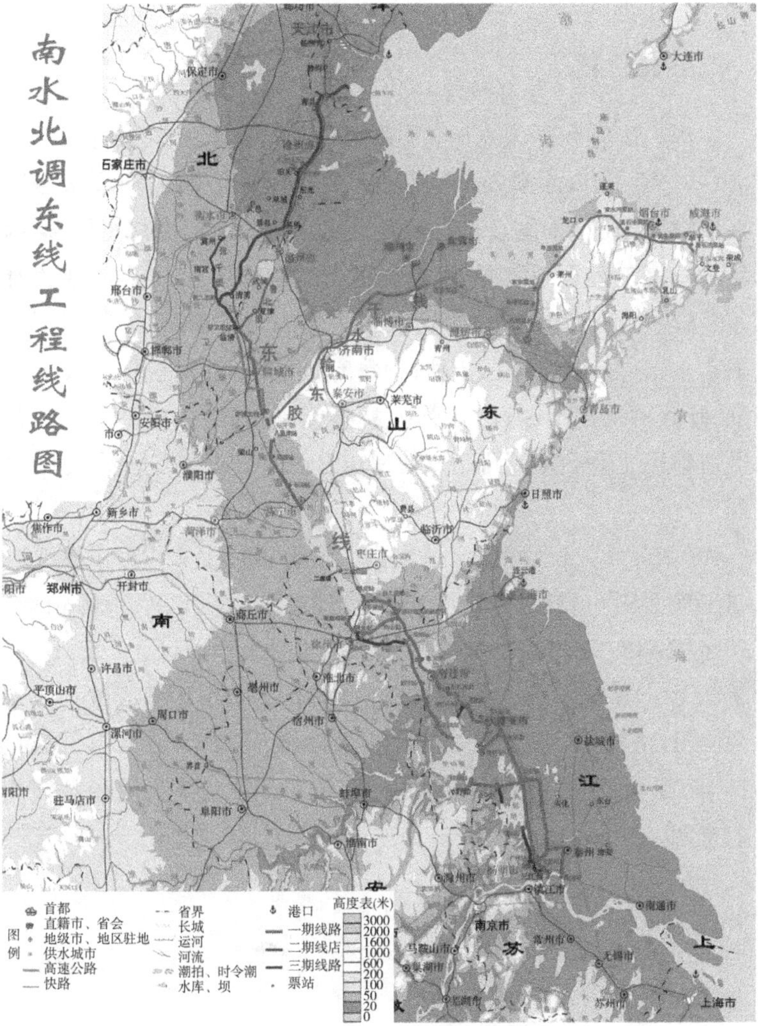

图 5-2　南水北调东线工程线路图

随着南水北调东线一期工程的建设完成，洪泽湖作为输水干线上的主要调蓄湖泊之一，充分发挥了其在南水北调水资源优化配置中的巨大作用。

二、农业灌溉

中华人民共和国成立后，国家对洪泽湖蓄水灌溉进行了全面规划。1951 年 4 月，治淮委员会提出《关于治淮方略的初步报告》，计划兴建洪泽湖水库，备苏北农田灌溉之用。苏北治淮总指挥部在《苏北灌溉总渠工程规划概要》中提出淮河下游开辟四大干渠，引洪泽湖水，灌溉废黄河以南 2 580 万亩农田。1953 年三河闸竣工，洪泽湖具备了蓄水条件。1954 年 12 月，省政府报请政务院批准，将安徽省的泗洪、盱眙两县划给江苏，江苏的萧县、砀山划给安徽。开始进行蓄水垦殖移民工程，洪泽湖正式蓄水，沿总渠、里运河陆续发展自流灌溉。

到 1987 年，洪泽湖灌区范围内有 5 万亩以上大中型灌区 19 处，控制土地面积 6 939.34 平方千米，设计灌溉面积 579.39 万亩，有效灌溉面积 442.31 万亩。其中 30 万亩以上大型灌区 10 处、10 万～30 万亩中型灌区 7 处。由于水情变化，有 7 个中型灌区改为提水灌区，其设计灌溉面积 120.2 万亩，有效灌溉面积 77.2 万亩。截止到 2021 年，洪泽湖总灌溉面积为 1 608 万亩。图 5-3 为洪泽湖周边灌区示意图。

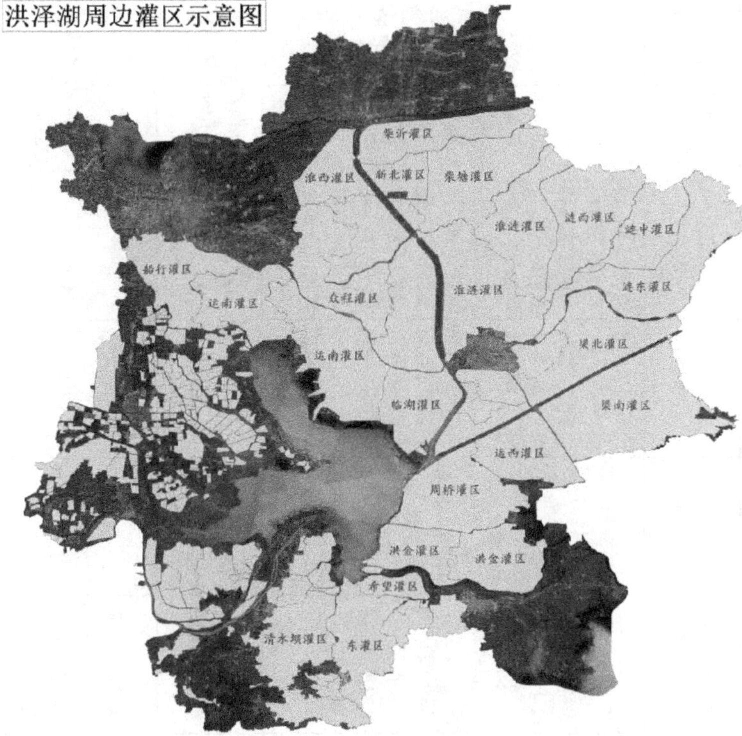

图 5-3　洪泽湖周边灌区示意图

三、饮用水水源地

城镇饮用水以集中式供水为主，以地表水（河流、湖库）作为取水水源。洪泽湖是淮安、宿迁两市县级以上集中式饮用水源地的补给水源。以洪泽湖为补给水源的有 4 处，分别为洪泽区洪泽湖周桥干渠水源地、盱眙县洪泽湖桥口引河水源地、泗阳县成子湖卢集水源地和泗洪县成子湖龙集水源地。总计供水规模 47.0 万吨每天，服务人口 183.0 万人。洪泽湖饮用水水源地基本情况见表 5-1。

表 5-1　洪泽湖饮用水水源地基本情况

名　称	级别	类型	供水规模（万立方米每天）	服务人口（万人）	保护区批复文号	一级保护区水域	一级保护区陆域	二级保护区水域	二级保护区陆域	准保护区水域	准保护区陆域
洪泽区洪泽湖周桥干渠水源地	市级	河道	10	33	苏政复〔2019〕8号	周桥湿地取水口上游1 000米的水域，以及以洪泽湖周桥干渠入口（周桥洞）为中心，半径500米的洪泽湖水域范围	周桥湿地一级保护区水域外，西至隔堤、东至堤脚外100米之间的陆域，以及与洪泽湖一级保护区水域与对应的洪泽湖大堤背水坡堤脚外100米之间的陆域范围	周桥湿地一级保护区水域外上溯2 800米至湿地进水闸、周桥干渠周桥洞下延540米之间的水域范围，以及以周桥洞为中心，一级保护区外延1 000米的洪泽湖水域范围	周桥湿地、周桥干渠二级保护区水域与相对应的两岸背水坡堤脚外100米之间的陆域范围，以及洪泽湖二级保护区水域与对应的洪泽湖大堤背水坡堤脚外100米之间的陆域范围	以周桥洞为中心，二级保护区外延1 000米的洪泽湖水域范围	准保护区水域与对应的洪泽湖大堤背水坡堤脚外100米之间的陆域范围
泗阳县成子湖卢集水源地	县级	湖泊	9	40	苏政复〔2017〕118号	以取水口为圆心，半径为500米的水域和陆域范围		一级保护区外，外延2 000米的水域和陆域范围		二级保护区外，外延500米的水域和陆域范围	
泗洪县成子湖龙集水源地	县级	湖泊	25	90	苏政复〔2017〕118号	以取水口为圆心，半径为500米的水域范围	/	一级保护区外延1 000米的水域范围	/	二级保护区外延1 000米的水域和陆域范围	

续表

名　称	级别	类型	供水规模（万立方米每天）	服务人口（万人）	保护区批复文号	一级保护区水域	一级保护区陆域	二级保护区水域	二级保护区陆域	准保护区水域	准保护区陆域
盱眙县洪泽湖桥口引河水源地	乡镇	河道	3	20	苏政复〔2019〕8号	取水口上游1 040米至洪泽湖引河口，以及取水口下游500米的水域范围	一级保护区水域与相对应的两岸背水坡堤脚外100米之间的陆域范围	上游以引河口为中心，半径1 000米的洪泽湖水域，以及下游一级保护区外延1 100米的桥口引河水域范围	二级保护区洪泽湖水域与相对应的湖岸背水坡堤脚外100米之间的陆域范围，以及桥口引河二级保护区水域与相对应的两岸背水坡堤脚外100米之间的陆域范围	二级保护区外延1 000米的洪泽湖水域范围	准保护区洪泽湖水域与相对应的湖岸背水坡堤脚外100米之间的陆域范围

第三节 生态功能

生态功能，就是通常讲的生态系统服务，是指生态系统在维持生命的物质循环和能量转换过程中，为人类提供的惠益。生态系统不仅创造与维持了人类赖以生存和发展的地球生命支持系统，形成了人类生产所必需的环境条件，还为人类提供了生活与工农业生产所需要的食品、医药、木材及原材料。湖泊的生态功能主要包括调蓄洪水、地下水供给、水质净化、土壤保持、调节气候、维持生物多样性等。

一、调蓄洪水

湖泊具有很强的蓄水性和透水性，被称为蓄水、防洪的天然“海绵”。湖泊能调节径流、削减洪峰，调蓄功能非常显著。湖泊不仅能拦蓄所处流域的上游来水，滞后上游的洪水过程，减轻下游洪水的压力，减少洪水对下游造成的经济损失，还能分蓄江河洪水，降低干流河段的洪峰流量，滞缓洪峰发生的时间，从而均化洪水。洪泽湖最大防洪库容为104亿立方米。洪泽湖的水位是淮河抗洪的“晴雨表”，水位过高会对淮河上中游行洪形成“顶托”之势，加大防洪压力。因此，洪泽湖下泄通道的流量大小，直接关系着淮河上中游的防洪情势。

二、地下水供给

湖泊生态系统与地下水交流也是陆地水循环系统中关键环节之一。当水由湖泊渗入或流到地下蓄水系统时，蓄水层得到补充，湖泊则成为补给地下水蓄水层的水源。从湖泊流入蓄水层的水随后可成为浅水层地下水系统的一部分，因而得以保持。浅水地下水可为周围供水，维持水位，或最终流入深层地下水系统成为长期的水源。据统计，洪泽湖多年平均地下水资源量为 3.89 亿立方米。

三、水质净化

洪泽湖具有一定的自净能力，能够减少环境污染的作用，当水体进洪泽湖时因水生植物的阻挡作用，缓慢的水体有利于沉积物的沉积，从而有助于与沉积物结合在一起的污染物储存、转化。许多植物如挺水、浮水和沉水植物，富集重金属的浓度比周围水体高出 10 万倍以上，水浮莲、香蒲和芦苇都已被成功地用来处理污水。洪泽湖中的芦苇对水体中污染物质的吸收、代谢、分解、积累和减轻水体富营养化等具有重要作用，尤其对大肠杆菌、酚、氯化物、有机氯、重金属盐类悬浮物等的净化作用尤为明显。

四、土壤保持

湖泊是地表径流泥沙的主要接纳场所，具有土壤的形成和保持的功能。水土保持涵养功能主要体现在对降水资源的拦截和存蓄。湖泊的蒸腾作用可保持当地的湿地和降雨量，湖体产生的晨雾可以减少周围土壤水分的丧失。上游对土壤的固结作用，大大降低了土壤侵蚀模数和输沙量，减少了下游河库湖泊的淤积，增强了下游河库湖泊的行洪和缓洪能力。

五、调节气候

湖泊调节气候功能包括通过湖泊及湖泊的水分循环和大气组分的改变，调节局部地区的温度、湿度和降水状况，调节区域内的风、温度、湿度等气候要素，从而减轻干旱、风沙、冻灾、土壤沙化过程，防止土壤养分流失，改善土壤状况。湖泊通过水平方向和垂直方向的水分和热量交换，缩小了年较差和昼夜温差。湖泊的水面蒸发可以保持当地的降雨量，雨水通过植物的蒸腾，返回到大气中，然后再以降雨形式回到湖泊周围地区。在气温方面，滨湖地区由于得到湖泊水体的调节，夏季平均最高气温和极端气温都低于陆地，冬季则相反。在湿度方面，水体通过水面蒸发和植物蒸腾作用可以增加空气湿度，湖区相对湿度一般都高于陆地。

六、维持生物多样性

湖泊以其高景观、异质性为各种水生生物提供生境，是野生动物栖息、繁衍、迁徙和越冬的基地，一些水体是珍稀濒危水禽的中转停歇站，还有一些水体养育了许多珍稀的两栖类和鱼类等特有种类。生物多样性是人类生存延续的必要前提。湖泊生态系统具有提供栖息地、保护生物多样性等重要支持服务，是湖区野生生物生存的诺亚方舟。洪泽湖面积大，湖岸曲折，湖底底质各异，各湖区水深不一，有利于保持生物多样性。

第四节　其他功能

一、水上航运

洪泽湖是沟通淮河和京杭运河的重要航道。目前洪泽湖湖区内共有航道 7 段,航运里程 42 千米。洪泽湖已成为淮河流域上、中、下游航运的纽带,自洪泽湖上溯过蚌埠闸连接广大的北平原和中原腹地;向东通过高良涧船闸进人苏北灌溉总渠与湖泊东部水网区相连;向北借京杭运河至鲁南、京、津地区;向南经入江水道或京杭运河南下直通长江、太湖等地,入海水道二期建成后,洪泽湖航运将直达黄海。因洪泽湖为浅水湖泊,水深一般为 1.90 米(12.5 米水位),最大水深 4.5 米,不宜发展大、中型船只,而应以小型船只为主,但由于湖面辽阔,组编成 300～500 吨或近于 1 000 吨的小型拖驳船队,其运输量仍是相当可观的。图 5-4 为洪泽湖航线图。

二、水力发电

随着经济社会快速发展,对电力的需求不断增加,利用洪泽湖水能资源发电成为洪泽湖开发利用的方式之一。据统计,目前洪泽湖水利发电总装机容量近 6 000 千瓦,为洪泽湖周边地区的经济社会发展提供了有益补充。1972 年高良涧水电站建成,是发电、灌溉、防洪及养殖等紧密结合的一水多用工程,共 16 台套水轮发电机组,总容量 4 000 千瓦,建站至今已累计发电 5.2 亿千瓦时,是江苏省平原地区装机容量最大的水电站。同时期,利用三河闸工程两岸空箱岸墙建成三河闸水电站,利用闸上、下游 2.7 米左右的水流发电,总装机容量 400 千瓦,每年发电量约 50 万千瓦时。1995 年利用高良涧闸工程原有空箱岸墙改造建成高良涧闸水电站,分布于水闸两侧,装

图 5-4　洪泽湖航线图

有 4 台水轮发电机组，总装机容量 500 千瓦。2013 年洪泽站水电站建成，位于南水北调洪泽站两侧，装有 2 台套立式轴流定桨式水轮机，总装机容量 1 000 千瓦。

三、水产养殖

洪泽湖自然条件优越，水产资源丰富，历史上曾有“日出斗金”的美誉。湖区水生植物繁茂，水草在浅水域的覆盖率达 70%以上，素有“百里芦荡，万顷草滩”之称，以芦苇、蒲草、莲、芡实、菱角、菹草、轮叶黑藻等为主的水生植物有 81 种，隶属于 36 科 61 属。大面积的水生植物为鱼类和其他水生动物提供了栖息和繁衍的优良场所。据 1981 年洪泽县水产科学研究所的资源调查，洪泽湖有鱼类 16 科 84 种，虾 5 种，蟹 2 种，浮游生物 167 种，底栖动物总生物量达 33.7 万吨。洪泽湖水产业结构逐步调整，养殖品种多元化，由养鱼逐渐向大面积养蟹、养虾等特种水产品养殖发展。

四、旅游功能

洪泽湖地处亚热带向暖温带过渡带，四季分明，气候宜人；处于淮河中下游的江淮、黄淮平原，由于历史上多次的河湖变迁，水系复杂，河湖众多；洪泽湖历史上和大运河联系紧密，是大运河文化带建设的核心范围。周边名胜众多，遗存丰厚，古镇历史悠久，旅游资源丰富。

近年来，沿湖两市六县区大力发展旅游产业，先后建设完成洪泽湖古堰4A级景区、泗洪洪泽湖国家级湿地及湿地公园4A级景区，以及泗阳成子湖旅游度假区等，多次举办“龙虾节”“螃蟹节”“洪泽湖大闸蟹节”等节庆活动，不断扩大洪泽湖的旅游影响力。

2021年，江苏省文化和旅游厅发布的《江苏省“十四五”文化和旅游发展规划》，将空间布局摆在显著位置，突出“水＋文化”融合特质，首次提出构建“两廊两带两区”文旅空间体系，即培育打造世界级运河文化遗产旅游廊道、世界级滨海生态旅游廊道、扬子江世界级城市休闲旅游带、陆桥东部世界级丝路旅游带、沿太湖世界级生态文化旅游区、沿洪泽湖世界级生态文化旅游区。

第六章 洪泽湖治理及保护

第一节 洪泽湖管理

一、管理体制

明清时期,为保证漕运,封建统治者高度重视大运河的疏治,洪泽湖作为运河治理的一部分,属于攸关国运的帝王工程,一向由朝廷直管。辛亥革命爆发后,原有运河治理体系因清朝灭亡而不复存在,洪泽湖管理体制开始不断变革。

民国初年,湖区分属江苏省山阳(后改称淮安)县、清河(后改称淮阴)县、桃源(后改称泗阳)县和安徽省泗县、盱眙五县。洪泽湖湖西、南归安徽省泗县和盱眙县管辖,湖东、北属江苏省淮安、淮阴、泗阳县所辖。民国 21 年(1932),国家实行行政督察区制,淮阴、淮安、泗阳属江苏省淮阴行政督察区,后改为第七行政督察区,专员公署设在清江浦。盱眙、泗县属安徽省第六行政督察区。

抗日战争爆发后(1937 年),八路军、新四军深入洪泽湖地区创建抗日根据地,建立敌后抗日民主政权,当时局势动荡、政区变化难测,洪泽湖地区大体分属淮北苏皖边区和淮南津浦东地区。1940 年以后,新四军开辟抗日根据地,洪泽湖地区为淮南、淮北抗日根据地,为适应革命形势的发展,洪泽湖地区的建制在 20 世纪 40 年代又先后做了数次调整。1941 年建立洪泽湖管理局, 1942 年,中共淮北区党委决定撤销中共洪泽湖工委，成立中共洪泽县委员会。撤销洪泽湖管理局，成立洪泽县政府，县治在湖西临淮头，洪泽建县始于此。1945 年，淮安县的蒋坝、高良涧并入洪泽县，县治由临淮头迁至湖东的高良涧，此时洪泽县的辖境环抱了整个洪泽湖。1947 年，淮北地委与第七专署决定撤销洪泽县建制。将原来的洪泽县的湖东区划归淮泗县；成子湖区划归泗阳县；湖西区、淮河区与泗南县合并成立泗洪县，泗洪建县始于此。同年，又撤销泗洪县，恢复泗南县，同时成立洪泽湖管理局。1949 年，宿县专属决定撤销泗宿、泗南县，将泗宿、泗南、泗阳县各一部分及洪泽湖管理局共 16 各区局合并，成立泗洪县。

中华人民共和国成立后，洪泽湖地区建制不断沿革。1950 年，洪泽湖的西部和南部悉归安徽省洪泽湖管理局和盱眙县辖，东部和北部由江苏省淮阴、泗阳等县辖。1955 年，泗洪、盱眙两县划归江苏省，从此，地跨苏皖两省的洪泽湖归属江苏省一省管辖。1956 年，经国务院批准，重新建立了洪泽县，洪泽湖悉归洪泽县辖，湖区计有蒋坝、高良涧、老子山、雪枫 4 个镇和顺河、临淮等 16 个乡，共 12 918 户，61 687 人。1985 年 12 月 26 日，江苏省人民政府决定对洪泽湖实行分治，由洪泽、淮阴、泗阳、泗洪和盱眙五县分管。原属洪泽县的半城、临淮、成河三个乡镇划给泗洪县，淮河乡划给盱眙县。1996 年 9 月，地级宿迁市成立，洪泽湖分两市管辖。2004 年 2 月，泗阳县中扬镇划归宿城区管辖，至此洪泽湖形成了持续至今的两市六县区的行政隶属，分别为淮安市所辖的淮阴区、洪泽区、盱眙县和宿迁市所辖的宿城区、泗阳县、泗洪县。

作为江苏省的省管湖泊，洪泽湖实行统一管理及分级管理相结合的管理体制，省水利厅为洪泽湖的主管机关，沿湖六县区湖管部门共同治理。随着洪泽湖治理保护工作越发丰富具体，除了水利部门，需要其他行业加入进来，形成新的治理体系。

2009年6月26日，经江苏省政府同意，建立洪泽湖管理与保护联席会议制度。联席会议成员单位由省水利厅、省环境保护厅、省海洋与渔业局、省林业局、两市六县区政府及其水利、环保、林业渔业部门，省洪泽湖水利工程管理处、省洪泽湖渔业管理委员办公室组成。省水利厅厅长为召集人，各成员单位有关负责同志为联席会议成员。联席会议下设办公室，负责联席会议的日常工作，设在省洪泽湖水利工程管理处。洪泽湖管理形成多方合作、协力共管的新模式。

2015年9月，省政府批复同意成立江苏省洪泽湖管理委员会，这是全国首个湖泊管理委员会。管委会下设办公室，承担日常工作。2015年10月，省机构编制委员会办公室批复在省洪泽湖水利工程管理处增挂省洪泽湖管理委员会办公室牌子，承担省洪泽湖管理委员会的日常工作。

2019年4月，经省政府同意，对江苏省洪泽湖管理委员会进行调整，管委会下设办公室，办公室设在省水利厅。进一步明确洪泽湖管理和保护牵头部门及相关部门的责任。管委会主任由分管水利的副省长担任，副主任由省政府分管自然资源、水利的副秘书长和省水利厅厅长担任。

管委会成员由省发展改革委、公安厅、财政厅、自然资源厅、生态环境厅、交通运输厅、住房城乡建设厅、水利厅、农业农村厅、文化和旅游厅、林业局以及淮安、宿迁两市人民政府分管负责同志担任。

洪泽湖管委会的主要职能为：在省委、省政府的领导下，认知贯彻落实湖泊管理保护、开发利用、综合治理等方面的法律法规，研究制定加强洪泽湖管理与保护的政策措施，组织编制洪泽湖管理与保护、资源开发利用、综合治理等规划，统筹协调洪泽湖管理、开发、利用、保护、治理等事务。切实强化湖泊监督管理，全面提升洪泽湖管理与保护水平。

二、管理机构

江苏省洪泽湖水利工程管理处，原江苏省三河闸管理处，成立于1953年11月，隶属江苏省水利厅，管理三河闸、洪泽湖大堤、石港抽水站、三河船闸等8座大中型水利工程，承担洪泽湖联防指挥部办公室职责。2008年，根据省机构编制委员会办公室《关于江苏省三河闸管理处更名等问题的批复》（苏编办复〔2008〕29号）精神和省水利厅《关于同意增加工作职责等问题的批复》（苏水人〔2008〕11号），江苏省三河闸管理处更名为江苏省洪泽湖水利工程管理处，受省水利厅委托，履行洪泽湖管理保护职能。

淮安、宿迁两市及所属县区均成立洪泽湖管理保护机构。

2008年10月9日，根据淮安市编办《关于市入江水道管理处增挂市洪泽湖高邮湖湖泊管理处牌子的批复》（淮编发〔2008〕61号），淮安市水利局在淮安市入江水道管理处增挂市洪泽湖高邮湖湖泊管理处牌子，增加湖泊管理与保护职能。2015年4月，淮安市水利局根据淮安市编办“关于在市入江水道管理处挂市湖泊管理处牌子的批复”（淮编办发〔2014〕4号）精神，将在市城市水利工程管理处挂牌的“淮安市白马湖宝应湖及里下河湖泊管理处”、在市入江水道管理处挂牌的“淮安市洪泽湖高邮湖管理处”合并设立“淮安市湖泊管理处”，在市入江水道管理处挂牌，与市入江水道管理处合署办公，实行一个机构、两块牌子，统一负责洪泽湖、高邮湖、白马湖、宝应湖及里下河等湖泊管理与保护工作。2019年3月份“淮安市湖泊管理处”更名为“淮安市湖泊管理所”。

2001年2月30日，经淮阴区编委批准，淮阴区水利局撤销原洪泽湖堤防管理所、中运河堤防管理所、废黄河盐河堤防管理所、淮沭河管理所，成立淮阴区河湖管理处。2007年10月30日，根据淮安市编办《关于明确淮阴区河湖管理处等单位性质及经费渠道的批复》

(淮编办发〔2007〕18 号),淮阴区河湖管理处定性为公益性事业单位,经费纳入区级财政预算,为全额拨款正股级事业单位。2013 年 4 月 12 日,根据淮阴区编委《关于重新核定淮阴区水利局直属事业单位编制的通知》(淮编〔2013〕8 号),单位性质及经费渠道不变。2016 年 7 月 5 日,淮阴区水利局根据区编委《关于成立区水利工程质量安全监督站的批复》(淮编〔2016〕17 号),单位性质及经费渠道不变。

2000 年 11 月 16 日,根据洪泽区机构编制委员会《关于调整水利局下属堤防管理所设置的批复》(洪编复〔2000〕8 号),洪泽区水利局撤销原洪泽湖大堤管理所、苏北灌溉总渠管理所、入江水道管理所,成立洪泽区河湖管理处,为股级全民事业单位,经费自收自支。2007 年 8 月 5 日,根据洪泽区机构编制委员会《关于明确县河湖管理处等单位性质及经费渠道的批复》(洪编复〔2007〕13 号),明确洪泽区河湖管理处为纯公益性水管单位,经费纳入区财政,为正股级事业单位。2016 年 6 月 16 日,洪泽区机构编制委员会以《关于核定县防汛防旱指挥部办公室事业编制的批复》,职能为担负洪泽区内总长为 71.29 千米洪泽湖大堤、淮河入江水道、苏北灌溉总渠三条国家流域性堤防以及 760 平方千米洪泽湖、39 平方千米白马湖的日常运行管理、河道堤防维护、水资源管理和开发利用、规费征收、防洪保安及法律法规赋予的其他工作。2020 年,洪泽区河湖管理处更名为洪泽区河湖管理所。

2005 年 5 月 14 日,根据盱眙县编委《关于成立盱眙县河湖堤防管理处的通知》(盱编委〔2005〕5 号),盱眙县水务局成立"盱眙县河湖堤防管理处",为股级事业单位,经费来源为财政预算。职能为做好供排水工程调度运行和正常巡查工作,协助相关部门做好涉水案件查处工作,保护湖泊生态环境,河道堤防维护、水资源管理和开发利用、规费征收、防洪保安及法律法规赋予的其他工作。2020 年,盱眙县河湖堤防管理处，更名为盱眙县堤防管理服务中心。

2010年10月11日，根据泗阳县编委《关于同意县水利物资储运站更名的批复》(泗编发〔2010〕19号)，泗阳县水利局将泗阳县水利物资储运站更名为泗阳县洪泽湖管理所，职能调整为维护洪泽湖大堤及其防洪设施安全，做好供排水调度运行和洪泽湖管理范围日常巡查工作，协助相关部门做好涉水案件查处工作，保护湖泊生态环境。洪泽湖管理所属股级自收自支事业单位。

2011年1月30日，根据宿城区编委《关于宿城区运南灌区管理所更名的批复》(宿区编〔2011〕3号)，宿城区水务局将宿城区运南灌区管理所更名为宿城区运南水务管理处，新增湖泊管理与保护职能，变更后仍为差额拨款正股级事业单位，经费渠道为财政拨款。2012年8月6日，根据泗洪县编委《关于县濉汴河管理所增挂泗洪县洪泽湖管理所牌子的批复》(洪编〔2012〕20号)，泗洪县水务局将泗洪县濉汴河管理所增挂泗洪县洪泽湖管理所牌子，新增湖泊管理与保护职能，变更后仍为自收自支事业单位。

第二节 法律法规

一、《江苏省湖泊保护条例》

2004年8月20日，江苏省第十届人民代表大会常务委员会第十一次会议通过并公布《江苏省湖泊保护条例》(以下简称《条例》)，自2005年3月1日起施行；根据2012年1月12日江苏省第十一届人民代表大会常务委员会第二十六次会议《关于修改〈江苏省湖泊保护条例〉的决定》第一次修正；根据2018年11月23日江苏省第十三届人民代表大会常务委员会第六次会议《关于修改〈江苏省湖泊保护条例〉等十八件地方性法规的决定》第二次修正；根据2021年9月

29日江苏省第十三届人民代表大会常务委员会第二十五次会议《关于修改〈江苏省河道管理条例〉等二十九件地方性法规的决定》第三次修正。

长期以来，人们在向湖泊索取的同时，忽视了对湖泊资源的有效保护，导致湖泊资源不断减少，功能效益不断下降。一是非法围垦严重。20世纪五十到七十年代受"大办农业"和"以粮为纲"的影响，出现了大面积的围湖养殖，到20世纪八十到九十年代受土地开发等经济利益驱动，又形成新一轮的围垦开发。由于缺乏科学规划，一些地方盲目开发湖泊资源，导致行洪不畅，加大防洪压力。二是淤积问题突出。由于上游水土流失和周边污染物的大量排放，造成湖底普遍淤积，使湖泊有效调蓄水资源的库容不断减少。三是水质恶化趋势令人担忧。随着工业化和城市化进程加快，工业、生活污废水增加很快；农业面源污染也越来越严重，而治污相对滞后，大量污废水经简单处理后汇入湖泊，加之湖区过渡养殖，一些湖泊污染负荷远远超过了水体的自净能力，湖泊水质恶化、底泥污染、水体富营养化，导致湖泊水生生物数量下降、物种退化，地区生态平衡破坏。四是人居"亲水"过渡。由于湖泊周边非常适合现代都市人居住和休闲，城市建设和房地产开发肆意蚕食湖泊。五是湖泊管理与保护尚未形成合力。因此，迫切需要针对社会经济发展中出现的新情况和新问题，制定一部具有针对性和可操作性的地方性法规，指导和规范我省湖泊资源的管理和保护工作。

《条例》在遵循国家有关法律法规的基础上，结合我省实际情况，对加强湖泊保护作出了具体的规定。其主要特点是：（一）融进了新时期水利发展的新理念和湖泊保护的新经验。《条例》提出保护湖泊所应当遵循的"统筹兼顾、科学利用、保护优先、协调发展"的原则，以及确立的湖泊保护指导思想，充分体现了新时期治水思路。同时，我省在多年实践中总结的规划先行原则、水量分配调度原则、开发利用服从防洪总体安排原则、涉水建设项目管理制度、退田退圩退渔还湖措施、湖泊水生态系统和湿地保护等先进经验，也都在《条例》中作了明确规定。（二）理顺了湖泊管理体制。《条例》从理顺管理关系入手，明确了地方各级水行政主管部门是本行政区域内湖泊的主管机关，负责湖泊的管理和保护工作，并对具体管理职责进行了明确界定。这从立法上保证了湖泊管理工作从分散管理向统一管理转变，从被动管理向主动管理转变，从粗放管理向规范管理转变。（三）突出了湖泊保护规划的地位和作用。《条例》强调湖泊采砂取土必须服从规划中确立的禁采区要求；调水要服从规划中确立的生态用水的要求；建设项目要服从规划中确立的防洪和水工程设施安全的要求；水产养殖要服从规划确立的防洪要求和水质保护要求；旅游资源开发要符合规划确立的景观要求等，把湖泊保护规划作为湖泊保护、开发、利用和管理的重要依据。（四）明确了湖泊开发利用的前提条件。《条例》明确规定，湖泊的开发利用必须服从防洪安全大局和水资源配置的综合安排。在具体工作中，始终把防洪保安和合理配置水资源作为湖泊保护的基本前提，符合江苏的省情，也符合加强湖泊管理的实际需要。

根据《条例》规定，2005 年，江苏省人民政府公布了《江苏省湖泊保护名录》，其中包括 137 个湖泊。近年来，随着城市化进程加快，新增了较多符合《条例》标准的湖泊。2021 年 3 月，《省政府办公厅关于公布江苏省湖泊保护名录（2021 修编）的通知》发布，新版湖泊保护名录中共有 154 个湖泊，其中，省级以上管理湖泊有 28 个，包括洪泽湖、太湖、微山湖，以及南京市高淳区和溧水区的石臼湖、高淳区的固城湖等。

二、《洪泽湖保护规划》

2006 年 12 月，省政府根据《江苏省湖泊保护条例》批复了《洪泽湖保护规划》，该规划定位为洪泽湖专项总体规划，确定了湖泊保护范围，明确了湖泊保护目标，划定了各类功能保护区，提出了治理、保护、管理综合措施，明确要求洪泽湖管理、保护、治理、开发均需服从该规划。省水利厅积极强化规划管理，着力推进生态修复、退圩退渔还湖规划等专项规划的编制及报批，不断强化规划约束控导。本轮《洪泽湖保护规划》于2020年到期，省水利厅积极推进规划修编工作，根据国家关于生态文明建设的新部署和江淮生态经济区建设的新要求，进一步加强涉湖相关规划的统筹衔接，实现多规合一，推进洪泽湖系统治理保护再上新台阶。目前，新的《江苏省洪泽湖保护规划》已修编完成，新规划将更加合理安排水域岸线保护区、保留区、控制利用区、开发利用区等四个功能区，推动岸线综合整治和水生态修复，实现湖泊生态保护、空间控制要求、开发强度管控和管理指标的落地。

三、《江苏省洪泽湖保护条例》

面对洪泽湖水域面积萎缩、水体污染严重、生态环境退化、产业布局不合理等问题，淮安市殷强等10位人大代表积极呼吁洪泽湖保护立法，2020年，《江苏省洪泽湖保护条例》立法提上议事日程。洪泽湖所在地区的人大代表高度关注、大力推动这部地方性法规的立项、起草、审议、修改等工作，体现了洪泽湖沿岸人民的共同期盼和意愿。

省人大常委会对《江苏省洪泽湖保护条例》制定工作十分关心，多位领导深入洪泽湖现场督促指导，省司法厅主要领导专题开展立法调研，省水利厅成立由主要领导挂帅的起草小组，淮安市、宿迁市人大代表深入湖区，听取、收集沿湖乡镇政府和湖区群众的意见、建议；洪泽区政府主要领导组织召开立法工作座谈会，听取相关部门对立法工作的意见和建议，沿湖的企事业单位等行政相对人多次提出合理化建议。条例共七章五十八条，以加强洪泽湖保护，促进资源科学利用，保障防洪、供水、生态安全为出发点，根据《中华人民共和国水法》等上位法，结合江苏省情实际，对洪泽湖规划与管控、资源保护与利用、水污染防治、水生态修复等作出了规定。在省、市、县共同努力下，2022 年 3 月 31 日，《江苏省洪泽湖保护条例》通过省十三届人大常委会第二十九次会议二审审议，2022 年 4 月 6 日，江苏省人大常委会发布公告，《江苏省洪泽湖保护条例》于 2022 年 5 月 1 日起施行，2022 年 4 月 11 日，江苏省人大常委会全文发布《江苏省洪泽湖保护条例》。

第三节　治理保护

一、洪泽湖清障

2010 年以来，淮河上游持续干旱少雨，一些单位和个人无视法律法规大量圈圩养殖，侵占水域势头愈演愈烈，严重影响到洪泽湖的防洪安全、供水安全、水生态安全。为推进生态文明建设，洪泽湖管理与保护联席会议的召集单位省水利厅，牵头大力推进洪泽湖清障工作。因历史原因，洪泽湖的众多圈圩形成已久，社会矛盾较大，故洪泽湖清障工作特指 2010 年以后形成的非法圈圩清除工作，与后续的退圩还湖工程有所区分。

2012 年 9 月 15 日，省防指分别给盱眙、洪泽、宿城、泗阳、泗洪下达了《关于加强洪泽湖非法圈圩非法养殖清楚执法工作的通知》。清障通知发出后，9 月 20 日，省水利厅拜访了省海洋与渔业局渔政总队，就洪泽湖清障工作进行了会商。9 月至 10 月，省水利厅分别与盱眙、洪泽、泗阳、泗洪、宿城政府就洪泽湖管理与保护面临问题和清障工作交换了意见。10 月至 11 月，省水利厅会同省洪泽湖水利工程管理处、省水科院对非法圈圩进行现场测量，进一步摸清了非法圈圩的长度、高程、断面、土方量，并标绘了《洪泽湖清障形式图》，为清障、验收奠定基础。2012 年 11 月 8 日，宿迁市宿城区率先通过省级验收。

图 6-1　清除非法圈圩

因各地的非法圈圩数量、难度不同，洪泽湖清障工作拉长战线，由省防指下达年度任务，沿湖各地积极行动，制定清障方案，明确清障责任和标准，有序推进非法圈圩清除工作，见图 6-1。2013 年全湖共清除非法圈圩 110 处、面积 4.7 万亩，恢复洪泽湖兴利库容 6 900 万立方米。2014 年完成洪泽湖非法圈圩清除任务共 261 处、3.24 万亩。2015 年全湖累计清楚非法圈圩 232 处、2.9 万亩，全湖除泗洪县外全面完成本次清障任务，清障任务完成率 90.5%。泗洪县因量大面广、清除工作中屡次发生严重阻工事件，清障工作进展困难，在省领导批示、省防指通知要求和县政府文件承诺下，各级部门紧密合作，攻坚克难，于 2016 年彻底完成本次洪泽湖清障工作。

洪泽湖清障工作的顺利完成，可以总结出以下几点重要举措，也为后续的洪泽湖治理保护工作提供了有效经验。一是加强组织领导，各级党委政府领导将洪泽湖清障工作作为系统工作来抓，高度重视、亲自过问、动员部署。省政府领导深入洪泽湖清障现场开展督察，就强化长效管理做出部署。省人大常委会领导结合《江苏省湖泊保护条例》贯彻实施情况执法检查，深入湖区现场了解洪泽湖清障工作情况。省水利厅将其列为全厅重点工作之一，两位厅长多次进入湖区现场调研，召开推进会。两市六县区党政领导多次对清障工作做出批示。二是加强督查指导，提出“咬定目标不动摇、不达目的不收兵、强化管护不放松”三项要求，各单位严格清障标准、严格清障期限、严格巡查监督。省级建立起洪泽湖清障督察通报制度，洪泽湖联席会议办公室每半月根据洪泽湖清障行为情况，印发一期督察通报。两市政府专门制定洪泽湖清障考核奖惩办法，对按要求完成清障任务的县区给予适当奖励。三是加强部门协作，各级水利、海洋渔业、公安、纪检等相关部门在政府的统一领导下，加强协调配合，多次组织联合执法行动，对违法圈圩进行集中清除，清障效果显著。四是加强宣传发动，对相关法律法规不知晓，往往是造成养殖户违法圈圩的主要原因，因此做好宣传和引导工作、是推进清障的有效手段。通过报纸刊登，设立宣传牌、告示牌，做好养殖户思想工作等方式切实提高养殖户对洪泽湖治理洪泽湖非法圈圩工作的认识，使其自觉参与治理。五是加强验收管控，成立专门的验收工作组，在验收过程中，严格按照既定的验收标准，不达标准绝不通过验收。

二、打击非法采砂

洪泽湖黄砂主要为黄淮入湖所挟带，以及周边入湖河流冲刷的河岸泥沙。其泥沙淤积最显著的区域是淮河等河流的入湖口区和湖泊沿岸带的水草区。老子山附近水域形成众多湖心滩，并有扩展增多的趋势。汛期，河口一带洲滩会影响淮干洪水的宣泄速度。在栗河洼、临淮头和穆墩岛一带，茂密的水生植物阻挡了风浪的作用，不仅促使湖水中泥沙沉积，也较好地防止湖底泥沙被掀起和搅动，导致这里的沿岸地带水深都较小。1989年9月采样调查表明：湖体中泥沙含量较大，约0.25千克每立方米，成子湖区泥沙含量为0.124千克每立方米，淮干入湖区的泥沙含量达0.178千克每立方米；高良涧—二河闸沿岸区的泥沙含量较小，一般为0.022千克每立方米；湖西部水生植物茂密区的泥沙含量是全湖最小，一般为0.005 5千克每立方米左右。泥沙的年内变化情况是：6—7月份最多，最大月平均含量为0.4～0.5千克每立方米；汛后明显减少，10月——次年汛前悬移质泥沙含量为0.15～0.30千克每立方米。洪泽湖多年平均入湖砂量为1 168万立方米，出湖砂量688万立方米，年淤积量为480万立方米。

洪泽湖非法采砂行为最初是在2006年4—5月间被发现，采砂船户出现在淮河干流入湖口处，随后便向洪泽湖水域纵深发展。2007年春在洪泽县老子山和泗洪县半城水域陆续发现砂源，很快便在该两水域汇聚了100多条采砂船疯狂进行采砂。其中，洪泽境内，在南线航道11＃、12＃航标附近，当地渔(船)民自发购买、改装了50多条采砂船，放弃了原来从事的捕鱼、运输本行，投入采砂。周边地区渔(船)民也闻讯纷纷仿效，涌入该水域50多条采砂船实施采砂。泗洪县境内，则主要在半城穆墩岛西南约2千米处，汇聚有近20条采砂船。2008年初，随着洪泽湖有黄沙的消息传播，加上有些地方擅自开采、拍卖开采，至非法采砂现象愈演愈烈，随后几年采砂船只更是有增无减，一时洪泽湖水域采砂呈处于失控状态。大规模的非法采砂，使提防护坡受损，危害防洪安全；非采砂、运砂船只占据航道采砂，影响水上交通安全；产生的大量燃油污染和生活垃圾，直接危及供水安全；因非法采砂催生的黑恶势力，扰乱社会治安。

鉴于上述严峻形势，为保护洪泽湖黄砂资源，2013年11月6日，省水利厅联合省交通运输厅、省公安厅及省海洋渔业管理局，在泗阳县组织召开了洪泽湖非法采砂专项治理推进会，随后，省水利厅先后7次联合公安、海事等执法部门，在沿湖各区开展跨区集中打击行动，出动执法人员2 400多人次，各型执法船艇160多航次，摧毁非法采砂机具2 100余台套，宣传教育非法采砂人员1 000多人次。2014年5月，省水利厅联合省交通运输厅专门采取措施，严格控制采砂船只通过各通湖船闸进入洪泽湖水域。9月4日，经提请省政府同意，省水利厅、交通运输厅、公安厅及海洋与渔业局联合下发了洪泽湖水域禁采通告及通知，沿湖市县认真落实通知精神，派出执法人员在湖区采砂船只出没的码头、船闸等地，张贴通告、强化宣传，注重资料收集，加强巡查和执法打击。全湖共抓获处罚非法采砂船只72条，罚没款250万元。自2014年开始，省水利厅开展"利剑"系列行动，经过各级水利、海事、渔政、公安四部门持续不断的严厉打击，洪泽湖非法采砂的混乱态势得到了有效遏制，非法采砂行为大幅度减少。2015年8月4日，水利部、国土资源部、交通运输部和江苏省人民政府、山东省人民政府联合印发通知，要求在南水北调东线输水干线洪泽湖骆马湖至南四湖段全面禁止采砂活动。最高人民法院、最高人民检察院《关于办理非法采矿、破坏性采矿刑事案件适用法律若干问题的解释》2016年12月1日施行，环洪泽湖两市六县区有关部门有了新的法律武器，打击洪泽湖非法采砂行为有了新的法律支撑，两法衔接可操作性进一步增强。同年，在洪泽湖上设立韩桥和太平界集两个集中停靠区，将全湖的非法采砂船统一管理，实行轮流值班看管，至2017年6月，在此项工作实施到位后，洪泽湖非法采砂现象基本得到杜绝，但仍有600多艘采砂船滞留湖区，执法部门综合运用刑事司法、行政执法、沟通说服、教育劝解等方式，引导采砂船主自行拆解采砂机具设备，自行离开洪泽湖，同时对公告一段时间后仍无主的船只实行强制拆解，以进一步减少存量。至2018年5月，全湖共拆解采砂船737条，韩桥和太平停靠点分别于1月30日和3月23日正式取消，至此，在洪泽湖猖獗了近十年的非法采砂行为得以全面遏制,洪泽湖非法采砂彻底成为历史。打击非法采砂图片见图 6-2。

图 6-2 打击非法采砂

三、“两违三乱”整治及清“四乱”

洪泽湖地区积极配合省河长办的“两违三乱”整治和水利部下达的清“四乱”行动,成绩显著。所谓“两违三乱”,其中“两违”是指在河湖库管理范围内实施违法圈圩(包括网箱、围网养殖)和违法建设(房屋、圈舍、简易房);“三乱”则指在河湖库管理范围内实施乱占(包括违法种植、养殖)、乱建(包括建设房屋等)和乱排(主要是污水排放河道)等违法行为;“四乱”指的是中大型湖泊中的乱占、乱采、乱堆、乱建行为。

省河长办和水利部根据遥感影像,结合日常巡查、群众举报、上级交办,对洪泽湖境内存在的主要违法行为进行梳理,并经现场核实,形成主要违法行为问题清单,下达给两市河长办。市县相关部门加大执法力度,积极处置问题,努力维护河湖生态健康。“两违三乱”及清“四乱”的任务完成后,省级湖管部门会组织销号验收和现场复核工作，确保问题整治落实。

2019 年，完成 985 项洪泽湖 “两违”项目处置，67 项淮干江苏段“两违”项目处置，“两违”项目处置完毕。完成 94 项洪泽湖“三乱”项目处置，56 项淮干江苏段“三乱”项目处置。盱眙县列入水利部“清四乱”的 10 个项目全部整治到位。2020 年，完成 97 项洪泽湖“三乱”项目，62 项淮河干流江苏段“三乱”项目处置。经过整治、销号验收、抽查复核“回头看”等措施，洪泽湖地区“两违三乱”及清“四乱”整治情况良好，湖区违法建设行为得到有效遏制。图 6-3 为拆除欧力粮库非法建设项目的图片。

图 6-3　拆除欧力粮库非法建设项目

四、涉湖建设项目管理

（一）洪泽湖大堤除险加固省管段工程

江苏省水利勘测设计院有限公司受委托编制了《洪泽湖大堤除险加固工程可行性研究报告》。2010 年 4 月，国家发改委委托中国国际工程咨询公司组织专家组对《洪泽湖大堤除险加固工程可行性研究报告》进行了评估。2011 年 10 月，国家发改委以发改农经〔2011〕2245 号文下发了《关于洪泽湖大堤除险加固工程可行性研究报告的批复》。2012 年 10 月，江苏省水利厅以苏水建〔2012〕131 号文下发了《关于洪泽湖大堤除险加固工程省管段工程初步设计及概算的批复》。根据批复的初步设计，省管段工程主要内容包括堤基和堤身防渗处理、堤防整治加固、管理设施等工程项目。2012 年 10 月 25 日，建设处向水利厅上报开工申请报告，10 月 27 日开工建设。截至 2014 年底，洪泽湖大堤除险加固工程省管段工程堤防一、二级坡整治工程已全部完成合同内容，并完成单位工程、合同工程完工验收工作。

（二）三河闸加固改造工程

三河闸位于洪泽湖东南角，是淮河入江水道的控制口门，是淮河流域重要的防洪控制工程之一，乃淮河流域第一大闸。省水利厅以《关于淮河入江水道整治三河闸、石港泵站更新改造工程初步设计及概算的批复》，明确三河闸加固改造工程：新建工作桥，启闭机房及桥头堡，更新改造启闭机系统及部分电气设施，升级改造闸门控制系统和视频系统，加固公路桥桥面等。工程计划分两个非汛期完成，2012 年 10 月开工，2013 年完成了三河闸启闭机房及桥头堡和自动化设备采购与安装及电气设备采购两个标段的招投标工作，顺利签订了施工和安全生产合同。2014 年完成启闭机房及桥头堡房屋建筑、装潢工程，完成所有电气设备的安装，完成自动控制和视频监控系统升级改造，完成工作桥栏杆更换。完善三河闸启闭机房及桥头堡房建、防汛道路设计变更手续。

（三）泗洪县溧河洼清障工程

溧河洼位于洪泽湖西北部，泗洪县境内，是洪泽湖的组成部分，起点为七里沟，终点为临淮头，东至溧东大堤，西至溧西大堤，全长约 40 千米，宽度 500～5 000 米不等，涉及泗洪县青阳街道、石集乡、城头乡、瑶沟乡、双沟镇、临淮镇等乡镇。溧河洼是承担上游怀洪新河、新汴河、老濉河等流域性洪水汇入洪泽湖的总通道，汇水面积约 2.25 万平方千米。溧河洼至今未进行系统治理，境内芦苇丛生、淤塞严重、阻水严重、行洪不畅，影响防洪安全。2018 年 8 月下旬，上游安徽地区大量泄洪，溧河洼地区阻水严重，泗洪县境内老濉河、新濉河、新汴河均超历史最高水位，其三条河道的洪水均流经溧河洼汇入洪泽湖，因溧河洼内存在非法养殖和乱搭乱建，一定程度上影响行洪。为确保溧河洼行洪畅通，保护防洪工程设施和人民群众生命财产安全。2018 年 8 月 23 日泗洪县政府出台了《泗洪县洪泽湖溧河洼整治工作实施方案》，8 月 25 日下午，泗洪县防汛防旱指挥部决定对溧河洼内阻碍行洪的障碍物进行清除。随后，水利、交通、农委等相关部门及溧河洼沿线乡镇齐心协力、迅速行动，依法开展清障工作（图 6-4），共清除溧河洼内非法圈圩 3.8 万亩，土方量约为 108 万立方米，养殖棚 433 间，清除非法种植 0.14 万亩，阻水林木 5.7 万株，拔除网桩 13.4 万根。

图 6-4　泗洪县溧河洼整治工程

（四）成子湖旅游度假区

成子湖旅游度假区前身是 2013 年成立的成子湖扶贫开发示范区。2015 年，为进一步加强成子湖片区生态资源开发，放大脱贫增收带动效益，经省政府批准成立成子湖旅游度假区。

成子湖旅游度假区位于泗阳县南部成子湖畔，规划面积 64 平方千米，由 6 个“嘴”、7 个湾组成，其中核心区面积 10.14 平方千米。自度假区成立以来，主要利用洪泽湖退圩还湖工程，开展生态修复和基础设施建设等工作。目前，已完成成子湖游客服务中心、综合服务区广场、滨湖公路景观绿化、千亩玫瑰示范园等生态涵养项目建设。其中首个重点景区“泛溪问水”湿地公园，通过退圩还湖、地形塑造，实现景区水系与成子湖水系连通，景区规划面积约 2 266 亩。栽植乔木约 80 个品种，灌木 40 个品种，月季 700 多种。成子湖旅游度假区获批国家 3A 级景区，省级水利风景区，正积极打造国家 4A 级景区。项目建成运营后，可带动 3 000 余名低收入群众参与农业“接二连三”，预计产业效益超 30 亿元。

（五）330 省道环洪泽湖公路建设

通过宿迁市、淮安市 330 省道建设，规划打造洪泽湖环湖交通网络，为沿湖地区生产、生活、环湖生态旅游、防汛抢险建设提供必要的基础设施，促进洪泽湖区域生态经济协调发展。

330 省道（宿迁段）全长 96.02 千米，于 2009 年开始实施，目前已全部建成。规划路线东起自和平镇北与 205 国道交叉处，在依次经过裴圩镇、高渡镇、卢集镇后进入宿迁界，与 343 国道相交后与之共线向西，绕过成子湖后向南往龙集方向延伸，然后沿洪泽湖北岸走线，在泗洪县城头乡南侧与通湖大道相交，穿过洪泽湖湿地国家级自然保护区，于双沟镇北侧依次经过宁宿徐高速公路及 121 省道，止于 330 省道苏皖交界处。330 省道泗洪段全长 65.6 千米，工程全线按二级公路标准建设。全线共 11 个标段，其中 6、7、8 标段由市交通运输局实施，已于 2015 建成通车。剩余 8 个标段由泗洪县实施，最终于 2021 年建成通车。330 省道泗阳段，全长 30.42 千米（宿城 1.82 千米由泗阳代建），工程全线按二级公路标准建设，于 2013 年开工，2018 年年底建成通车。

330省道(淮安段)建设正在推进之中，环洪泽湖公路全线道路开工77千米，已完工20千米，堆头引河桥完成下部结构施工，330省道淮安北段节点工程二河高家堰大桥于2020年底建成通车，330省道清江浦区段工可行性研究报告通过省公路中心初审，330省道洪泽城区至蒋坝段初步设计通过省发改委审查，330省道盱眙官滩至十里营段施工许可报告获省发改委批复，完成初步设计编制。

(六) 溧河洼特大桥及接线工程

该项目起自泗洪县城头乡南侧，与通湖大道相交，向西穿过洪泽湖湿地国家级自然保护区，于双沟镇北侧跨越新扬高速公路，止于121省道。项目总投资约5.8亿元，为新建二级公路，全长12.952千米，其中特大桥3.538千米，按一级公路标准建设，设计时速为80千米每小时。项目于2016年2月开工建设，2018年8月建成通车。本项目建成后实现了330省道苏皖交界段与235国道的"短直连通"，并且有效连接西南岗和成子湖两大扶贫片区，极大改善洪泽湖沿岸乡镇出行条件，对促进地方脱贫致富以及洪泽湖国家湿地旅游产业发展具有重大意义。

五、两船整治

洪泽湖自然条件优越，水产资源丰富，素有"日出斗金"的美誉，有着悠久的渔业史，20世纪六七十年代，受"走水路奔小康"等政策的影响，洪泽湖养殖、捕捞渐成规模。为解决生产期间的吃饭、住宿等生活问题，渔民购买或自建船只作为临时住所，这部分住船群众的生活极为不便，生活幸福指数较低，是洪泽湖地区的重点民生问题。同时，洪泽湖上还有较多餐饮船，这类船只对洪泽湖局部生态环境影响较大，急需拆除治理。2019年7月6日，省洪泽湖管理委员会印发《洪泽湖治理保护三年工作计划》，明确提出推进渔民上岸和住家船、餐饮船整治清理工作。2020年，省委省政府把洪泽湖渔民上岸安居工程定为全省遵循新发展理念排查解决突出民生问题的重点任务之一，纳为省委省政府对设区市高质量考核的重要指标，列入全省15类52件民生实事，作为省委党史学习教育15件“我为群众办实事”实践活动之一。

为切实做好洪泽湖渔民安居工程，各级政府和水利、农业农村、交通运输、财政等部门，围绕“住家船认定”“拆解补偿”“无房户安置”“废弃物处置”“验收管理”等关键环节，尤其是“钱从哪里出”“人往哪里去”“房从哪里来”等重点难点问题，开展了广泛调研和深入研究，为后续实施提供良好支撑。

省水利厅把渔民安居工程作为落实水安民稳、造福湖区百姓的重要措施，主要领导采用“四不两直”方式多次深入现场调研指导，专题研究政策措施、工作衔接和资金补助来源，召开专题会议部署推动。分管领导及工作专班每月深入现场督促指导，协调解决问题，制定切实可行的工作推进方案。

沿湖两市六县(区)均建立党委政府牵头抓总、洪泽湖管委办组织推动、水利部门具体实施、相关部门密切配合的工作机制，全力做好宣传发动、摸底调查、方案编制和组织实施等各项工作，为工程有序实施提供了有力的组织保障。

沿湖各地严格按照既定的责任单、时间表、线路图，紧扣关键环节，规范实施流程，确保工程实施落实落地。一是广泛宣传发动。市县组建宣传队伍，深入湖区，走上船头，宣传住家船整治的意义和优惠政策，争取湖区渔民的理解、支持和配合。二是固化工作底数。按照“分级负责、属地排查”的原则，通过县级登记、市级复查，逐船核实、按户造册，翔实梳理住家船情况、住船渔民经济状况、年龄结构、岸上住房以及转产意愿等信息，锁定7 066条住家船工作底数。三是规范实施流程。严格执行登记确认、评估公示、签订协议、费用结算、船只拆解、固废处置以及验收合格等工作程序，确保渔民安居工程的公开公正、规范有序。四是妥善处置异地船只。对 805 条住船渔民为外地户籍船只，按照“原籍安置、原地拆解”的原则，六县（区）管委办组建专班异地服务，确保每户住船渔民均得到合理补偿和妥善安置。五是强化验收管理。省洪泽湖管委办出台住家船餐饮船整治渔民上岸安居工程的验收管理办法，实行县级初验和市级终验“双把关”程序，确保渔民安居工程工作的真实性、准确性、完整性和可追溯性。

原定两年的工作任务，在省、市、县三级共同努力下，仅用 10 个月就圆满完成。截至 6 月 30 日，沿湖六县区的洪泽湖住家船整治工程全部通过淮安、宿迁两市政府组织的最终验收，在全面完成 7 066 条住家船整治工作的同时，6 840 条捕捞船、49 条餐饮船同步退捕、拆除，近两万住船渔民上岸安居。上岸渔民住宿从“摇摇晃晃”变成“稳稳当当”，饮水从“有水喝”变成“喝好水”，教育从“水上漂泊”变成“就近上学”，出行从“烂泥路”变成“水泥路”，医疗从“赤脚医生”变成“社区医院”，以船为家的渔民告别“水上漂”，实现“安居梦”。原来船只集中停靠点脏、乱、黑、臭的水域，水体感官质量显著提升，原先的住家船集中停靠点拆解点经过生态修复，现已成为广大群众休闲、娱乐和健身的场所。图 6-5 为洪泽湖住家船拆解图片。

两船整治完成后，省水利厅委托省洪泽湖管理处通过电话了解、现场走访等方式，核查 7 066 户上岸渔民补偿款领取情况、船只交付情况、上岸后居住情况，完成洪泽湖两船整治工程现场核查和“一船一袋”档案抽查，对部分档案资料存在的问题及时向相关县区提出完善意见，并持续跟踪，开展上岸渔民档案的电子化录入，推动“两船”整治扫尾工作，巩固民生成果。

两船整治的成功实施，不但使近两万渔民和全省人民一道奔小康，而且让洪泽湖得到休养生息，再现洪泽湖“水清岸绿，鱼翔浅底”生态美景。

图 6-5　洪泽湖住家船拆解

六、生态修复

近年来，随着洪泽湖生态保护力度不断加大，退圩还湖、退渔还湿工程不断实施，洪泽湖的有效库容不断提升，在退出的水域空间上开始实施生态修复工程，美化生境，事关江苏生态文明建设大局，事关苏北地区经济社会高质量发展和人民群众福祉。

2019 年，江苏省人民政府办公厅《关于加强洪泽湖生态保护和科学利用的实施意见》（苏政办发〔2019〕72 号）指出：推进湖滨带生态修复，在洪泽湖退圩还湖基础上，全面开展湖滨岸带水生态保护与修复，提高湖泊水体自我修复能力，形成生态缓冲带；依法依规推进聚泥成岛，建造河湖良好生境。2020 年，江苏省洪泽湖管理委员会关于印发《2020 年洪泽湖治理保护工作要点》指出：推动生态修复示范（区）工程。综合考虑湖泊近岸带生态修复、入湖河道综合整治、退圩退渔还湖还湿、生态岛建设，加快开工一批、储备一批、谋划一批生态修复示范段（区）工程。从 2020 年开始，生态修复示范段工程开始实施。详见图 6-6。

图 6-6　洪泽城区段生态修复工程

2020 年，淮安市实施了淮河干流打石山、宝积山段生态廊道建设工程，洪泽湖南部出口水生态修复示范工程，洪泽湖大堤周桥大塘、菱角塘和城区段生态及文化展示工程，将原先的“两违三乱”整治点打造成居民生活的休闲点，增强了沿湖群众的获得感和幸福感。宿迁市泗阳县结合退圩还湖实施洪泽湖聚泥成岛和近岸带修复工程，增加洪泽湖调蓄库容，改善洪泽湖水环境，成子湖旅游度假区现已成为居民度假休闲的网红地。泗洪县在全湖率先实施洪泽湖大王庄段和临淮段两个生态修复示范项目，提高了挡洪堤的防洪标准，提升了洪泽湖岸线景观，有效改善了洪泽湖水生态环境。详见图 6-7。

2021 年，省洪泽湖管委办又确定实施了洪泽湖二河西堤生态修复工程、洪泽湖大堤城区段生态建设二期工程、溧河洼生态修复工程等 8 个生态修复项目工程。编制完成《洪泽湖生态修复示范建设实施规划》，建立水生态修复项目库，将并有序推动 7 大类 60 项生态修复项目实施，规划修复 320 千米洪泽湖生态岸线，复苏洪泽湖生境，打造洪泽湖“水清岸绿、鱼翔浅底”的生态美景。

图 6-7　泗洪县大王庄生态修复工程

2020—2022 年洪泽湖生态修复示范段（区）工程项目清单详见表 6-1～表 6-3。

表 6-1　2020 年洪泽湖生态修复示范段（区）工程项目清单

序号	设区市	县(区)	项目名称	位置	项目生态修复内容
1	淮安市	盱眙县	淮河干流综合治理生态廊道示范建设项目(打石山段)	盱眙县河桥镇打石山段	对 1 千米长的岸线进行生态修复和堤岸加固恢复
2	淮安市	盱眙县	淮河干流综合治理生态廊道示范建设项目(宝积山段)	盱眙县盱城街道宝积山段	对 0.8 千米长的岸线进行生态修复和堤岸加固
3	淮安市	盱眙县	洪泽湖南部出口水生态修复项目	盱眙县马坝镇堆头村	对沿线岸线进行生态修复和堤岸加固恢复
4	淮安市	洪泽区	洪泽湖大堤城区段生态建设一期项目	洪泽区洪泽湖大堤 33K 至 34.4K 处	对 1.4 千米长的岸线进行生态修复，项目区规划面积约 480 亩
5	淮安市	洪泽区	洪泽湖大堤周桥大塘生态修复与文化展示工程	洪泽区洪泽湖大堤 44K 至 45.2K 处	主要为周桥大塘生态修复与文化展示、周桥船塘综合整治等

续表

序号	设区市	县(区)	项目名称	位置	项目生态修复内容
6	淮安市	洪泽区	洪泽湖大堤菱角塘段生态廊道建设一期工程	洪泽区洪泽湖大堤34K至36.2K处	主要实施内容为种植乔木约1.6万株、灌木草坪约150亩
7	宿迁市	泗阳县	洪泽湖聚泥成岛生态修复工程	泗阳县卢集镇、高渡镇	新建生态防护0.8千米，植物防护260亩，构筑生态岛3座
8	宿迁市	泗阳县	成子湖近岸带生态修复工程	泗阳县卢集镇	近岸带林木绿化0.45平方公里、水生植物修复1 050亩
9	宿迁市	泗洪县	洪泽湖临淮段防洪及生态修复示范工程	泗洪县临淮镇	对1.9千米的岸线进行圈圩清除、生态修复和堤岸加固，对老汴河入湖口进行生态修复
10	宿迁市	泗洪县	洪泽湖大王庄段防洪及生态修复示范工程	泗洪县陈圩乡	对12.千米的岸线进行圈圩清除、生态修复和堤岸加固，对团结河、头河入湖口进行生态修复
11	宿迁市	宿城区	马化河水生态治理工程	宿城区中杨镇	对马化河进行生态修复、控源截污、防洪排涝、活水保质、清淤疏浚、面源治理等

表6-2　2021年洪泽湖生态修复示范段(区)工程项目清单

序号	设区市	县(区)	项目名称	位置	项目生态修复内容
1	淮安市	淮阴区	洪泽湖古堤(二河西堤)生态修复工程	淮阴区二河堤顶路(明远路～洪泽界)	对10千米的岸线进行生态修复
2	淮安市	洪泽区	洪泽湖大堤城区段生态建设二期项目	洪泽区洪泽湖大堤31.8K至33K处	对1.2千米的洪泽湖岸线进行生态修复
3	淮安市	洪泽区	2021年洪泽湖水生态修复洪泽区蒋坝段项目一期工程	洪泽湖大堤(洪泽站至三河闸)	对1.2千米的洪泽湖岸线进行生态修复

续表

序号	设区市	县(区)	项目名称	位置	项目生态修复内容
4	淮安市	盱眙县	盱眙县住家船拆解点岸线生态修复及水文化展示项目	盱眙沙岗、马坝堆头、淮河蛤滩	对1.5千米的岸线进行生态修复
5	宿迁市	泗阳县	泗阳县洪泽湖近岸带生态修复工程	泗阳县卢集镇	对2千米的岸线进行生态修复
6	宿迁市	泗洪县	泗洪县洪泽湖溧河洼生态修复示范工程	泗洪县石集乡	对2千米的岸线进行生态修复
7	宿迁市	宿城区	肖河水生态治理工程	宿城区中扬镇	对8千米的河道进行治理
8	宿迁市	宿城区	五河生态修复工程	宿城区中扬镇	对2千米的河段进行生态修复

表6-3　2022年洪泽湖生态修复示范段(区)工程项目清单

序号	设区市	县(区)	项目名称	位置	项目生态修复内容
1	淮安市	淮阴区	洪泽湖古堤(二河西堤)生态修复二期工程	淮阴区二河堤顶路(高家堰大桥至洪泽界)	对5.3千米的岸线进行生态修复
2	淮安市	淮阴区	淮阴区五河口生态修复一期工程	淮阴区淮阴闸上游右岸	对1.8千米的岸线进行生态修复
3	淮安市	洪泽区	洪泽湖大堤洪祥段生态修复示范项目	二河闸与洪祥交界处至高良涧复线船闸	对3.5千米的洪泽湖岸线进行生态修复
4	淮安市	洪泽区	洪泽湖大堤生态修复与水文展示项目	洪泽湖大堤(三河船闸至三河闸北侧段)	对3.8千米的洪泽湖岸线进行生态修复
5	淮安市	盱眙县	盱眙县王桥圩有堤段生态修复工程	盱眙县官滩镇	对2.3千米岸线进行生态修复
6	淮安市	盱眙县	盱眙县沙溪至堆头无堤段生态修复工程一期工程	盱眙县马坝、官滩镇	对1.9千米的岸线进行生态修复
7	宿迁市	宿城区	宿城区张稿河水生态治理工程	宿城区屠园镇	对14.7千米的河道及中沟进行生态治理
8	宿迁市	泗阳县	成子湖(桂嘴段)近岸带修复工程	泗阳县卢集镇	对1.8千米的岸线进行生态修复

续表

序号	设区市	县(区)	项目名称	位置	项目生态修复内容
9	宿迁市	泗阳县	锅底湖生态修复示范工程(一期)	泗阳县高新技术产业开发区	对4.2千米的岸线进行生态修复
10	宿迁市	泗洪县	新濉河生态廊道建设工程	泗洪县青阳街道、瑶沟镇	对6.5千米的岸线进行生态修复
11	宿迁市	泗洪县	溧河洼(龙江河至柳山下站)生态廊道工程	泗洪县青阳街道、石集乡	对6千米的岸线进行生态修复

七、退圩还湖

经过洪泽湖清障行动的高压推进,洪泽湖2010年以来的非法圈圩已全面清除到位,新增圈圩也实现了及时发现、及时处置,湖区圈圩连年保持“零增长”。但由于历史原因、传统发展模式的影响,洪泽湖水域被圈圩养殖、种植侵占,从中华人民共和国成立初期的2 069平方千米,到20世纪80年代缩减至1 780平方千米,现在仅剩1 400多平方千米,导致沿湖仍存在大量圈圩,其中部分圈圩经历年种植已演变成基本农田,严重影响洪泽湖蓄洪、行洪、供水能力,制约洪泽湖水资源的可持续利用和经济社会的可持续发展。省委省政府高度重视洪泽湖治理保护工作,把退圩还湖作为落实生态文明、建设美丽江苏的重要内容,作为恢复湖泊调蓄能力、改善水生态环境的重要途径。

2018年,泗阳县先期实施的退圩还湖工程,已恢复洪泽湖自由水面31.7平方千米,防洪库容2 200万立方米,供水调蓄库容约6 000万立方米。2020年,省政府批复《江苏省洪泽湖退圩还湖规划》(苏政复〔2020〕1号),计划清退圈圩318平方千米。见图6-8。

洪泽湖退圩还湖面临着长期积累的局部与全局矛盾调和、历史遗留问题诸多、环湖产业转型等难点,还面临着财政资金缺口、永久

图 6-8 泗阳县结合退圩还湖聚泥成岛试点工程

基本农田调出补划、红线管控限制等堵点。为此，省洪泽湖管委办多次召开退圩还湖座谈会，就省级奖补政策、渔民转产转业安置、实施计划等内容，与沿湖县（区）人民政府、水利局、部分重点乡镇镇长及村书记做了深入探讨，积极稳妥有序推动工程实施。

退圩还湖的实施，能有效提升防洪供水效能，增加调蓄库容近 5 亿立方米、兴利库容 2.6 亿立方米；减少了污染负荷，减少约 3 万吨氮、4 千吨磷排量；修复湖泊生境，重塑 520 千米自然岸带，提升生态岸线比例，促进湖体水生态环境的良性循环；推动产业发展，改变圈圩养殖的传统粗放开发模式，为新型产业集聚发展提供空间，有力助推和保障区域经济社会高质量发展。

2020 年，省政府批复《江苏省洪泽湖退圩还湖规划》（苏政复〔2020〕1 号），计划清退圈圩 318 平方千米。除去已经清退完成的泗阳县，洪泽区计划清退 75.2 平方千米，淮阴区计划清退 9.5 平方千米，盱眙县计划清退 87.4 平方千米，宿城区计划清退 17.9 平方千米，泗洪县计划清退 129.3 平方千米。

八、退渔还湖

洪泽湖湿地是国家级自然保护区，也是江苏省最大的淡水湿地自然保护区。20 世纪 90 年代后，这片水域曾经网箱蟹塘星罗棋布，粗放的养殖方式和盲目追求经济效益的捕捞行为，破坏了洪泽湖湿地的生态环境。2014 年，泗洪县政府颁布《江苏泗洪洪泽湖湿地国家级自然保护区退渔还湿工程规划(2014—2020)》，计划用 7 年的时间，拆除保护区内 22 万亩养殖围网，退渔还湿工程就此开始。

2019 年，在《洪泽湖治理保护三年行动计划》《省政府办公厅关于加强洪泽湖生态保护与科学利用的实施意见》等重要政策和战略规划下，洪泽湖开展保护区范围内退渔还湖(湿)、湖区湿地植被修复、生态清淤等湿地生态修复工程。泗洪洪泽湖湿地国家级自然保护区管理处会同泗洪县人民政府，借助“7＋1”共建机制和湿地保护联席会议制度，大力实施退渔还湿工程，验收完成退渔还湿面积 7.6 万亩，累计退渔还湿面积 19.3 万亩，并顺利完成核心区胜利村 262 户渔民生态移民搬迁工作，保护区野生水生植物得到大面积恢复，湿地生态系统结构的完整性和生境的连续性得到明显改善，每年吸引 50 余万只鸟类在此繁殖或越冬，包括白鹤、东方白鹳等国家Ⅰ级重点保护鸟类。截至目前，共记录到鸟类 206 种，较 2014 年增加了 40％。洪泽湖东部湿地省级自然保护区拆除围网养殖16 615.4 亩，其中淮阴区拆除 2 094 亩，洪泽区 6 899.4 亩，盱眙县7 622 亩。2020 年，结合河湖“两违三乱清四乱”和洪泽湖压缩围网等工作，积极推进湿地保护与恢复工作，洪泽湖退渔还湖面积 4.5 万亩。泗洪保护区实施生态修复后的水域，水生植物得到大面积恢复，水质得到有效改善，鸟类增至 208 种。泗洪洪泽湖国家级自然保护区内开展“洪泽湖湿地围网拆除区水生植物修复技术示范和推广”科技创新工作，实施退化湿地修复工程100亩。

随着退渔还湿工程的不断实施，随着网退、船退、人退、植被恢复等措施的落实，湿地保护区生态系统多样性得到显著增强，水生植物得到大面积恢复，水质得到显著改善，物种丰富度不断增强，出现了“潜鱼跃波万鸟翔”“荷花满湖十里香”的盛况。

第七章 历史人文

第一节 历史遗存

一、明清石工墙(图 7-1)

洪泽湖大堤明清石工墙是从明万历八年(1580)十月起开始修砌

图 7-1 洪泽湖大堤石工墙(淮阴区高家堰镇段)

的，第一批石工墙长 3 110 丈[①]，高 1 丈，叠砌 10 层，厚 2 层，俗称“三千丈石工”。清代石工墙一般厚 0.8～1.2 米，迎水面采用长方形条石叠砌成挡浪墙，通常叠砌 17～23 层，高约 7～8 米。洪泽湖大堤从最初的土堤到石工堤，并非一蹴而就，它与黄河夺淮的治理过程息息相关，经过明清两朝不断探索、砌筑、修补，最终成为洪泽湖水库重要的防浪抗洪工程。明嘉靖后，黄河下游河床的淤积抬升不仅使黄河自身的防洪问题日益严峻，而且又造成对淮河和运河的托顶和倒灌。河道总督潘季驯在总结前人治河经验的基础上，提出了“束水攻沙”“蓄清刷黄”的黄、淮、运全面综合治理系统规划思想。为此，他在徐州至淮安之间的黄河两岸设计修建了一套由遥堤、缕堤、格堤、越堤等组成的堤防体系，并把筑高家堰视为首要之事。万历六年（1578）动工修筑，万历八年（1580）又加筑大涧口极洼处石工 3 000 丈，以固高家堰湖堤，即为洪泽湖大堤石工墙的开端。高家堰大堤的修筑使堤内原来的万家湖、泥墩湖、富陵湖等洼地连成一片，极大地扩充了蓄水容积，形成了现在洪泽湖水库的雏形。引淮水入洪泽湖，出水口设在高家堰大堤的西北角清口汇黄之处，为淮水冲刷黄水的咽喉。清代初期和中期，以靳辅为代表的历届河督继承和发展了潘季驯的规划思想，采取多项措施，避黄引淮。清代是洪泽湖大堤石工墙的主要修筑时期，“顺治及康熙初，洪泽湖东灌淮扬，靳辅大筑高堰大堤，自武家墩至周桥。嗣又延筑矮堤，自周桥至翟壩，长几百里。张鹏翮又大修高堰大堤，大筑临湖石工，自武家墩至古沟，又间叚创砌石工，自古沟至夏家桥稍南之林家西。并筑临湖柴工、自天然减霸至秦家冈”，“乾隆中，迭修洪泽湖大堤土石工程，自林家西至蒋壩筑砖石工，后均改为石工。自武家墩至运口筑砖工”，至此洪泽湖石工墙才全部建成。

---

① 1 丈≈3.333 米。

高良涧段石工墙初次修筑即为康熙年间，乾隆年间又进行了修补，该处顶部有块刻字条石，磨损严重，字体模糊不清，仅辨认出“十年□承□加□□层□七十丈工尾”几字，初步判断为加高信息。发掘点以南有一段完好的洪泽湖大堤石工墙，顶部条石表面多有文字和图案，包括有“道光十六年”“金堤永固”“光绪七年”“甲辰年”等相关信息。万历八年(1580)始建的石工，结构是双层独立，无丁石，无铁锔，石墙外侧挡水，里侧挡土，土石之间未有砖衬记载，本段石工墙从底部起就由石工、砖柜接合砌筑而成，亦说明了该段始建年代为清代。条石与砖柜搭接紧密且同时砌筑，均建在木桩基础之上，迎水面为密集排列的马牙桩，内侧为梅花桩，用来挡水和增加地基承载力。用三合土心墙连接石工墙与原始土堤，利用三合土的坚固防水性减少湖水对土堤的浸侵，最大程度地巩固土堤。这些具体结构的确认对于更好地研究和保护洪泽湖大堤提供了翔实的资料。洪泽湖大堤由治理水患而生，时至今日仍然发挥着重要的作用，成为苏中、苏北防御淮河洪水的第一屏障，并且成为一道亮丽的风景。大堤沿线有众多的名胜古迹，如高良涧青龙庵、九龙湾、周桥大塘、乾隆御碑、滚水坝、黄罡寺、镇水铁牛、三河闸等。石工墙顶部条石表面蕴藏大量精美的石刻图案，主要有工程记录、吉祥图案、庆词颂语、数字符号等，核心思想即为“金堤永固”和“普庆安澜”，这些都是洪泽湖大堤特定的地理环境里产生的特有水利文化现象，表达了人们对大堤平安永固的美好愿望。

二、周桥大塘(图 7-2)

周桥大塘位于洪泽湖大堤 45K 处，是清道光四年(1824)洪泽湖决堤冲击而成。“周桥大塘碑记”载明，在清道光四年农历十一月十二日午后，天气突变，湖面结成冰凌，风助冰势，浪击冰摧，终将周桥息浪港堤防冲垮，并且一下子就将这里冲成了宽 400 米、深

图 7-2　周桥大塘

27 米的大塘，湖东顷刻成为一片汪洋。此后，清廷令林则徐前来现场指挥修堤，用了 6 年时间，于道光十年（1830）筑成了高 8 米、顶宽 33 米、长 737 米的内堤，并用条石砌成护墙，也是目前洪泽湖大堤保存最为完整的石工墙。由于石工墙形状如月，又称“月潭”。2006 年，周桥大塘与信坝遗址、洪泽湖大堤一起被确定为全国重点文物保护单位。

三、信坝遗址

信坝遗址（图 7-3）位于洪泽湖大堤 50.6K 处，建成于道光十二年（1832），坝宽 200 米，两侧的金刚墙贯穿堤身。洪泽湖大堤 1 800 多年历史上至少有 37 座减水坝，清朝时，洪泽湖大堤上设有 5 座减水坝，分别以儒家“五常（仁、义、礼、智、信）”来命名，又称“上五坝”，目前仅信坝遗址保存完好。

图 7-3　信坝遗址

四、镇水铁牛

镇水铁牛(图 7-4)，系清康熙年间建成，寓意“镇水”。古人以金、木、水、火、土五行相克的哲学思想，铸造铁牛置于堤上，以此镇水。据史料记载，历史上洪泽湖大堤多次溃决，仅从 1575—1855 年的 280 年间，就决口 140 余次。当时清王朝除广集民工修筑堤防外，

图 7-4　镇水铁牛

决定铸造铁牛，以期镇水，去除洪害。康熙四十年(1701)，江南河道总督张鹏翮于端阳节午时在高良涧开始铸造，原计划铸9头，后材料有余，遂铸成16头，铸成后的铁牛分置在黄河、淮河、运河沿线各险工要段。如今300多年过去，洪泽湖大堤上仍保留下来五头铁牛，分别立于淮阴、高良涧和三河闸。铁牛系生铁铸成，除牛角牛耳残缺外其余则保存较为完好。牛身肩肋处铸有阳文楷书铭文，铭文曰："维金克木蛟龙藏，维土制水龟蛇降，铸犀作镇奠淮扬，永除昏垫报吾皇。"又曰："维金克木，蛟龙远藏，土能治水，永镇此邦。"

五、高堰志桩

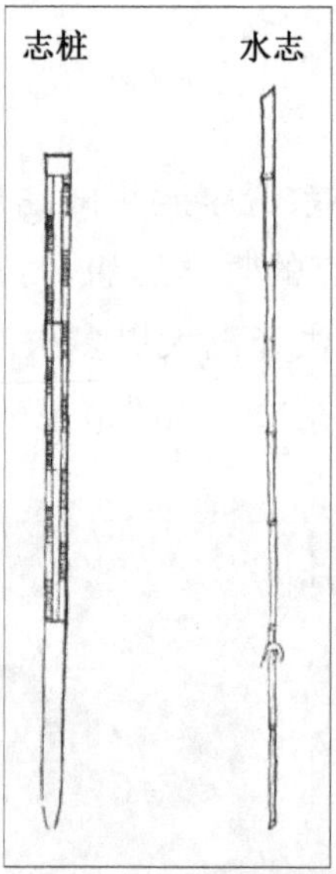

图 7-5　水志和志桩

洪泽湖高堰志桩是清代淮河流域最早设立的水位志桩，位于洪泽湖大堤高堰段关帝庙迎湖石工墙旁。康熙十九年(1680)，河营便使用“高堰水深”作为“高堰六坝”的启放运用水位。雍正八年(1730)，始用“水志”量验高堰水位。志桩和水志的示意图见图7-5。高堰志桩的设立早于乾隆二十二年(1757)设立的淮河正阳关水志27年。高堰志桩是清口水利枢纽和山盱“仁义礼智信”五坝启放运用的水位依据，沿用至咸丰十年(1860)，其间125年的水位记录资料基本完整，保存在清代档案中。咸丰十年后，高堰志桩废弃淹没在泥沙之中。民国五年(1916)，江淮水利测量局以废黄河口为假定海平面零点，测出高良涧、黄罡寺2处志桩零点高程分别为9.93米和9.40米，因高堰志桩废弃淹没未测。1963年，郭树先生引用萧开瀛先生论文中不确定数据，撰写了《洪泽湖近两百年的水位》初稿，首次推算出高堰志桩零点高程为9.41米(废黄河口零点)，并依此换算出乾隆元年(1736)以来200多年的洪泽湖水位，同时给出咸丰元年(1851)16.90米的洪泽湖历史最高水位。这一推算成果，1976年被江苏省革命委员会水利局编印的《江苏省近两千年洪涝旱潮灾害年表》引用，后又被张卫东、王英华、朱兴华、徐士传等专家学者，在其洪泽湖的论著、论文中引用或参考。目前，尚未发现学界对这一推算成果提出异议。

六、治水碑刻

据统计，在洪泽湖大堤堤顶及护坡处治水碑刻遗存共有150余处，在三河闸管理所院内有治水碑刻30余块、各类工程遗迹10处。

洪泽湖大堤治水碑刻遗存从所刻内容上看，基本可以分为五大类，即御题御旨、工程记录、吉祥图案、吉言祥语及其他。

1. 新筑草子河堤碑。明代。草子河，原名竹子泾，开凿在唐代后期。明代初期，作为“分黄导淮”三大工程之——周桥导淮工程的一部分，建周桥闸，导淮水经草子河入宝应湖，为洪泽湖泄洪道之一。今称草泽河，承担排除洪涝、引水灌溉及水路运输的重任。碑文记载，新筑草子堤河工程万历二十二年（1594）二月二十日开工，六月十一日完工。加筑越城牌坊至白马湖的堤防，总长 8 890.5 丈，河堤底宽 3 丈，顶宽 1 丈，高 7 尺，计工料银 7 800 两。在河尾入湖一段，立护堤桩笆长 200 丈。同时，发布告示，命令沿堤一带由民工分界看守；并令山阳、宝应两县管河主簿及高堰大使，划分各自防守堤段，堤防一有坍塌，必须立即修复。

2. 智坝记事碑。清代。智坝为"仁、义、礼、智、信"上五坝之一，乾隆十六年（1751）四月由江南河道总督高斌奉御旨建设，该碑为智坝竣工时所立，碑文记载了智坝的规模和建设的官员名录。主要碑文：乾隆十六年四月奉旨新建智字石滚坝一座，金门口宽六十丈，由身直长二十丈四尺，乾隆十七年五月告竣。

3. 礼坝补建施工碑。清代。礼坝为"仁、义、礼、智、信"上五坝之一，位于今三河闸上游拦河坝。该碑为礼坝补建石工所记。清咸丰元年（1851），洪泽湖水位为 16.9 米（历史最高），因黄河决砀山、东溢六塘河，礼坝被冲决，自此淮水由入海为主改为入江为主。主要碑文：礼坝补建石工越长。九十七丈内，北长二十二丈计，石十七层；中长五十三丈计，石十九层；南长二十二丈计，石十七层。

4. 赤日祥云石刻。清代。该石刻包括祥云、太阳、火焰。图案中祥云围绕着燃烧的太阳，寓意人们企盼风调雨顺，五谷丰登的朴实心愿。

5. 湖平工稳、普颂安澜、风恬浪静石刻。清代。洪泽湖大堤，又称高家堰，全长 70.4 千米，始建于东汉建安五年（公元 200），明万历年间基本建成规模，并增筑直立式条石墙护面，至清乾隆四十九年（1784）全部完工，共筑石制挡浪墙 60.1 千米。该组石刻在洪泽湖大堤加固中发现后留存保护，包含一统万年、湖平工稳、普颂安澜、风恬浪静等文字，反映了人们祈盼国泰民安、风调雨顺、平平安安的美好心愿。

6. 祥龙石刻。清代。该石刻图案寓示吉祥如意。

7. 祥云石刻。清代。祥云象征祥瑞的云气，表达了人民对美好生活的一种企盼。

8. 平(连)升三级石刻。清代。左、右石刻图案为瓶上插有三戟，瓶通“平”，笙寓“升”，戟寓“级”，中间石刻莲花通“连”。均寓意“平(连)升三级”之意。

9. 永保群众利益碑。民国。1945年2月，日本侵略军侵犯苏北解放区，洪泽湖大堤周桥段石工墙200多丈被毁。5月，新四军击溃日军。6月，苏皖解放区淮宝县政府组织军民修复石工墙320丈，并填补被日军破坏的三段堤身。8月，淮宝县县长方原于黄罡寺题勒“永保群众利益”碑，铭佩洪泽、淮宝军民共同抢修洪泽湖古堤业绩。图片见图7-6。

图7-6　永保群众利益碑

10. 双龙戏珠石刻。清代。该石刻为正方形，图案为双龙戏珠，中间火珠缺损。两条龙上下对角排列，上为降龙，下为升龙，象征着人们对美好生活的追求。

11. 九狮盘球石刻。清代。图案包括9只狮子、3只球，左上角为仙鹤，右下角为鱼。意寓长久吉庆祥和、生活富足。

12. 信坝加固碑。清代。信坝，"仁、义、礼、智、信"上五坝之一，目前五坝中仅有信坝保存完好。建于清乾隆十六年(1751)，坝宽200米，两侧的金刚墙各长100米，贯穿堤身，坝面由条石砌成，上面覆土，当湖水涨至3.52米时，就将覆土挖开，从石坝上泄洪，坝东皆用石板铺设。泄洪之后，再覆土坝上。该碑为信坝加固施工的纪录。碑文：前徐州府丰北通判沈如镕分办信字滚坝南首石底，并增估大石簸箕。

13. 黄罡寺碑。清代。该碑文为时任江南河道总督完颜麟庆所书，记录了重修黄罡寺之事。文中提到诗坛神韵派之宗王渔洋曾邀名士来寺联唱桂花诗；也记录了清道光四年(1824)十一月初，黄河水位大涨，注入洪泽湖，造成洪泽湖大堤决口的历史事件。

14. 蒋翟坝茶庵碑。清代。道光六年(1826)，盱眙县正堂周为所立。碑文竖写，满行40字，计11行。碑文明确了蒋翟坝茶庵住持郎征与其俗叔合置的地处卧龙岗的民田、军田地产中的所执部分，均归僧庵所有，并对其"坚信募化，置产以为香火"的行为表示嘉奖。碑文记载：特授安徽直隶泗洲盱眙县正堂加十级记录十次记大功五次等。

15. 重修耿公祠碑。清代。道光二十二年(1842)立，碑文楷书竖写，满行45字，计13行。记述南宋平郡耿七公(敕封为康泽侯)，为航行于老三河行船设航标的事迹及重建祠堂等内容。

16. 高加堰关帝庙碑。清代。康熙二十一年(1682)立。高加堰(即高家堰)关帝庙始建于明万历年间，当时总理河槽的潘季驯修筑高加堰，屡建不成，后在夜梦中得关帝相授修筑之法，方得圆满筑成，其遂上奏朝廷赐建关帝庙。碑文阐述了淮水源于桐柏山(今河南省境内)，记录了黄河夺淮、侵入高宝两湖，提及了高加堰早期的建设者，东汉陈登、明朝陈瑄和潘季驯。同时，也描述了民众对高加堰关帝庙的虔诚供奉和尊崇。

17. 乾隆阅示河臣御碑。清代。根据史料记载，清高宗乾隆（爱新觉罗・弘历）先后六次到江南巡游，六次亲临洪泽湖大堤，现场决定治河方略。乾隆皇帝于 1751 年第一次南巡时应南河总督高斌奏请，返程至蒋家坝阅示堤工，谕高堰滚水坝“增之为五”及山盱五坝启用规矩，建龙亭御碑于五里牌。此御碑高 2.57 米，宽 1.12 米，厚 0.34 米。碑身正面为乾隆所题之诗，背面为治水官员名录。1977 年，该碑移至三河闸南大院。2010 年，立碑于洪泽湖畔，其上修建六角碑亭，供人们浏览观赏。见图 7-7。

图 7-7　清乾隆阅示河臣碑

18. 乾隆三面题字碑。清代。乾隆六次来到蒋坝，查看洪泽湖大堤工程，三次在同一碑上就同一件事情作具体的批示，因此留下了这块碑。他第一次来的时候是 1751 年，当时他只有 40 岁，在正面题写的是“皇考重河防”，意思是夸赞他的祖先，特别是他的爷爷对洪泽湖大堤的重视。从第一次题的字可以看出，乾隆非常想做事，但苦于没经验，不敢做具体的推断，题字的时候有点拘谨，用的是行楷。第四次来的时候是 1765 年,在背面题写的是:“一律砖工运口连,崇墉凭阅实牢坚。”意思是:运口这个地方还有土堤,土堤没有砖头坚硬,要求全部改为砖工。从第四次的题字中可以看出连笔很多,用的是行草,说明他对这件事情已经了然于胸。第六次来的时候是 1784 年,在侧面题写的是:“砖工不若石工坚,改筑曾教庚子年。”庚子年是 1780 年,他第五次南巡,发现砖工还是没有石头坚硬,要求将砖工改成石工堤。等他第六次来的时候,石工堤基本建好,因此,又题写了这一句。1784 年他已经是 73 岁的高龄了,看到洪泽湖大堤是年年修,年年溃,绝不是自己想象那么简单的,再题字就愈发谨慎,用的是小楷。从这三次的字体不同,可以看出一位皇帝在这 33 年时间里的心理变化。从土工堤到砖工堤再到石工堤,可以看到整个洪泽湖大堤的演变情况,这对研究洪泽湖大堤乃至中国水利史来说都是弥足珍贵的。

七、清口水利枢纽(图 7-8)

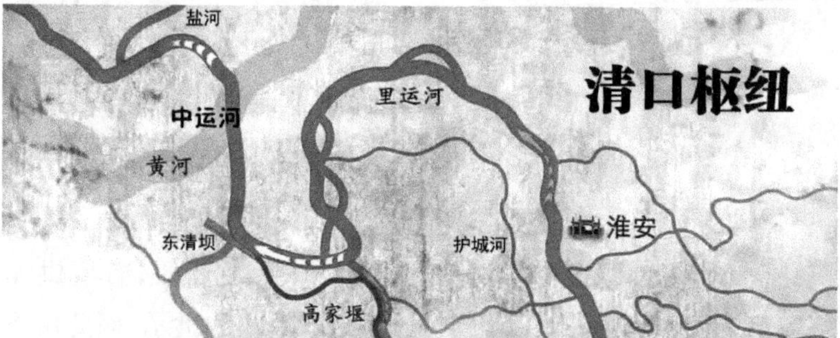

图 7-8　清口水利枢纽示意图

清口作为古淮、泗水交汇处，在人类水上交通的启蒙时代，在自然航道的框架中，就是重要的交通枢纽、咽喉要地。自隋炀帝开东西大运河，由通济渠经山阳渎达长江，就经过此地。至元明清通南北大运河，里运河在此向北，早期入黄淮，清以后穿黄淮而入中运河，此地又是东西大运河与南北大运河的交汇之处。

“清口”这一区域概念的形成，是长期以来自然与人类活动共同作用的结果。在不同的历史时期，它有着不同的空间范围。

清口之名早期典籍又称“淮泗口”“泗口”，而又以淮泗口出现最早。《水经注》“淮水”说：“淮水又东北至下邳淮阴县西，泗水从西北来流注之。”泗水甚清，汇淮处称为清口，这是黄河夺淮以前的称谓。黄河夺淮后，因黄河借泗达淮，淮清而黄浊，“清口”的含义发生变化，转而指淮河入黄河的淮口。明万历以后，清口更是明确专指洪泽湖（淮河）入黄河口门，有时也指运河口或泛指黄淮运交叉河口区域。

经过现代诸多学者的研究，明清时期清口地区的空间范围，北界桂家塘北侧，东至杨庄活动坝和淮阴三线船闸一线，南到洪泽湖临湖堤与太平堆一线，西到中运河三百六十丈越堤和废黄河南岸七堡石工一线，面积大约 40 平方千米。

黄、淮、运三者中，黄河沙多，又黄强淮弱，常有倒灌、淤垫淮运之虞；而淮强固可敌黄刷沙，然过盛则运堤莫保，过弱却又不能济运；在此条件下，运河则完全仰赖黄、淮的平衡，但维系这一平衡的原则又以保运为前提。因此，在上述诸多错综复杂、变化无常的自然条件下，清口水利枢纽工程面临着诸如黄河泥沙对运道的破坏，黄河倒灌运河与淮水、济运，克服黄淮运之间水位差距的通航和防洪保堤等问题。

为了解决以上难题，以“治河、导淮、济运、保漕”为中心，在束水攻沙、蓄清刷黄和避黄引淮等治水思想的指导下，明清两代上至帝王、下至河臣与黎民百姓，“群萃于淮安、清口一隅，施工之勤，糜帑之巨，人民田庐之频岁受灾，未有甚于此者”。

第二节　治水名人

一、陈登

陈登（约164—201），字元龙，东汉下邳淮浦（今涟水县）人。参见图7-9。汉灵帝名臣陈球侄孙，沛相陈珪子。陈登受祖父辈熏陶，“少有扶世济民之志。博览载籍，雅有文艺，旧典文章，莫不贯通。年二十五，举孝廉，除东阳（今盱眙县东境）长，养耆育孤，视民如伤。是时世荒民饥，州牧陶谦表登为典农校尉，乃巡土田之宜，尽凿溉之利，

图7-9　陈登像

而稻丰积。”兴平元年(194)，陶谦死，陈登力劝刘备代徐州牧。建安二年(197)，曹操以陈登为广陵郡(郡治射阳，今淮安境)太守。登助曹击杀反复无常的吕布，加封伏波将军。在广陵太守任上，“明审赏罚，威信宣布”。广陵郡“海贼薛州之群万有余户”，经陈登招抚，“束手归命，未及期年，功化以就，百姓畏而爱之”。其间，开邗沟西道(今苏北里运河前身)，缩短江淮之间水路，筑破釜塘、捍淮堰等多处水利设施，灌溉邗沟两岸数百里农田。

二、陈瑄

陈瑄(1365—1433)，字彦纯，合肥(今属安徽)人，明代军事将领、水利专家，明清漕运制度的确立者。参见图7-10。

图7-10　明《三才图会》陈瑄像

永乐元年(1403),陈瑄被任命为总兵官,总督海运(海上漕运)。他当年便从海上向北京、辽东输运粮食四十九万余石,以供应两地兵饷,后又在直沽建百万仓,修筑天津卫城。在督理海运期间,陈瑄让漕卒与海上岛民进行互市,公平交易,既利于岛民,又便于海运。永乐九年(1411),明成祖命陈瑄与丰城侯李彬统领浙江、福建两地水师,剿捕海寇。后因海水涨潮漫堤,海门至盐城境内有一百三十里地受灾。陈瑄又受命修筑捍潮堤,率四十万士卒筑堤一万八千余丈。

永乐十三年(1415),明成祖因会通河全面通航,决定停止海运,改走内河漕运,仍由陈瑄负责。陈瑄建造浅船二千余艘,起初运输两百万石,后逐渐增加到五百万石,使得国用得以富足。

当时,江南漕运沿运河抵达淮安后,须转陆运翻过河坝,再经淮河抵达清河,其过程损耗巨大。陈瑄采纳故老的建议,自淮安城西侧的管家湖起,开凿二十里河渠,命名为清江浦,将湖水导入淮河,并修筑四座闸门,以适时泄洪。他还沿湖修筑十里长堤,以提高船只运输能力,使得漕船可以直达黄河,节省的费用不可计数。

陈瑄督理漕运 30 年,针对漕运事务实行很多整改措施,精密而有远见,可谓"举无遗策"。

永乐二十二年(1424),明仁宗继位。是年九月,陈瑄上疏仁宗,提出七条经国利民的建议。

重国本:南京乃是国家根本,应严整守备力量。

择贤良:推举人才应予核实,不能只论资格;挑选公正的朝臣分巡天下,考察政治得失。

苏民力:湖广、江西、浙江等地距北京较远,百姓输运粮饷往返几近一年,有误农作。可让百姓运至距离较近的淮安、徐州等处,再由官军接运至北京。另外,快船、马船所载粮草不过五六十石,每船只用官军即已足够,无需召集百姓前来听候。

兴学校:府州县学的教员多不称职,应予考核,不称职者予以黜落;挑选俊秀之才补为生员;准许军中子弟入学读书。

整军伍:应核实军伍,年老患病者由子弟替代,逃亡者予以追捕,绝嗣的军户验明后加以除籍。

谨边防:开平等地乃是边防要地,守兵虚弱,粮食不足,应挑选、训练精锐之士,加强守卫,同时屯田自给。

专漕运:漕运官军年年运粮北上,返回后还要维修漕船,终年劳苦。应禁止所属卫所对他们施加繁多的徭役。

洪熙元年(1425),明宣宗继位,仍任命陈瑄为总兵官,驻节淮安。陈瑄不但督理漕运,还兼管淮安的地方事务,抚辑军民,所领官军悉听节制。宣德四年(1429),陈瑄奏请朝廷,打算征发十二万劳力,用半个月的时间疏浚济宁以北长沟到枣林之间的淤塞河道。明宣宗念及他长年辛劳,命尚书黄福前往一同经理。宣德六年(1431),陈瑄再次上奏:"每年运粮动用十二万军人,连年劳苦。请在苏州、松江等府以及江西、浙江、湖广等地另外签发民丁,并在士兵较多的卫所签发士兵,共二十四万人,分番轮流运输。另外,江南的百姓,运粮到临清、淮安、徐州,往返一年,耽误农作,而湖广、江西、浙江以及苏州、松江、安庆的士兵,每年驾空船到淮安运粮。如果让江南的百姓拨粮食给附近的卫所,由官军运送到北京,根据里程付费并付给耗米,这样军民都会方便。"明宣宗遂命黄福和侍郎王佐加以执行。从此,漕运由民运改为兑运。

宣德八年(1433)十月,陈瑄在淮安总兵官任上病逝,终年六十九岁。明宣宗追封他为太保、平江侯,赐谥号"恭襄"。江南百姓因陈瑄疏浚河道有德于民,在清河县(在今江苏淮安)为他建立祠堂。见图 7-11。

图 7-11 陈瑄、潘季驯二公祠

三、潘季驯

潘季驯(1521—1595),字时良,号印川,湖州府乌程县人,明代中期官员、水利学家。参见图 7-12。嘉靖二十九年(1550),潘季驯登进士第,曾于江西、广东等地任职,行均平里甲法。从嘉靖四十四年(1565)开始,到万历二十年(1592)止,他奉三朝简命,先后四次出任总理河道都御史,主持治理黄河和运河,前后持续 27 年,为明代治河诸臣在官最长者,以功累官至太子太保、工部尚书兼右都御史。

明代黄河由河南归德至徐州南下夺淮,注入于黄海。自徐州至淮安五百里的河段是漕运要道;自淮安到扬州,则利用湖区作为运河。同时明朝皇帝的祖陵在泗州(今盱眙北),皇陵在凤阳,均位于淮河岸旁。治河对祖陵的保护、漕运的畅通和沿河百万生灵的安危,要作综合考虑,难度较大。

明初为了保漕运,在治河策略上,重北轻南,采取"北岸筑堤,南岸分流"的措施。到嘉靖末,黄河下游徐州以上河道分汉达十三支之多,淤积严重,连年为患。

图 7-12　潘季驯塑像

潘季驯在一生四次治河中，不辞辛劳，上到河南，下至南直隶，多次深入工地，“轺车所至，更数千里”。万历六年(1527)，潘季驯第三次主持治河以后，根据黄淮运三条河流的的特性，提出了综合治理原则：“通漕于河，则治河即以治漕，会河于淮，则治淮即以治河。”在此原则下，他根据黄河含沙量大的特点，又提出了“以河治河，以水攻沙”的治河方策。

在束水攻沙的基础上，潘季驯又提出在会淮地段“蓄清刷黄”的主张。在这一思想指导下，根据“淮清河浊，淮弱河强”的特点，他一方面主张修归仁堤阻止黄水南入洪泽湖，筑清浦以东至柳浦湾堤防不使黄水南侵；另一方面又主张大筑高家堰，蓄全淮之水于洪泽湖内，抬高水位，使淮水全出清口，以敌黄河之强，不使黄水倒灌进入洪泽湖。为了达到束水攻沙的目的，潘季驯十分重视堤防的作用。他总结了当时的修堤经验，创造性地把堤防工作分为遥堤、缕堤、格堤、月堤四种，因地制宜地在大河两岸周密布置，配合运用。他对筑堤特别重视质量，提出“必真土而勿杂浮沙，高厚而勿惜居费”“逐一锥探土堤”等修堤原则，规定了许多行之有效的修堤措施和检验质量的办法，取得了较好的效果。他强调四防（昼防、夜防、风防、雨防）和二守（官守、民守）的修防法规，进一步完善修守制度。

潘季驯不仅是“束水攻沙”方策的提出者，而且是这一方策的大力实践者。万历七年（1579），他第三次治河时，修筑高家堰六十余里，归仁集堤四十余里，柳浦湾堤东西七十余里。过这次治理后，“高堰初筑，清口方畅，流连数年，河道无大患”，取得了可喜的成绩。

潘季驯在长期的治河实践中，总结并提出了“筑堤束水，以水攻沙”的治黄方略和“蓄清（淮河）刷浑（黄河）”以保漕运的治运方略，发明“束水冲沙法”。其治黄通运的方略和“筑近堤（缕堤）以束河流，筑遥堤以防溃决”的治河工程思路及其相应的堤防体系和严格的修守制度，成为其后直至清末治河的主导思想，为中国古代的治河事业做出了重大贡献。

潘季驯于万历二十年（1592）告老回乡，万历二十三年（1595）病故。在职时曾著有《两河经略》（原名《两河管见》）和《河防一览》（原名《宸断大工录》）等书，全面继承了前人治河的主要成果，又系统总结了自己长期治河的新经验，它既是束水攻沙论的主要代表作，又是中国16世纪河工水平、水利科学技术水平的重要标志，对此后300年的河工实践活动起着指导性的作用。

四、杨一魁

杨一魁（1536—1609），字子选，号后山，山西安邑（今运城）人，嘉靖四十四年（1565）进士。历任湖广副使、南京都御史等职。明万历十四年（1586）以户部右侍郎兼都察院右佥都御史总理河漕，万历二十六年(1598),官至工部尚书,开新河以分黄、淮洪水,解凤阳水灾之危。

万历二十一年(1593)以后,由于黄河河身日高,倒灌清口,使淮不敌黄,以致泗州(今盱眙北)明祖陵被淹。为化解这一危机,当时"分黄导淮"之议遂起。工科给事中张贞观建议:"开归、徐达小河口,以救徐、邳之溢,导浊河入小浮桥故道,以纾镇口之患。"不久,黄河决于单县黄堌口,分为二支:"一由徐州出小浮桥,一由旧河达镇口闸,邳城陷水中。"

万历二十三年(1595)二月,杨一魁以工部尚书兼都察院右副都御史出任总理河道,经过分析研究,他和查勘河道的礼科给事中张企程一起,共同提出"分杀黄流以纵淮,别疏海口以导黄"的建议,即"分黄导淮"。万历二十四年(1596),杨一魁组织民夫二十万人,于桃源县开黄河坝新河,起黄家嘴,至安东五港、灌口,长三百余里,分泄黄水入海,并辟清口沙七里,建武家墩、高良涧、周家桥石闸,泄淮水三道入海,且引其支流入江。十月工程竣工,泗州明祖陵水患平息,淮扬稍安。杨一魁虽然暂时挽救了明祖陵的淹没危机,但由于坚持分黄思想,不堵单县黄堌口,致徐州以下运道干涸,漕运受阻。

万历二十五年(1597)四月,黄堌口门扩大,溢夏邑、永城,由宿州符离桥出宿迁新河口入大河,"小浮桥水脉微细,二洪告涸,运道阻塞"。尽管后来曾大挑李吉口,并采取其他一些措施,至二十七年,李吉口仍然"淤淀日高,北流遂绝","赵家圈亦日就淤塞,徐邳间三百里河水尺余,粮艘阻塞"。二十九年(1601)秋,开、归一带大水,河涨商丘,决萧家口,全河尽南注,"奔溃入淮,势及陵寝"。朝内官员以不塞黄堌口归罪于杨一魁,皇帝震怒,削去杨一魁的工部尚书,贬为民,分黄导淮宣告失败,从此"分黄导淮"之议遂息。

五、靳辅

靳辅（1633—1692），字紫垣，辽阳州（今辽宁辽阳）人，清代大臣，水利工程专家。参见图 7-13。清顺治时为内中书，康熙初自郎中迁内阁学士，康熙十年（1671 年）授安徽巡抚，康熙十六年（1677）调任河道总督。

图 7-13　靳辅像

靳辅出任河道总督之日，正是黄河、淮河极度泛滥之时。康熙帝派工部尚书冀如锡亲自勘察河工，冀如锡回来报告，不仅河道年久失修，而且缺乏得力的治河人才。康熙十五年（1676），黄、淮并涨，奔腾四溢，砀山以东黄河两岸决口 21 处，黄河倒灌洪泽湖，高家堰决口 34 处，淹了淮、扬七个州县。黄河河道在清口以下到河口长三百余里严重淤积，河道、运道均遭破坏。在黄河、淮河、运河都存在严重问题，许多人束手无策的情况下，康熙皇帝于十六年(1677)调靳辅为河道总督，担起治河重任。

靳辅到任后，即同陈潢历时两个月遍阅黄、淮形势及冲决要害。靳辅从这次实际调查和访问中，确定了他治河的总方针，即“治河之道，必当审其全局，将河道运道为一体，彻首尾而合治之，而后可无弊也”。靳辅认为，黄河河道坏到如此程度，不能“以尺寸治之”，只顾一点，不及其余，无济于事。他主张必须有全局观念，从整体上采取措施，把河道、运道合起来共同治理。因为追本溯源，“盖运道之阻塞，率由于河道之变迁”。尤其强调治理黄河的重要性实际关系数省的安危，不能如过去只注意解决漕运的问题，而放纵黄河任意冲刷，如果还是那样，运道也不能保证畅通。他抱定目标是使“已淹之田可耕，见在之地可保，运道可通，额课可复”，主要采用明代治河专家潘季驯的“束水攻沙”方法，而如“寓浚于筑”等方法皆属创新。在他的治河总方针下，把具体措施分为八个问题，每题一疏，所以就有了上奏八疏。

清口是黄河与淮河交汇的地方，云梯关又是淮河、黄河的入海必经之路。靳辅治河的工程是首开清口烂泥浅引河四道，疏浚清江浦至云梯关的河道，创筑束水堤一万八千余丈，塞王家冈、武家墩大决口十六处。靳辅的治河有个理论，即欲使下流得治，必治好上流。根据这个理论，为防止黄河下流决口，又提出在上流建减水坝。每座坝各有七个洞，每洞宽一丈八尺，总计可以泄水之处为十二丈六尺，涨水时可用以宣泄。他从康熙十七年(1678)三月以后督集民夫，对这段运河进行挑浚，一年之内完工。又堵塞清水潭、大潭湾决口及翟家坝至武家墩一带决口。

改变运口是靳辅治河的一项重要内容。靳辅任河督以后，在康熙十八年(1679)一月至四月间，从新庄闸西南开新河至太平坝，又从文华寺永济河头开新河经七里闸，转而西南，亦至太平坝，皆至烂泥浅，移运口于烂泥浅之上。这个运口距黄、淮交汇之处仅十里，从此再无淤淀之患，即使重运过淮，扬帆直上，也如履平地。从康熙十七年(1678)起，靳辅就开始报告湖河决口尽行闭合，治河工程逐渐取得进展。同时他还就治河工作本身做了不少改革，如裁减冗员，加强属员责任感，严格赏罚，改河夫为兵，划地分守，按时考核，等等。但是一边修治，一边仍有水患，从而引起越来越大的争论。

康熙二十七年(1688)，御史郭琇诬告靳辅治河九年无功，导致靳辅被免职。康熙三十一年(1692)又复职，当年病逝。康熙三十五年(1696)江南士民为了纪念他，经皇帝允准，建祠于河畔。生前著有《治河方略》一书，为后世治河的重要参考文献。靳辅之后，于成龙、张鹏翮先后主河，基本上沿袭的是靳辅治水之略。

六、陈潢

陈潢(1637—1688)，字天一，号省斋，浙江钱塘(今杭州)人，一说浙江嘉兴人。自幼不喜八股文章，年轻时攻读农田水利书籍，并到宁夏、河套等地实地考察，精研治理黄河之学，是清初治河专家。

清顺治十六年(1659)至康熙十六年(1677)间，黄河、淮河、运河连年溃决，海口淤塞，运河断航，漕运受阻，大片良田沦为泽国。清康熙十年(1671)，靳辅在赴安徽就任巡抚途中，路经河北邯郸，见吕祖庵壁上有诗句："四十年中公与侯，虽然是梦也风流。我今落魄邯郸道，要替先生借枕头。"甚为惊异。经询问，为游居吕祖庵中的陈潢所题。两人相见，甚为投契，靳辅发现陈潢才学过人，遂礼之入幕，协助治水。

以后靳辅任河道总督，陈潢为制定治河工程计划，跋涉险阻，上下数百里，一一审度。陈潢在治理方法上继承和发展了明代著名治河专家潘季驯"筑堤束水，以水攻沙"的治河理论，主张把"分流"和

“合流”结合起来，把“分流杀势”作为河水暴涨时的应急措施，而以“合流攻沙”作为长远安排。在具体做法上，采用了建筑减水坝和开挖引河的方法。为了使正河保持一定的流速流量，发明了“测水法”，把“束水攻沙”的理论置于更加科学的基础上。由于陈潢等人指导有方，在靳辅负责治河期间的黄河安澜无患。

康熙二十六年(1687)经靳辅保奏，授陈潢佥事道衔。此后，为了根除黄、淮两河水患，陈潢又打破自古以来“防河保运”的传统方法，提出了“彻首彻尾”治理黄河、淮河的意见，即在黄河、淮河上、中、下游进行“统行规划、源流并治”，未为朝廷采纳。二十七年，靳辅、陈潢被人以“屯田扰民”的罪名参劾而遭撤职。不久，病死于北京。康熙三十一年(1692)，靳辅为陈潢平反昭雪。陈潢著有《河防述言》《河防摘要》，附载于靳辅《治河方略》。图 7-14 为陈潢治黄图片。

图 7-14　陈潢治黄

七、张鹏翮

张鹏翮(1644—1725),字运青,四川遂宁人。康熙九年(1670)进士及第,身仕康熙、雍正二朝。历任刑部主事、苏州知府、刑部尚书等职,康熙三十九年(1700)擢河道总督。

张鹏翮初任河道总督时,正值黄河泛滥,水患连年。上任前康熙帝指示张鹏翮"必须摧毁拦黄坝,清除芒稻河淤塞,开通黄河水道,依次兴修水利工程"。张鹏翮上任后,首先进行一系列职务调整,形成了强有力的治理黄河的领导集体。张鹏翮钻研治河理论,总结前人经验,博考舆图,仔细勘察,提出"开海口,塞六坝"的治河主张和"借黄以济运,借淮以刷黄"的治河设想,采取"筑堤束水,借水攻沙"的做法,并按治河方案指挥数十万民工治河。在张鹏翮的任内康熙帝曾三次南巡指导治河(康熙帝先后南巡六次)。

张鹏翮认为对运河的治理,首先需要把高家堰治理好。治理黄、淮二河的关键在于高家堰,如果高家堰牢固的话,那么淮河到清口的水势就自然会强于原本黄河夺淮入海的水势,黄淮二河都流向正常,那么运河也会通畅。高家堰的堤工工程包括堵复康熙三十五年(1696)以来的决口,修筑大堤石工。先筑小黄庄至周家桥段,然后延长至古沟,接着再由古沟延长至六坝(靳辅出任河督时筑造的六座石滚水坝),并在大堤的临湖面一律用柴草镶补,以上工程依次按顺序兴建,以防大湖波浪冲刷破坏。又加筑武家墩至运口一带堤工,与高家堰其余堤工一律相平。创筑拦湖坝一道,自新大墩至裴家场,束水御浪,敌黄济运。通过堵闭高家堰,使黄河水无法流入淮河,全部都流入清口,也是为保持洪泽湖的必要水量和水位,使其达到蓄清刷黄的目的,从而避免了高家堰六坝东溃。另外再开三座滚水坝以泄溢槽之水,并在坝下就原有草家河、唐曹河开为引河,引河岸筑顺水堤,往堤内溢水,从而保护堤外民间田地和房屋。

康熙四十年(1701),张鹏翮于端阳节午时在高良涧开始铸造镇水铁牛,铁牛系生铁铸成,铁牛身长 1.70 米,宽 0.57 米,高 0.68 米,有厚 0.07 米的一块铁板与牛身铸为一体,共重约 2 250 千克。牛身肩肋处铸有阳文楷书铭文,铭文曰:“惟金克木蛟龙藏,惟土制水龟蛇降,铸犀作镇奠淮扬,永除昏垫报吾皇。”原计划铸造 9 头,后材料有余,遂铸成 16 头,铸成后的铁牛分置在黄河大堤、洪泽湖大堤和运河大堤各险工要段。

张鹏翮主持治理黄河 10 年,治清口,塞六坝,筑归人堤,采用逢弯取直、助黄刷沙的办法整治黄河。张鹏翮一生著有《治河全书》《论黄要领》《论塞六坝》《论归仁堤》等书籍,阐述他的治黄主张。图 7-15 为《治河全书》的封面。

图 7-15　张鹏翮所著《治河全书》封面

八、高斌

高斌(1683—1755),字右文,号东轩、高佳氏,奉天辽阳(今辽宁辽阳市)人,清朝中期著名水利专家。雍正元年(1723)起,高斌历任内务府主事、苏州织造、广东布政使、浙江布政使、江苏布政使、河南布政使、江宁织造、江南河道总督、直隶总督等职,曾三任江南河道总督。乾隆二十年(1755)三月,卒于任上,终年72岁。追授内大臣衔,谥号文定,命与靳辅、齐苏勒、嵇曾筠同祭于河神祠,入祀京师贤良祠。图7-16为江南河道总督部院。

图7-16 江南河道总督部院

乾隆元年(1736)四月,黄河水势大涨,河南永城、江南萧县遭受河患,乾隆皇帝命高斌会同两江总督赵弘恩、河南巡抚富德共商治水对策。高斌在赴任后不久,提出治水之策,认为黄河南岸原有的毛城减水坝等分黄导淮工程年久积淤，无法顺利排水，建议疏浚毛城铺城以下河道，并于二河上游等位置开河建坝，此方案得到批准实行。

当时淮扬运河段两岸百姓亦常遭水患，高斌认为淮扬运河从清河到瓜洲这一段，应在原有的天妃、正越两闸之下，增建石闸和草坝。乾隆三年(1738)正月，依高斌所奏，在淮、扬运河清河口至瓜州段相应建闸修坝的工程完毕，高斌得到朝廷的嘉奖。

对于黄河河水倒灌泛滥的情况，高斌主张别开新运河，堵塞旧运河。乾隆六年(1741)八月，高斌上奏，他认为黄河自宿迁经过桃源至清河共二百余里的河流，水流湍急，而河北岸只有六座缕堤但并无遥堤，属于隐患，并奏请对淮河进行治理。高斌"开新运口，堵塞旧运口，进而避免黄河倒灌"的奏疏经大学士鄂尔泰等人实地查勘后付诸实施。不久，高斌调任直隶总督并兼管北河河道总督职务。

乾隆十八年(1753)，洪泽、高邮等地洪水泛滥成灾，邵伯运河二闸冲决，高邮、宝应诸县被水淹，黄河冲决江苏铜山等处堤坝，高斌被罚赴铜山堵住堤口。高斌因身任河督失职而被下部严议，当时新任江南河道总督策楞奏称：淮徐道义官管河同知李焞和武官守备张宾，因共同侵吞工帑，以致误工决口。皇帝震怒，立令把李焞、张宾二人因侵帑误工就地正法，高斌与副总河张师载二人被绑赴刑场陪斩，以儆效尤。

高斌在江南河道总督任上，致力于治河事宜。由于他实践知识丰富，治河成绩卓著，成为清朝继靳辅、齐苏勒、嵇曾筠之后的又一位著名的河道总督、治河专家。

九、黎世序

黎世序(1772—1824)，初名承惠，字景和，号湛溪，河南罗山人。

嘉庆元年(1796)中进士,善于治河,治河方略以蓄清敌黄、束水攻沙、种植柳树为主。官至江南河道总督、太子少保,卒加尚书衔,赠太子太保,谥襄勤,入祀贤良祠。

黎世序曾上奏皇帝:"千里长河,王营减坝及李家楼漫口堵合,云梯关外水深二三丈至四五丈,为近年所未有。而清江浦至云梯关一带,较之河底深通时尚高八九尺。此非人力所能猝办,计惟竭力收蓄湖水,以期畅出。敌黄蓄清之法,在堰、盱二堤。"此奏全面阐述自身治河理念,得到皇帝的批准。他在治河期间,为解决清江浦至云梯关河道的严重淤积,加强了高家堰和盱堰,移建洪泽湖大堤上的"仁、义、礼"三坝坝址,填塞旧坝,竭力收蓄洪泽湖之水,使清水畅出,以达蓄清刷黄之效。

嘉庆十八年(1813),因"仁、义、礼"三坝基坏。嘉庆十九年(1814),由于睢州决口久未堵合,使黄河之水全入洪泽湖,威胁湖区坝堰。黎世序力筹宣泄,请于蒋家坝附近山冈移建三坝,挑引河三道,做为分减之路。至霜降,通过以上做法使湖水畅泄、安澜。

嘉庆二十年(1815),徐州十八里屯两分水闸减水不足。他鉴于屯西南有虎山腰两山对峙,凹处宽二十余丈,山根石脚相连,建议把十八里屯山冈削平作为分洪的滚水坝,以虎山腰为重门控制,可期稳固。当年夏天,洪湖盛涨,黎世序拆展束清、御黄两坝,开启山盱滚坝,使清水畅出,汇黄东注。以上建议,均得朝廷嘉奖,被赐花翎。

黎世序治河,力举束水对坝,课种柳株,验土埽,稽垛牛,减漕规例价。累年以来,"滩柳密茂,土料如林,工修河畅"。南河过去河工岁修三百万两,他任事以来,每年必节省二、三十万两。为加强防御工程,他积极推广石工,虽然当时有人反对,他仍坚持进行,进一步巩固了河防。嘉庆二十二年(1817),因御黄坝刷深不能施工,束清坝掣溜太急,不能稳立。黎世序上奏请于旧二坝水浅处添筑重坝,又于束清坝外添建一坝。

黎世序生前主编有《续行水金鉴》一书：汇集康熙十六年(1677)至嘉庆二十五年(1820)的水利史料，全书共157卷。黎世序去世后葬于故里罗山县，道光帝为让后人缅怀这位治水功臣的业绩，在墓北500米处，赐建御碑亭，亭内矗立青石御碑，简述了黎世序的生平事迹。图7-17为《续行水金鉴》的封面。

图7-17　《续行水金鉴》封面

十、郭大昌

郭大昌(1741—1815),江苏省洪泽县高良涧人。郭大昌生于洪泽湖畔,从小目睹水患给家乡人民带来的深重灾难,便立下了治理洪水的志向,苦学不辍。乾隆二十二年(1757),年仅16岁的郭大昌因聪敏颖异进入江南河道总督衙门所辖的河库道任帖书,负责工程核算、物料收支,短短三年的时间,他的业务水平就超过了其师父。他一生"讷于言而拙于文",秉性刚直不阿,曾遭到河官排斥打击,一直得不到重用,以后被迫辞职。但他长期钻研河务,在长期治理水患的实践中,积累了丰富的治水经验,为黄淮地区的水利建设作出了重要贡献,被洪泽湖地区的老百姓亲切地称为"老坝工",后来被淮扬道聘为幕僚。

乾隆三十年(1765),黄河决口,淮泗地区"遍地泽国",百姓损失严重。危急关头,长期在治河工地上摸爬滚打的郭大昌,以其渊博的才学和丰富的经验为治理水患出谋划策,并在治河工程中巧妙地使用他独创的施工技术,大幅缩减了工期及预算,从此成为淮扬二府治水领域人人皆知的水利专家。

乾隆三十九年(1774),黄河在清江浦老坝口决堤,洪水泛滥成灾,淮安、扬州、高邮、宝应四地百姓不得已只能爬到屋顶避难。时任江南河道总督的吴嗣爵"匡惧无所措",只好请郭大昌来主持堵住决口事宜。吴嗣爵原计划拨款白银五十万两堵住决口,五十天完工。由于郭大昌对灾情了然于胸,又心系百姓安危,他向吴嗣爵保证,工期只要二十天,工款可减至十万两左右。施工期间,只需官方派两人维持工地秩序即可,物料钱粮由他负责支配。工程果然如期完工,并且仅花费白银十万二千余两,为国家节约了几十万两白银。

嘉庆元年(1796)二月,黄河又在丰县决口,主管堵口的官员计划堵口用银一百二十万两,江南河道总督兰第锡亦感要钱太多,想减少一半，于是找来郭大昌商议。郭说："堵口用银只需三十万两，其中十五万可作工料费用；下余十五万两分给河工官员，亦不算少。"他无情地揭露和抨击了河工贪污的要害。

郭大昌与学者包世臣很友好。曾与包全面调查过黄、淮、运形势及海口情况，包世臣提出不少治河见解，多被采纳。包世臣对郭大昌十分敬仰，他在所著《中衢一勺·郭君传》中说："河自生民以来，为患中国。神禹之后数千年而有潘氏（潘季驯）；潘氏后百年而得陈君（陈潢）；陈君后百年而得郭君。贤才之生，如是其难。"他将郭大昌与大禹、潘季驯、陈潢等治水先贤相提并论，可见其治水才能的卓越与百姓对他的感佩。

十一、张謇

图 7-18　张謇像

张謇（1853—1926），字季直，号啬庵，江苏南通人，清光绪二十年（1894）恩科状元，授翰林院修撰。是 20 世纪初期中国著名的实业家、教育家，也是一位思想家、政治活动家。

张謇（图 7-18）毕生关注江淮水患，在探求水患治理过程中，认识到测绘工作的重要性。光绪三十二年（1906）在《复淮浚河标本兼治议》中，他就提出治河测量是"一切之先"的要务。在南通师范学校设置测绘科，并延请日本教习，培养测绘人才。

光绪三十四年（1908），张謇创办南通测绘局，出任局长，私人聘请瑞典工程师测量南通沿江地形。宣统元年（1909），他当选为江苏省咨议局局长后，主持成立了江淮水利公司，设测量局于清江浦，亲自制定导淮测量规划，拟成《江淮水利公司最初第一节之办法》。

宣统三年(1911)，他将南通师范学校测绘科毕业生组成10个班，采用新法，在淮、沂、沭、泗河流域进行中国近代首次大规模水利测量，历时12年，完成各种图2 500多幅，图说1 000多份，表册25卷。

民国二年(1913)张謇任农商总长，兼任全国水利局总裁。

民国三年(1914)张謇在南京筹办河海工程专门学校(今河海大学)，开设测量课程，拟有《测绘养成所章程》，是全国第一所设有水利测绘的高等学校。

同年，张謇兼任导淮总裁时，曾偕同荷兰工程师贝龙猛查勘洪泽湖大堤、张福河等处。民国五年(1916)洪泽湖大水，张謇发表《江淮水利计划书》。民国八年(1919)，张謇又根据洪泽湖区地形测量资料，发表了《江淮水利施工计划书》，倡导淮水三分入海、七分入江之策。后因国内外形势干扰，张謇的“导淮计划”付之东流。

民国九年(1920)，张謇任江苏省运河工程局督办，附设淮扬徐海平面测量局，历时7年，测绘完成25县1∶10 000比例尺平剖面图。张謇是一位社会地位和声望很高的实业家、水利学者，著有《张季子九录》《张謇函稿》等。

第三节　治水技术

一、减(滚)水坝

天然减水坝(图7-19)，是利用地势较高的地段为堤防，让洪水从坝上自然漫溢。人工减水闸，闸底为石且低于岸，一般建在正河的堤防上，将洪水分泄入支河，闸规模不大，流量较小，早期用于引水灌溉，后期用于行洪。减水坝，坝底一般为三合土，坝底较低与岸相平，以泄“平槽之水”，泄水量较大。滚水坝，坝脊为石且高于岸，坝脊可

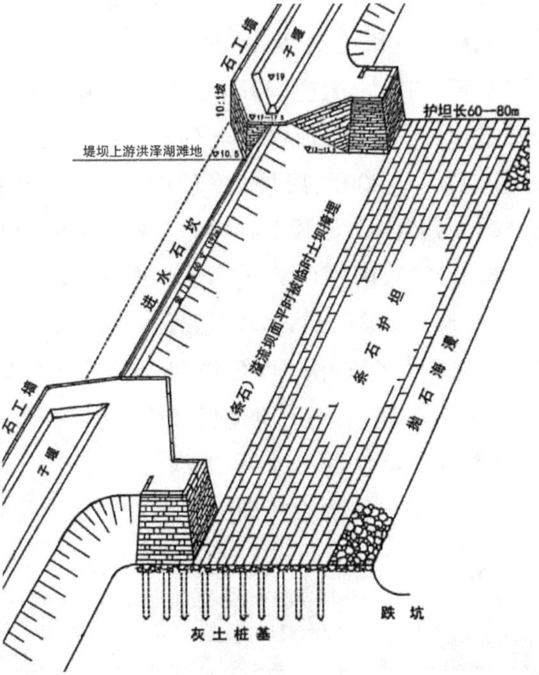

图 7-19　减水坝结构示意图

以过水、溢流，又称石滚坝，过水量较少，通常用来排泄“异涨之水”。历史上，洪泽湖大堤建有多少座减(滚)水闸坝，众说纷纭。通过查阅史料，现场勘查堤后冲塘、冲坑、遗迹、地形和河道等情况，结合洪泽湖大堤地质钻探资料进行分析研判。洪泽湖大堤地质钻探资料显示，湖底高程一般 10 米左右，我们将 10 米以下有埽工、乱石、淤土且宽度在40～100 米、深度在 5～12 米的缺口、凹槽等堤段进行梳理，并结合史料、现场状况初步判断减水闸坝的位置，排除掉一些决口、漫口等非减水坝位置。经分析判断，自明嘉靖初年(1522)至清道光十九年(1839)的 310 多年中，洪泽湖大堤上建有 26 座减水(滚)闸坝。其中：嘉靖、万历年间建造 4 座石闸，分别位于高良涧(34K＋

500)、周桥(45K＋500)、古沟(47K＋100)、武家墩(5K＋200);康熙年间建造 15 座减水坝和石滚坝,减水坝分别位于古沟东(46K＋150)、古沟西(47K＋300)、唐埂(53K 附近),古沟闸堵闭,其余三闸原址改建为减水坝(已计数),茆家北圩(48K＋200)、茆家南圩(49K＋300)、夏家桥(50K＋200)、唐埂北(52K＋300)、唐埂中(53K＋000,原址已计数)、唐埂南(53K＋490),三座石滚坝为北坝(49K＋950)、中坝(51K＋130)、南坝(53K＋860),还有蒋家闸(60K＋500)和老天然南坝(56K＋150)、天然南坝(55K＋870)、天然北坝(55K＋150);乾隆年间建造 2 座石滚坝,智坝(52K＋030)、信坝(55K＋550);嘉道年间建造 5 座,移建仁河坝(61K＋200)、义河坝(60K＋300)和礼河坝(64K＋450),移建信字滚坝(50K＋650),新建林家西滚坝(54K＋590)。图 7-20为洪泽湖大堤减水坝遗址位置图。

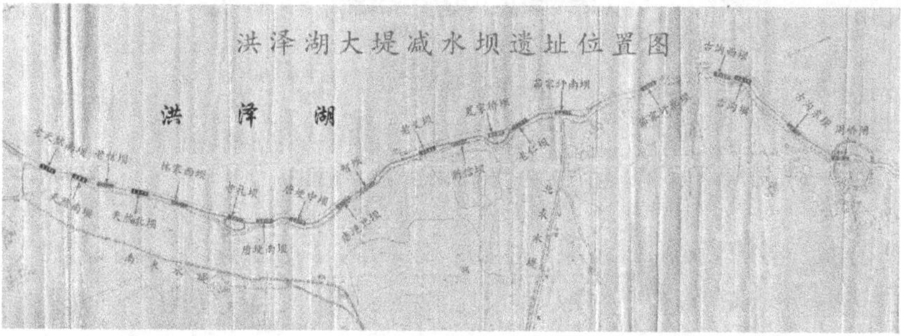

图 7-20　洪泽湖大堤减水坝遗址位置图

二、石工技术

2015 年初,洪泽湖大堤高良涧船闸段由于船闸扩容工程施工暴露了一段石工墙,淮安市博物馆借此契机对其进行了抢救性发掘,经发掘研究,洪泽湖大堤石工墙主要由石工、砖柜、心墙等部分砌筑而成。如图 7-21 所示。

图 7-21　石工墙、砖柜和木桩

石工。该段石工堤迎水面用条石砌筑石墙，完整石工共计 19 层，总高度 7.1 米。错缝平铺，收缝砌筑，上层比下层朝里收紧 2～4 厘米，使得石工墙表面形成一定的阶梯状坡度。条石间缝隙用糯米汁和石灰、砂浆混合的胶浆黏合，形成灰白色块状凝结物。顶面条石均为丁铺，自第二层起，部分相邻条石之间用蝴蝶形铸铁扣(亦称“铁锔”或“铁钩”，见图 7-22) 扣连加固，表面或有“钦工”二字。条石砌筑方法不一，一顺一丁、丁铺、顺铺、丁顺接合均有。石工墙所用条石有青石和玄武岩两种，可见并不是一次修成的。早期砌筑使用青石，后期修筑增补使用玄武岩。青石条石砌筑的不甚整齐，且表面多有残损裂隙，足见其使用时间较长，虽有破损但仍可持续使用。上部玄武岩条石明显石料新，残损少且砌筑较为整齐，应该是原青石石工墙被冲毁后修补而成的。发掘过程中在河道淤泥中也发现了青石条石，应为石工墙被冲毁后落入水中，废弃不用。条石迎水面均打磨修整得较为规整，且玄武岩条石做工更加精细，这也是为了减少湖水流动冲击的压力。石料尺寸长度不一，青石条石长度有 1.6 米、0.9 米、0.7 米等多样，宽度和高度基本统一，在 0.44 米左右；玄武岩条石长度有 2 米、1.7 米、1.2 米、0.7 米等多种，宽 0.2～0.4 米。实际砌筑过程中再按照需要进行局部切割，以便砌筑得严丝合缝。

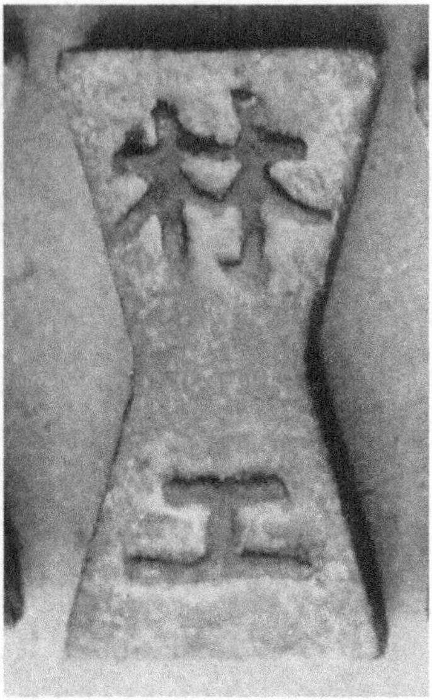

图 7-22　铁锔

砖柜。砖柜即砖衬、砖墙、砖工，砌筑在石工墙后面，用来挡土，也作为石工和土堤的连接，使石工更加稳固。砖柜上部为碎石，下部为整齐砌筑的砖柜。由河砖砌成，收缝砌筑，以丁砖立砌为主，穿插卧砌。砖缝间及整个砖面均用糯米石灰胶浆涂抹黏结。砖柜上部用碎石加塞到石工墙缝隙中而非用砖，推测上部的条石可能为后期加高，与下部砖柜并非同时筑成。条砖部分成色较新，亦有部分为多次使用，留有磨损痕迹。完整的河砖尺寸为 36 厘米×16 厘米×7 厘米和 40 厘米×17 厘米×10 厘米两种。加砖柜的主要目的在于缓和土石之间材料差别大的矛盾，土石性本难溶，而砖刚好介于两者之间，为两者过渡的最佳选择。

木桩基础。整个石工墙底部为木桩基础，即石工和砖柜同时砌筑，均建在木桩之上，而非两次成型。木桩基础总宽度 1.8 米，由马牙桩和梅花桩两组构成。迎水面为 4 排马牙桩，木桩大小略有不同，排列相当紧密。内侧为梅花桩，共 6 排，5 个梅花桩宽度为 1 米。木桩均为杉木，马牙桩木头比梅花桩木头直径大。马牙桩木头直径 18

厘米左右，梅花桩直径10～14厘米。木桩顶部锯平，形成统一平面以便砌墙，木料为杉木，长2米左右，杉木因其特性，深埋水中和土中都能数百年不烂。杉木桩基础在多处水利工程上都可以见到，应用广泛。石工墙迎水面底部有较多的碎石块，应是用来做石工墙的挡护，以缓冲水流对石工墙面造成的巨大冲击。

三合土心墙。对土质堤坝局部解剖后发现，石工墙并非沿着原始土堤边缘直接砌筑，而是在离原始土堤主体六七米远的河道内重新打桩筑墙。砖柜后的土堤即为整个石工墙所做的防护心墙，也作为原始土堤和石工墙的过渡连接。心墙中发现了夯土、碎石铺垫，并使用了三合土。三合土在我国古代建筑上广为使用，除在浆砌、减水坝坝面使用外，清代在石工墙后河砖与堤身之间都填三合土。该处砖柜后可见清晰的三合土4层，每层厚20～30厘米。三合土后接较硬的褐色黏土，有夯筑痕迹，每层厚约30厘米。明代宋应星《天工开物》记载："灰一分，入河沙、黄土二分，用糯粳米、羊桃藤汁和匀，轻筑坚固，永不隳坏，名曰三和土。"透过石墙进入土堤的湖水容易侵蚀土层，浸泡过的土堤容易松动，而三合土则比较坚固防水，夯土也较为致密牢固，对于保护土堤有很好的作用。

三、蓄清刷黄

"蓄清刷黄"是明末著名的治河专家潘季驯，在"束水攻沙"的基础上，又提出在会淮地段"蓄清刷黄"治理河道的主张。

潘季驯认为："清口乃黄淮交会之所，运道必经之处，稍有浅阻，便非利涉。但欲其通利，须令全淮之水尽由此出，则力能敌黄，不能沙垫。偶遇黄水先发，淮水尚微，河沙逆上，不免浅阻。然黄退淮行，深复如故，不为害也。"(《河防险要》)在这一思想指导下，根据"淮清河浊，淮弱河强"的特点，他一方面主张修归仁堤阻止黄水南入洪泽湖，筑清浦以东至柳浦湾堤防不使黄水南侵；另一方面又主张大筑高家堰，蓄全淮之水于洪泽湖内，抬高水位，使淮水全出清口，以敌黄河之强，不使黄水倒灌入湖。潘季驯以为采取这些措施后，“使黄、淮力全，涓滴悉趋于海，则力强且专，下流之积沙自去，海不浚而辟，河不挑而深，所谓固堤即以导河，导河即以浚海也。”图 7-23 为潘季驯著《河防一览》影印本片段。

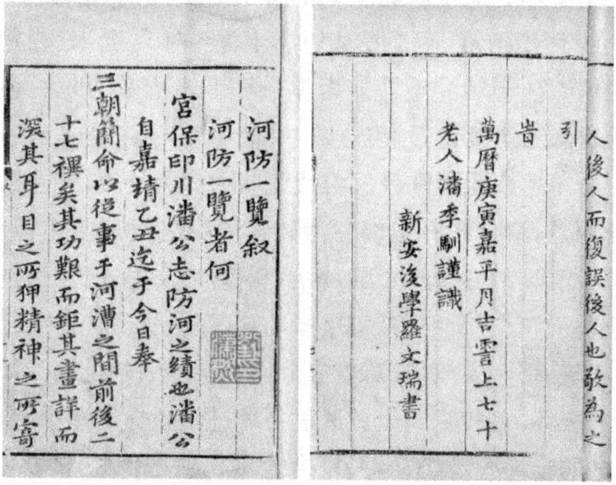
河防一覽叙
河防一覽者何
宮保印川潘公志防河之績也潘公
自嘉靖乙丑迄于今日奉
三朝簡命以從事于河漕之間前後二
十七禩矣其功艱而鉅其畫詳而
溪其耳目之所狎精神之所寄

人後人而復誤後人也敢為之
引
旹
萬曆庚寅嘉平月吉雲上七十
老人潘季馴謹識
新安後學羅文瑞書

图 7-23　潘季驯著《河防一览》

第四节　重要事件

一、黄河夺淮

黄河夺淮指的是黄河在 1194 年至 1855 年间以淮河的河道作出海口一事。

金代以前，黄河也曾有过数次向南决口，洪水侵夺淮河流域，自西汉以来，淮河流域多为黄河所侵，“多在泗（州）、凤（阳）以上”，“颍

(上)、亳(县)、怀远之间”,但黄河主流一直保持北流在今河北、山东一带入海(入海口多有迁徙)。

从金世宗大定末年开始,由于统治者女真贵族和中原的汉族地主阶级沆瀣一气,朝政渐趋腐败,金世宗死后,皇孙完颜璟(金章宗)即位,任用自己的经童管理政务。黄河乏人管理,金章宗拒绝水监丞田栎的正确建议,明昌五年(1194)黄河在阳武故堤决口,洪水吞没封丘县,一路南下侵夺了淮阳以下的淮河河道。自明中叶以来,“每淮水盛时,西风激浪,白波如山,淮扬数百里中,公私惶惶,莫敢安枕者,数百年矣”,破釜塘、白水塘、富陵湖、泥墩湖、万家湖等陂塘和小湖连接成洪泽湖。淮河长期不再有入海口,改在三江营汇入长江。

清朝咸丰五年(1855)黄河再度在河南铜瓦厢决口改道,此后黄河大致以山东济水(古代山东大清河乃济水,并非今天大清河)河道为入海口至今。在此前和此后,统治者也以扒开堤岸的方式迫使黄河改道,但都不称为黄河夺淮。

古代淮河水系,大体上是独流入海的淮河干流以及干流南北的许多支流。淮北支流主要是洪汝河、颍河、涡河和汴泗河、沂沭河等,其中支流水系变化最大的是泗水水系。古泗水源出蒙山,经曲阜、兖州、沛县至徐州东北角汇汴水;又在邳县的下邳汇沂水、沭水,在宿迁以南汇濉水。至今淮阴与淮河会流。古泗水的上游部分与现代的泗河相似,下游部分由于黄河夺淮,已被南四湖和中运河所代替。古泗水流域面积比今骆马湖以上沂沭泗水系面积要大,当时是淮河最大的支流。

淮河本来属于外流河,即淮河水最终将由陆地流入海洋,淮河原本也有自己的入海水道,是一条独流入海的河流。但由于淮河流域水系地貌的原因,历史上黄河中下游河道多次出现改道,特别是黄河的夺淮夺泗入海,淤塞了下游入海通道(即今废黄河),洪水排泄不畅,四处泛滥,侵占了淮河的入海河道,使得原本成形的淮河水系出现紊乱，从而导致自然灾害频繁发生，或涝或旱。淮河自此步入多事之秋。

挟带一万多亿吨泥沙的黄水，使鲁南的沂、沭、泗河不能入淮；苏北淮阴以下入海河道被夷为平地，逼淮从洪泽湖南决入江；无数支流和湖泊被淤浅或被荒废，整个淮河水系遭到彻底破坏。黄河使淮河环境变迁，成了世界河道史上罕见的变化激烈的河道。

1546 年后，人为地把黄河引入泗水南流，和淮河一起入海。由于黄强淮弱，淮河下游积沙渐高，形成地上河。淮河不再成为一条畅通的水道，而在淮河较低地方，即在淮泗汇口以上的洪泽湖区，首先积水成一湖泊，把宋代以前各小湖连起来，成为洪泽湖。图 7-24 为黄河下游河道图。

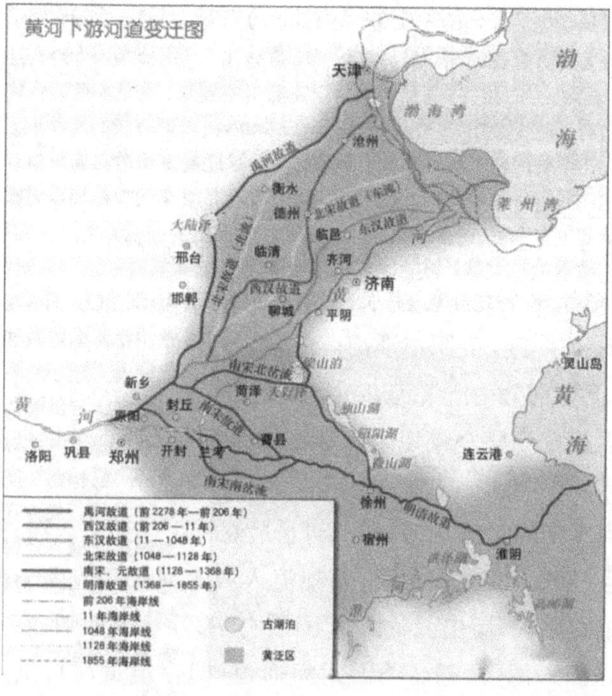

图 7-24　黄河下游河道图

二、礼坝决口

清咸丰元年(1851),洪泽湖礼坝冲决,淮水改道,主要由三河,经高宝湖、邵伯湖泄入长江。图 7-25 为礼坝位置图。

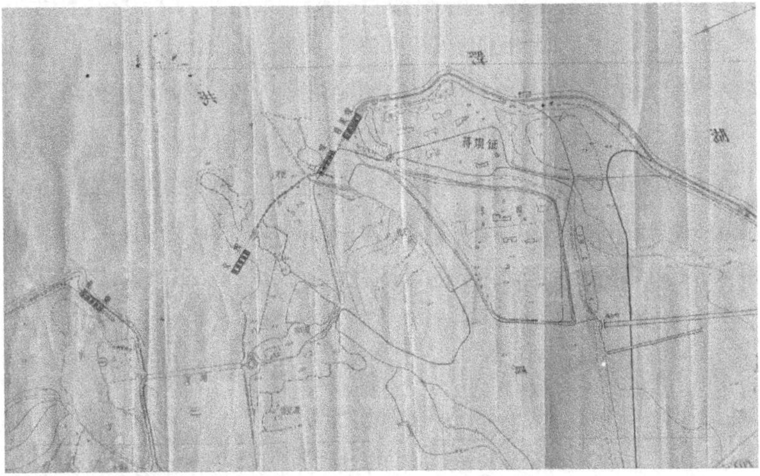

图 7-25 礼坝位置图

据记载自明建文二年(1400)至清光绪二十六年(1900)的 500 年间水旱灾害统计,发生水灾 350 年,其中明建文二年(1400)至清咸丰五年(1855)期间,淮河流域(包括沂沭泗水系)共发生大洪水和特大洪水灾害 45 年,江苏受灾就达 44 年,灾害最频繁。洪泽湖大堤从明万历三年(1575)至清咸丰五年(1855)期间就因洪水溃决 140 多次。里运河在大洪水时开启归海坝,洪水直泻里下河地区,加剧该地区的灾害。民国 27 年(1938)6 月,国民政府为阻止日寇西进,在河南省中牟县花园口炸开黄河南堤,黄水以 3.5 千米宽度向南漫流,再由涡河、颍河达淮河入洪泽湖,把 100 亿吨泥沙带到淮河流域,使豫东、皖北、苏北共 5 万多平方千米土地成为沙碱赤地的黄泛区,1 000 万亩土地被淹，390 万人外逃，死亡 89 万人，人为夺淮达 9 年之久。

三、黄河北徙

黄河在 1841 年、1842 年、1843 年、1851 年发生了 4 次大的溃决。就这 4 次黄河溃决的原因而言，除特大洪水外（1843 年洪水被认为是有历史记录以来的最大洪水），下游河道淤垫是最主要的原因。黄河在近代之初连续大范围的溃决，是一个危险的信号，那就是黄河已经到了改道的前夜。其实，自清代以来，让黄河改道北流的呼声就不绝于耳。魏源在 1842 年就建议用人工的方式，使黄河改道北流。理由是："由今之河，无变今之道，虽神禹不能为功。""使南河尚有一线之可治，十余岁之不决，尚可迁延日月。今则无岁不溃，无药可治，人力纵不改，河亦必自改之。"（《魏源集》）

清咸丰五年六月十九日（1855 年 8 月 1 日），黄河在河南兰阳（今兰考）北岸铜瓦厢决口。黄水先流向西北，后折转东北，夺山东大清河入渤海。铜瓦厢以东数百里的黄河河道自此断流，原本穿苏北汇入黄海的大河迅即化为遗迹。这是黄河距今最近的一次大改道。河决之后，黄水将口门刷宽达七八十丈，一夜之间，黄水北泻，豫、鲁、直三省的许多地区顿被殃及。而清政府采取"暂行缓堵"的放任态度，无疑更加剧了这场灾难的广度和深度。一时间黄水浩瀚奔腾，水面横宽数十里甚至数百里不等。由于铜瓦厢地处河南东部，改道之后黄水北徙，流向直隶和山东，因此河南主要受冲的灾区有兰仪、祥符、陈留、杞县等数县，"泛滥所至，一片汪洋。远近村落，半露树梢屋脊，即渐有涸出者，亦俱稀泥嫩滩，人马不能驻足"（《再续行水金鉴》）。直隶的开州（今河南濮阳）、长垣（今属河南）、东明（今属山东）等州县，也成了黄水泛滥的区域。

黄河在清朝咸丰五年（1855）以前的流经路线是：大体上经过现在河南的荥阳、郑州、原阳、延津、封丘、中牟、开封、兰考；山东的曹县、单县;安徽的砀山、萧县;江苏的丰县、沛县、徐州、邳县、睢宁、宿迁、泗阳、淮阴、涟水、阜宁、滨海等入黄海。黄河历次改道图见 7-26。

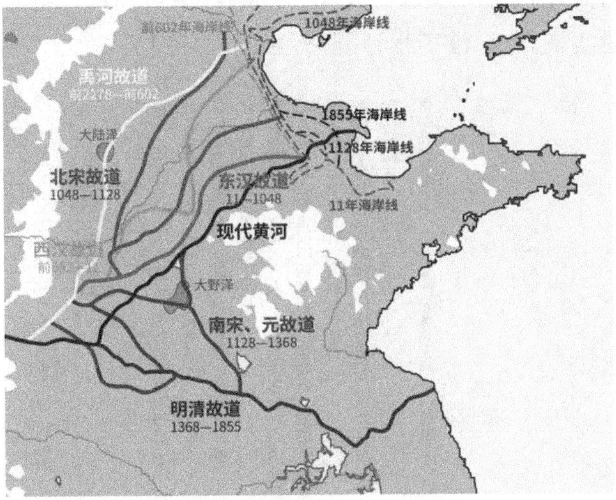

图 7-26 黄河历次改道图

清咸丰五年,黄河又在河南兰阳(今兰考县境)铜瓦厢决口改道,再次摆回到北面,行经今河道,北流入渤海。

四、导淮计划

“导淮”主张由江苏淮安士绅丁显于 1866 年提出。近代著名实业家张謇也曾对“导淮”进行深入研究,他指出,淮河灾害频发,根源在于“入海路断,入江路淤,水一大至,漫溢四出”。治本之策即导淮入海,畅通淮河入海通道,这样不仅可以减轻淮河水灾,也有助于减轻汛期长江的防洪压力。他不仅重视对导淮人才的培养,设立专门培养导淮人才的学校,还运用科学手段对淮河进行测量,并在此基础上提出《江淮水利局施工计划书》,在综合分析防洪、灌溉、航运的基础上,提出了淮水入江、入海的具体办法。从这一时期提出的各种方案来看，尽管在入海通道的选择、入海水量的分布等问题上有不同看法，但导淮入海、打通淮河入海通道，基本成为解决淮河洪涝灾害的共识。然而，由于各种原因，近代“导淮”呼声虽高涨，“导淮”却未能真正付诸实施。《导淮工程计划书》影印件见图 7-27。

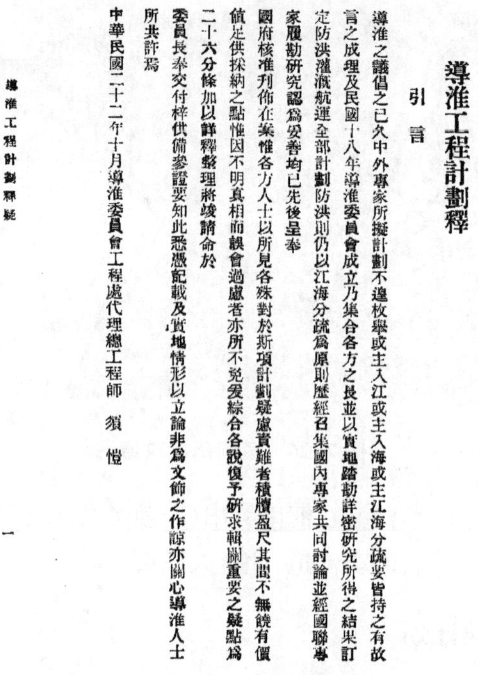

導淮工程計劃釋

引言

導淮之議倡之已久中外專家所擬計劃不遑枚舉或主入江或主入海或主江海分疏要皆持之有故言之成理及民國十八年導淮委員會成立乃集合各方之長並以實地踏勘詳密研究所得之結果訂定防洪灌溉航運全部計劃防洪則仍以江海分疏爲原則歷經召集國內專家共同討論並經國聯專家履勘研究認爲妥善均已先後呈奉國府核准刋佈在案惟各方人士以所見各殊對於斯項計劃疑慮責難者積牘盈尺其間不無饒有價値足供採納之點惟因不明真相而誤會過慮者亦所不免爰綜合各說復予研求輯關重要之疑點爲二十六分條加以詳釋整理將竣請命於委員長來交付梓以備參證要知此悉憑記載及實地情形以立論非爲文飾之作諒亦關心導淮人士所共許焉

中華民國二十二年十月導淮委員會工程處代理總工程師 須 愷

導淮工程計劃釋疑 一

图 7-27 《导淮工程计划书》

五、政务院《关于治理淮河的决定》

1950 年夏天，淮河出现了十年一遇的洪水，两岸 4 000 多万亩农田被淹，倒塌房屋 89 万间，1 300 万灾民流离失所。同年 10 月 14 日，在周恩来总理亲自部署下，政务院作出《关于治理淮河的决定》，确定了“蓄泄兼筹”的治淮方针：

今年淮河流域，因洪水特大，造成严重水灾，豫皖境内受灾面积，约略估计达四千余万亩，灾民一千三百万人。遵照毛主席根治淮河的指示，由水利部召集华东区与中南区水利部，淮河水利工程总局，及河南、皖北、苏北三省区负责干部，分析水情，反复研讨，拟定治理淮河方针及一九五一年应办的工程，经向本院汇报后，决定如下：

（一）关于治理淮河的方针，应蓄泄兼筹，以达根治之目的。上游应筹建水库，普遍推行水土保持，以拦蓄洪水发展水利为长远目标，目前则应一方面尽量利用山谷及洼地拦蓄洪水，一方面在照顾中下游的原则下，进行适当的防洪与疏浚。中游蓄泄并重，按照最大洪水来量，一方面利用湖泊洼地，拦蓄干支洪水，一方面整理河槽，承泄拦蓄以外的全部洪水。下游开辟入海水道，以利宣泄，同时巩固运河堤防，以策安全。洪泽湖仍作为中下游调节水量之用。淮河流域，内涝成灾，亦至严重，应同时注意防止，并列为今冬明春施工重点之一，首先保障明年的麦收。……（三）为确保豫皖苏三省的安全，上述各项工程的设计施工，与先后缓急，均须作到互相配合，互相照顾。因此上中游蓄洪工程，应就技术与准备的可能，尽速举办，并争取增加蓄洪容量。下游入海水道，应早日完成选线设计，并根据长远利益，研究确定入江入海流量之分配，以避免临时性工程中发生不必要的浪费。关于干支各河洪水流量之估计，亦应继续搜集资料，进行更为精确的推算，以求各项工程的经济与安全。（四）为加强统一领导，贯彻治淮方针，应加强治淮机构，以现有淮河水利工程总局为基础，成立治淮委员会，由华东、中南两军政委员会及有关省、区人民政府指派代表参加，统一领导治淮工作，主任、副主任及委员人选由政务院任命，下分设河南、皖北、苏北三省（区）治淮指挥部。另设上、中、下游三工程局，分别参加各指挥部为其组成部分。（五）关于工程经费，目前暂时不作决定，应由治淮委员会会同各地区，尽速根据实际情况，补充勘测，负责提出切实可靠之工程计划与财务计划，并由地方行政机关及水利机关负责人共同签字，经中央人民政府水利部转请政务院财政经济委员会核定。土方单价尤须作合理规定，以求提高效率，避免浪费。(六)全部治淮计划与工程的实施，皆以根治淮河水灾为目的，今冬明春的工程，应在保证工程标准与完成工程任务的条件下，以工代赈，与救灾工作相结合。凡属重要的，上、下游密切相关的，或技术性较高的工程，均须依照前项规定，经过查勘设计于批准后再行动工。至于局部性的工程，在根治计划范围以内者，可以责成治淮委员会及各地区人民政府商定后先行施工。为配合当前以工代赈需要，并可先拨一部粮款。

六、毛主席“一定要把淮河修好”题词

中华人民共和国成立后，党和国家对淮河治理高度重视，开始实现由“导淮”向“治淮”的转变。1950 年，毛泽东主席作了根治淮河的四次批示，他在 1950 年 7 月 20 日指出：“除目前防救外，须考虑根治办法，现在开始准备，秋起即组织大规模导淮工程，期以一年完成导淮，免去明年水患。”9 月，又在批示中强调：“现已九月底，治淮开工期不宜久拖，请督促早日勘测，早日作好计划，早日开工。”三个“早日”充分体现了毛主席对淮河两岸人民安危的牵挂。

1950 年中央人民政府政务院《关于治理淮河的决定》，明确了治理淮河的方针：“蓄泄兼筹，以达根治之目的。”具体措施是：上游修建水库，普遍推行水土保持，以拦蓄洪水发展水利为长远目标；中游蓄、泄兼顾，按照最大洪水来量，一方面利用湖泊洼地，拦蓄干支洪水，一方面整理河槽，承泄拦蓄以外的全部洪水；下游开辟入海水道，以利宣泄，同时巩固运河堤防，以策安全。洪泽湖仍作为中下游调节水量之用，鉴于洪泽湖内涝严重，该决定还强调：“应同时注意防止，并列为今冬明春施工重点之一。”从内容来看，《关于治理淮河的决定》突出对淮河进行全面系统的综合治理，主要包括以下几方面：一是成立

高规格的治淮委员会，统一领导治淮工作，主任、副主任、委员人选由政务院任命，分设河南、皖北、苏北三省（区）治淮指挥部。另设上、中、下游三工程局，分别参加各指挥部为其组成部分。二是将淮河作为一个整体，一体谋划，上、中、下游同时推进。工程实施方面分轻重缓急，有序推进，相互配合。三是开辟入海通道，提高防洪能力，同时重视建设湖泊洼地的蓄洪工程。此后，统一规划、蓄泄兼顾、综合治理一直成为治理淮河的指导思想。

1951 年 5 月 15 日，《人民日报》发表毛泽东主席的题词："一定要把淮河修好。"这坚定地表明了新中国的决心，对如火如荼的治淮"战场"也是极大的鼓励。事实证明，只有新中国，才有可能彻底根治淮河水患，实现淮河的安澜。1981 年《国务院治淮会议纪要》以蓄泄兼顾的治淮方针为原则，制定了治淮十年规划。

第八章 名胜古迹

第一节 泗州城

泗州是一座因航运而兴盛的港口城市，位于今江苏省淮安市盱眙县境内。泗州在夏商周时期为徐国所在地，北周始有泗州之称。官衙最初设在宿豫县（今江苏省宿迁市）境内，隋朝开挖通济渠（唐宋称汴渠）至盱眙县北入淮河。为了加强对汴渠的漕运管理，唐朝开元二十三年(735)，泗州官衙从宿豫县迁徙至临淮县，与临淮县同城而治。宋朝时期，临淮县移至徐城驿（今泗洪临淮镇）办公，泗州城成为地跨汴河两岸的大城市。

泗州城扼淮河要津，位于淮河与汴渠的交汇处，是南北方交通要道，在隋唐时代由于发达的水上运输业而逐渐兴旺。唐宋以后，泗州城成为历代州郡所在地，管理的属县随时代变动而有三到五个不等。明洪武年间在泗州城北 13 里处修建祖陵，每年进行的各类“祭祀”活动增加了泗州的繁荣程度。由于泗州城四周环水，风景甚美，逐渐成为商贾巨户往返的繁荣城市和文人雅士吟风咏月之佳地，成为洪泽湖地区的政治经济中心。如图 8-1 所示。

唐朝时期，为了满足发展需求，以汴河为界，在老城的对岸又建设了一座新城，新城的发展速度更快，其规模逐渐超过老城区。明代，新旧两城之间的城墙拆除，使两城合二为一。为了防御水害，对泗州城进行改造升级，将唐、宋时建筑的土城拆去，改成砖石结构。

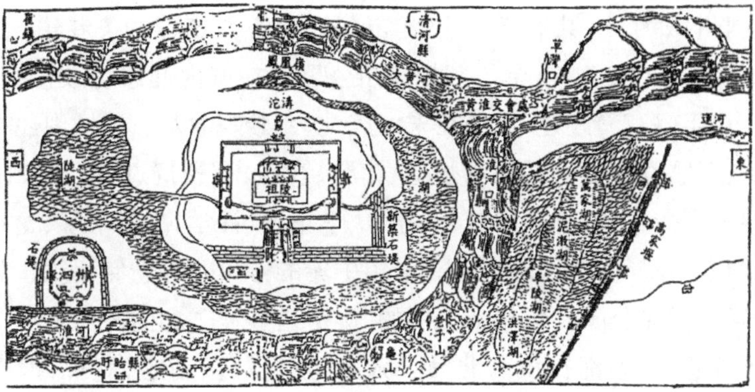

图 8-1　明代泗州、祖陵形势图(来源于潘季驯《河防一览》)

据《中都志》记载,修缮后的城墙“周围九里三十步,高二丈五尺”。

据《泗州志》记载,泗州城共有 5 个城门,分别为东西南北门和香花门,香花门位于南门和西门的中间,唐朝中宗景龙年间,为了迎接高僧僧伽的真身回归泗州城,创建此门,以香花迎入,故名,并在城内修建了全国五大名刹之一的“僧伽塔”。每个城门外都有扇形的瓮城,因此形状酷似少了一只腿的乌龟。为了防洪水侵扰,每座城门都建月城,城外大水,先堵月门,行人从月城堤上出入。城上建城铺 45 座,每 200 户看守一座,还建防敌炮台 6 座。

城内有内城河,城外有外城河(即护城壕)环城。每座城门下都建有水关,香花门与北门水关相对应,宋代有漕船、舟楫出入,到明代后期,水关先后淤废。壕外有防洪堤,原是宋时筑的土堤,明万历四至五年(1576—1577),巡按御史邵陛修筑石堤,在香花门外建水闸一座,以泄城内之水。民众感其德,建碑曰“邵公堤”。此堤于明万历九年(1581)重修,明万历十六年(1588)潘季驯又加高石工二尺,同时将石工后面的沙土换成黏土。

当年泗州街景整齐，商贸发达，根据《帝年纪略》和《泗州志》记载，泗州城内外，共有 5 个集贸市场，15 条大街，34 条巷道，住户 9 000余，人口 36 000 余。泗州知州公署原在城内迎恩坊鼓楼后，明洪武八年(1375)改建，地址在宋大庆观、元妙观故基。在城内还有都察院、巡监察院、理刑厅、泗州卫、馆驿、仓廒、课税局、阴阳学及邮传总铺等官衙单位；有儒学署、训导署、学正署、社学、决科书院、龙泉书院、泗水书院等文教建筑；还有漕粮中转的常丰仓等仓储建筑。北宋时，建有城北公园。泗州十景中的“湿翠堂春霁”“澜阁涛撼钟声”“一字河流环带”等都在城东北面。城内还有古迹、庙宇、庵观、碑亭多处。如图 8-2 所示。

据清康熙二十七年《泗州志》复制

图 8-2　泗州城图(来源于《盱眙县志》)

清康熙十九年(1680)洪泽湖再次大水,泗州城被淹没,自官衙迁至临淮办公共存在946年。据史料分析,泗州城被淹没主要原因有三个方面:一是城址地势低洼;二是黄河夺淮后的频繁水灾;三是明清两代推行“蓄清刷黄”“济运保漕”政策所致。泗州城属于洪泽凹陷区西南部,根据20世纪70年代中期所得到的钻探资料推算,泗州城址地面高程原来只有6.7米(今已淤至12.5米),城外洪水常常高于地面数米。泗州城在946年的历史中,多次遭受洪水灾害,在黄河夺淮后尤甚。据淮河水利委员会统计,从明万历六年(1578)至康熙十九年(1680)102年间,泗州城遭水灾淹城事件达29次,平均3.5年就发生一次淹城事件。

在高家堰(今洪泽湖大堤)建成后,淮河水位高涨,泗州城受害更为严重。清康熙十五年(1676),名臣靳辅治水,蓄清刷黄济运保漕方针得到进一步贯彻和实施。由于淮河水位高,泗州城地势低,城墙久浸于水,防洪能力很低。据《泗州志》载:“康熙十八年冬十月大水,水势汹涌,州城东北面石堤溃,决口七十余丈,城外居民抱木而浮,城内堙门筑塞,至日暮,城西北隅忽崩数十丈,外水灌注如建瓴,人民多溺死,内外一片汪洋。”十九年(1680)夏又出现大水,水位高出堤顶数尺,泗州城湮没湖底。

水漫泗州城以后,泗州官民仍计划待洪水退去后重返故土,而康熙二十年(1681)至二十四年(1685)均有大水,其中二十四年大水,堤上水深数尺,鱼游城关,官民架木以栖,绝烟数日,一片悲惨景象。到康熙二十五年(1686)六月,大水再次来袭,泗州城彻底不见踪影。泗州城被水淹没后,州署暂时设在盱眙办公,共在盱眙办公97年,清乾隆四十二年(1777),州衙迁到虹县,州县合一为泗虹。

古泗州城由于其近千年辉煌而又沉重的历史,在沉没湖底300多年来一直存在着一层层神秘的色彩,同时又因传世文献的诸多记载引起了诸多中外专家、学者的探讨追寻。2004年,在江苏省文物局的支持下，南京大学历史系、南京大学文化与自然遗产研究所和盱眙县文化局开展了古泗州城遗址的调查勘探工作。

勘探成果发表在《中国文物报》上，此次勘探发现：古泗州城内城垣平面布局大致呈椭圆形，呈东北—西南走向，其中东北一端稍宽大。城址平面东西长约 1 900 米，南北宽约 1 000 米。墙体宽约10～15 米（城门处除外），现残存高约 4 米（1680 年洪水淹没前的地面之上高度）。墙体横断面形状呈底宽顶窄的梯形，墙体采用内、外砌砖石包墙并中部填土的建筑方式。部分地段的城垣打破或利用了宋时期的夯土城墙，砖、石之间采用石灰与糯米汁掺拌作为黏接材料。此次勘探，终于揭开了水下泗州城沉睡三百载的神秘面纱。

第二节　明祖陵

明祖陵，位于江苏省淮安市盱眙县，距盱眙县城 20 千米左右，为国家 4A 级旅游景区。1982 年被列为省级重点文物保护单位，1996 年被列为全国重点文物保护单位。是明朝开国皇帝朱元璋的高祖朱百六、曾祖朱四九、祖父朱初一三代的陵墓。其中，朱初一夫妇实际埋葬在此处，而朱四九、朱百六则是衣冠冢。

朱元璋一统天下建立明朝后，于洪武十八年（1385）命皇太子朱标，带领文武群臣和工匠，到泗州城北杨家墩修建祖陵，追封并重葬其祖父朱初一、曾祖朱四九和高祖朱百六三代帝后，次年在陵前建享殿，永乐十一年（1413）朱棣又建棂星门及围墙，用了 28 年时间才完全建成祖陵。营建时间之长、体制之宏伟，在诸代明陵中名列前茅，号称“明代第一陵”。

明祖陵基本仿唐宋帝陵的规制，但废止了唐宋诸陵的上下宫制，显得更加紧凑。据史料记载，陵园总平面呈长方形，筑有城墙三重：外为土城，周长九里三十步；中为砖城，周长四里十步；内为皇城，建有正殿、县服殿、神厨、斋房、库房、宰牲亭、玉带桥等。祖陵原有殿庶、金门、玉桥、厨库、井亭、宰牲所、拜斋、宿直房、铺舍、碑亭、仪从等，栽植柏树 7 万余株。

陵前神道两侧，共有 21 对石像生，建造于洪武中后期，自北向南排列在 850 米长的中轴线上。石刻体形硕大、雕琢精细，石人身高三四米，不仅耳、眼、鼻、口，甚至连双眼皮都雕刻得十分逼真，神情各异，展现了明初最高的石刻技术，具有极高的历史和艺术价值。计有麒麟 2 对、石狮 6 对、神道石柱 2 对、马官 2 对、石马 1 对、拉马侍卫 1 对、文臣 2 对、武将 2 对、内侍 2 对。这些石刻规模宏伟，技艺高超，线条流畅，整体风格既不同于凤阳皇陵，也不同于孝陵和十三陵，倒与宋陵石刻的风貌相近。这些石雕被淹没在洪水中 300 年，出水后比较清晰，有几幅马鞍如初刻一般，不像其他明代帝陵石刻受风雨侵蚀较重，因此更显珍贵。

石像生以北 4 米处为棂星门，再 40 米为享殿遗址，不规则地排列着 28 个石柱础。由于受洪水冲击，有的位置已经变动，大致可以看出原来面阔与进深均约为五间，面阔约 33 米，进深约 18 米。柱础为古镜式，与一般明代观式建筑相同。在享殿遗址的东南和西北两隅，各有方形短石柱一根。地面上还遗有黄色琉璃瓦。东南 27 米处发现柱础石一排，可能是配殿等建筑遗址。

明祖陵建成以后，每年清明时节，朱元璋都要亲自带御林军从南京出发，浩浩荡荡，前往祭祖。但因所处地势原因，建成后数次遭到洪水淹浸，嘉靖二十一年(1542)后，在陵东不断增修堤防。至清康熙十九年(1680)，水漫泗州城，祖陵同时沉没。

1962—1963 年间，江苏省文物工作队在明陵村东南 2 千米偶然发现石像，经考证认定为明祖陵石像生。1966 年，洪泽湖水位枯竭，祖陵正殿、神路相继露出，但木制建筑已荡然无存，仅剩外城城墙以及后来发掘修复的石像。此后数年间，当地政府匡圩筑堤保护，筑堤约 3 000 米，把陵墓从湖水中隔出，并两次组织修复石刻雕群，恢复到原来栩栩如生的面貌，沉没湖中 300 余载的文物瑰宝重见天日，成为一处游览胜地。图 8-3 为明祖陵航拍图。

图 8-3　明祖陵航拍图

现在的明祖陵，不仅是游览景点，而且是研究洪泽湖历史文化的重要依据。明祖陵的发现，为研究明代早期皇陵建筑的风格等方面，提供了珍贵的实物资料。

第三节　第一山

第一山指江苏盱眙第一山国家森林公园，位于江苏省淮安市盱眙县城区北部，是盱眙的名片。第一山之称始于北宋后期，得名于米芾所题“第一山”石刻，是国家 4A 级旅游景区。1996 年，获批国家级森林公园。1998 年，获批省级风景名胜区。第一山包括清风山、瑞岩、秀岩、上龟山、斗笠山等十余座山，最高的或家山海拔 143.0 米，最低的上龟山海拔 7.5 米。秀岩和瑞岩是第一山的核心，米芾指所题“第一山”石碑，即立于此，故人们往往把秀岩、瑞岩单称为第一山。

第一山古称都梁山，因在淮水之南，宋时称南山。都梁山出都梁香草，在古代和郁金、苏合并列为三大名香。隋炀帝南游时，于山上建都梁宫。今瑞岩东尚存宋人石刻，虽磨灭犹可认出“此地都梁宫废”等字样。

米芾字元章，北宋末年著名书画家，和苏轼、黄庭坚、蔡襄并称宋“四大家”。北宋哲宗绍圣四年(1097)，米芾赴任涟水知军，由国都汴京(今开封)经汴水南下就任，一路平川。入淮时忽见奇秀的南山，诗兴勃发：“京洛风尘千里还，船头出汴翠屏间。莫论衡霍撞星斗，且是东南第一山。”大书“第一山”三个大字，从此南山易名“第一山”。

第一山在隋唐时期，就成了达官显贵、文人骚客流连之地，韦应物、常建、李绅等都曾在此留下诗篇。到了北宋，由于第一山处于京师“东南第一”的地理位置，更是游人如织，王安石、蒋之奇、刘晦叔、欧阳管、张舜民、张文潜和苏、黄、米、蔡“四大家”等皆在第一山留下诗作或石刻题名。南宋年间，由于宋、金以淮河为界，淮北泗州城长期为金人占领，登临第一山更多了若干感慨。据统计，以杨万里、陆游为代表的40多人在此留下题名石刻及诗作。到了明代，盱眙是朱元璋的“帝里”，第一山更是游人必到之地，声名日盛。到了清初，由于泗州陆沉，这一带地方增加了若干神奇，到第一山游览的人更是络绎不绝。

民国年间，由于战火频仍，特别是日军占领盱眙时大肆劫掠破坏，第一山景观毁圮殆尽。新中国初始，稍得恢复。党的十一届三中全会后，由于人民生活水平的提高和保护文物、发展旅游业的需要，第一山景观逐步恢复，建成第一山公园，包括秀岩、瑞岩、西域寺等三大景区。

第一山景色秀美，以一山占河山之奇秀，有林、泉、亭、宇之玲珑，融儒、佛、道于一体。不光如此，它还是一座历史文化名山，早在汉朝，孔子的后裔孔安国为临淮太守时，就在此创立了“崇圣书院”，历朝历代文人墨客都极为推崇。

公园内现存建筑包括：大成殿、淮山堂、翠屏堂、春昼亭、玻璃泉亭、明伦堂、摩崖石刻保护廊等。公园对面是风景迷人的沿淮风光带，明代吴承恩在《西游记》中认为第一山可与蓬莱仙境相媲美。

古盱眙十景，第一山国家森林公园就占了六景。第一山的代表作便是米芾题刻的“第一山”碑，具有极高的历史价值与艺术价值。“第一山”三个大字雄健俊逸，有一夫当关万夫莫开之势，如同巨人俯瞰四野，雄视千秋，如图 8-4 所示。

图 8-4　第一山石刻

孔庙是供奉我国著名的思想家、教育家孔子的庙宇，又称文庙（文宣王庙）。始建于南宋绍兴十三年（1143），位于慈氏山麓，明万历年间，重建于第一山麓。800 多年来，屡废屡建。孔庙大成殿重建于 2001 年。殿外重檐九脊，黄瓦飞甍，殿内斗拱交错，金碧辉煌。门头海蓝色横匾上“大成殿”三字为康熙御书。孟子以“金声玉振”赞誉孔子:奏乐从击钟(金声)开始,到击磬(玉振)结束。金声玉振是奏乐的全过程,比喻孔子集古圣先贤之大成,所以这座宫殿式建筑称为大成殿。

大殿中心为孔子塑像,两侧为四配的牌位,东侧为复圣颜回、述圣孔伋,西为宗圣曾参、亚圣孟轲,后面供奉着十二哲,即孔子的十一弟子和朱熹。祭孔时,四配与十二哲配祭孔子。明伦堂左右两斋,一为进德,二为修业,这古老的学宫是孔庙建筑群的一部分,曾是泗州试院。

东坡草亭。苏轼,字子瞻,四川眉山人,嘉祐进士,先后任杭、密、徐、湖四州知州。元封七年(1084),被贬黄州5年后,调任汝州团练副使。他从黄州沿江东下,千里跋涉,年底达泗州。途中举家重病,幼子去世,资用花尽,二十余口,不知所归,虽汝州尚远,却不愿求人。其间因淮水结冰,苏轼滞留盱眙多日,曾多次登临第一山,在盱眙留下了20多首脍炙人口的诗词。如《淮上早发》:“此生定向江湖老,默数淮中十往来。”

第四节　龟　山

龟山在洪泽区老子山镇南约8.5千米处,因山形如龟,因此称为龟山。为历代用兵之地,古称龟山镇,为秦汉以来历史名镇,留有夏禹治水之遗迹,清末仍有寺庙12座和建筑宏伟的洪泽都司署。分布于龟山村西南侧的龟山遗址,为江苏省第六批省级文物保护单位。图8-5为龟山钟亭。

龟山是淮河、洪泽湖地区佛教文化最早发祥之地,也是许多传奇故事的发生地。唐代小说家李公佐所撰《古岳渎经》中的水怪巫支祁的故事,就是取源于龟山民间传说,中国古典地方名戏《打渔杀家》亦是取材于此。它同时还是中国古典名著《水浒传》的奠基人宋末元初

图 8-5　龟山钟亭

大画家龚开出生地，龚开所撰《宋江三十六人赞》比施耐庵《水浒传》成书至少要早 60 年。宋代文豪苏轼曾为龟山作诗，名为《龟山》，全诗为："我生飘荡去何求？再过龟山岁五周。身行万里半天下，僧卧一庵初白头。地隔中原劳北望，潮连淮海欲东流。元嘉旧事无人记，故垒摧颓今在不？"

龟山是古战场，自西向东分别有臧质城、汉王城、霸王城遗址。宋金战争时期，这里是宋金对峙前哨，岳飞、韩世忠都曾多次驶马淮畔，在龟山共商抗金大计。其北侧灰沟是梁红玉屯兵击鼓之地，宋将李全也曾在此屯兵十万，金兀术也曾兵犯至此，欲焚龟山寺。

龟山在唐宋时期非常繁华，为淮水入运枢纽，漕运发达，商贾云集，曾有人口 10 万，山上有淮渎庙，东侧有龟山寺，香客游人川流不息。宋代文化名人王安石、苏轼、苏辙、欧阳修、秦观、米芾、贺铸、张耒、杨万里等都曾游历过龟山，并留有赞美诗篇，龟山濒淮悬崖勒石“龟山”二字也系米芾所题。

龟山自北宋朝廷南迁后，漕运停滞，运河淤塞而急骤衰落。龟山寺被洪水湮没，淮渎庙亦庙毁僧散。明清时期，龟山虽有复苏，但也永远失去往日辉煌。龟山名胜古迹遍布，仅据志载即有 20 多处，其中巫支祁井（亦称水母井、地宫）、《移建安淮寺碑记》碑、《圣旨碑》、《重修淮渎庙碑记》碑、御码头等古迹尚存。

巫支祁井，在龟山西南隅绝壁下。相传大禹治水，三至桐柏，捕获淮涡水神巫支祁，并将其锁于龟山之足，淮水始安。明万历年间，井口被铁柱封锁，游人经常透过小孔往下看，后来被人用大石头封闭。清朝乾隆年间，河督李某命力士多人探寻井中秘密，遇狂风大作，遂停止。支祁井里的铁柱，长期以来被地方百姓奉为神物，不敢动一下。抗日战争时期，新四军兵工厂造武器缺少钢铁，遂将铁链取走，昔日锁水怪的工具，化成刺杀日本侵略者的利刃。1998 年，考古人员对支祁井进行发掘，发现其实是宋龟山寺地宫。

淮渎庙位于龟山南麓，始建于唐代。清道光中期，有人于淮渎庙下得唐显庆年号巨砖数块，每块重 30 多斤。宋张舜民《郴行录》亦记云：“龟山寺后有支祁井，稍南有长源公祠，祠下临水色绀碧，出没春激可爱。”长源公祠为淮神祠，乃宋代所加封。明嘉靖年间，侍御史徐子锦、巡抚唐龙及府州县官各捐金重修，经 40 日而工成。清道光十七年，河督麟庆重修淮渎庙，并附祀僧伽大圣，清道光皇帝书写匾额曰“星渎昭灵”。淮渎庙石刻计有明唐龙《重修淮渎庙碑记》、清人书“淮渎”二大字、麟庆《湖山纪胜诗碑》、《重修淮渎庙附祀僧伽大圣碑记》、张应云诗碑等。今仅存残碑一座，仍立原处。

龟山古村自然风貌优美，丛林掩映，“石景”错落有致，许多遗迹得以保存，不似城市繁华喧闹，有一份遗失许久的静谧与温婉，仿佛一颗遗落人间的明珠，吸引着众多的游客。走近龟山可见松柏叠翠，农家炊烟袅袅、鸟语鸡鸣，一幅蕴藏厚重、生态幽静、淳朴归真的画面展现在眼前。2014 年，龟山村被国家传统村落保护和发展专家委员会评审认定为中国传统村落，是淮安市唯一，也是洪泽湖流域唯一的一个中国传统村落。

第五节 韩侯故里

韩侯故里（图 8-6）位于淮阴区马头镇，西临高家堰、张福河，南襟古运口、五坝遗址，东傍里运河、三闸遗址，北依淮阴故城遗址和甘罗城遗址。据清朝咸丰《清河县志》记载：韩信，淮阴人，汉淮阴侯。韩信是我国古代伟大的军事家、战略家、统帅，在楚汉相争的历史大决战中，叱咤风云、纵横捭阖，谱就了辉煌的历史篇章，在战争胜利后，被刘邦封为淮阴侯。韩信不仅为开创两汉 400 多年基业建树了丰功伟绩，也为我国由秦末纷乱走向重新统一和发展做出了巨大的

图 8-6 韩侯故里

贡献。千百年来关于韩信的历史遗迹和纪念性建筑很多，而且是屡废屡建。改革开放以来，关于韩信的历史文化胜迹全面恢复，韩信故里景区，包括淮阴侯庙、韩信钓鱼台、胯下桥、漂母岸、千金亭等，2003年竣工对外开放，现为国家3A级旅游景区。

韩侯故里入口处为6 400平方米的广场，广场上有两座汉阙，大门上方横额“韩侯故里”四个镏金大字，为陈立夫先生99岁时题写。园内诸景点按秦汉建筑风格在古迹原址上修复，各景点围绕韩信湖和胭脂塘小河分布，高下参差，在竹树掩映、曲径通幽中，显得错落有致。景区占地10万平方米，其中，水面近4万平方米。

相传汉惠帝在四年（前191）大赦天下，即令射阳侯刘缠（即项伯）为韩信建祠，后代有废兴。宋朝黄庭坚诗云：“予尝贳酒淮阴市，韩信庙前木十围。”为宋代韩信纪念场所的真实记载，宋代淮阴侯庙大约圮废于宋末元初。当今淮阴侯庙重建于2002年5月，位于韩信湖南岸，北对湖水，寓意韩信背水列阵，用兵出神入化。其建筑为典型的汉代风格，由山门、庭院、回廊和大殿组成。山门面阔8.8米，进深5.6米，门楣横书“淮阴侯庙”四个大字，为谢冰岩老先生所书。两侧抱柱楹联：“仗剑辞淮市，桑梓留鸿，巨仁大义钦神鬼；登坛将汉兵，中原逐鹿，伟略奇谋烁古今。”庭院两侧是与主体建筑连为一体的回廊，廊内墙壁上镶嵌28块石刻画，画面选取韩信一生28个生活片段，每一块石刻画都是一个故事，生动而逼真。

韩侯故里具有重要的历史、文化和科学研究价值。1987年，韩信故里遗址被原淮阴市人民政府公布为淮阴市文物保护单位。

第六节　漂母墓

漂母墓，位于今江苏省淮安市淮阴区马头镇东约三华里处太山村漂母祠内，俗称泰（太）山墩。1987年9月，被淮阴市人民政府公布为第一批文物保护单位；2002 年 10 月 22 日，被江苏省人民政府公布为第五批江苏省文物保护单位。

兴汉三杰之一的韩信，出生在淮阴区马头镇，自幼父母双亡，家境十分贫寒。太史公《史记·淮阴侯列传》："信钓于城下，诸母漂，有一母见信饥，饭信，竟漂数十日。信喜，谓漂母曰：'吾必有以重报母。'母怒曰：'大丈夫不能自食，吾哀王孙而进食，岂望报乎！'"即韩信年少落魄时，垂钓腹饥，漂母曾无代价地供给他饮食，一连数十天，韩信非常感激，发誓说将来一定要报答她，漂母告诉他："我是可怜你，所以给你饭吃，哪里指望你报答呢？"在后来的反秦起义中，韩信统帅军队，运筹帷幄，立下汗马功劳。在楚汉战争胜利后，被刘邦封为淮阴侯。他回到故地，赠予漂母千金，"一饭千金"的典故由此而来。传说漂母去世时，韩信非常哀痛，令十万大军每人兜一兜土，为漂母的坟墓添土。

北魏郦道元《水经注》中对于漂母墓的记载为："周回数百步，高十余丈，昔漂母食信于淮阴，信王下邳，盖投金增陵以报母矣。"漂母，虽姓名不详，生卒年月不详，但漂母因对韩信的大恩大德却不图回报之名，流芳百世。其更因"漂母饭信"之典故，与"孟母三迁""岳母刺字"并称为"中华三大老母"，成为后世经久传颂的善良、慈爱、伟大的母亲形象。

如今的漂母祠围绕漂母墓修建，是一组由大殿、两侧厢房和门厅组成的院落，建筑总面积约 621 平方米。门头上挂着"漂母祠"的牌匾，由全国政协原副主席孙家正先生所题写。门前挂着杨晓雁撰文、姜华隶书的对联："一饭助王孙，德寄春风荣故里；千秋瞻漂母，名随芳草到天涯。"

漂母祠各建筑物之间有廊道相连，廊道内有历代诗人题咏漂母的诗词。漂母祠景区免费对公众开放，年接待 7 000 多人。这里环境幽静，景色宜人，一年四季皆有绿色，鲜花常开，幽香暗送，来此游人小憩片刻，如同置身画中，是淮阴（今淮安市）最著名的文物古迹之一，为淮阴大地上的一座不朽的文化丰碑。图 8-7 为漂母墓航拍图。

图 8-7　漂母墓航拍图

第七节　周边古镇

一、马头镇

马头镇地处淮安市区西南郊 10 千米，东临二河与清江浦区隔河相望，南与陈集镇、高家堰镇接壤，西与宿迁市泗阳县裴圩镇、李口镇毗邻，北与三树镇相连，东北与王家营镇隔河相望。图 8-8 为马头镇古街。

马头镇，自秦时置淮阴县就已存在，已有近 2 300 年历史。治所就在今马头或其附近史称淮阴故城的地方，镇东北 1 千米处的甘罗城和镇西北 2 千米处的旧县村，都曾是古县治所在地。自秦代以来，

图 8-8　马头镇古街

马头多次为县治所，长达 1 860 年之久。其间还曾经同时作为广陵郡、淮州、淮阴郡和侨置的青、兖、徐、北充四州以及东平郡的治所。

苏北主要水系古淮河沿镇穿过，为抵御淮河水患而于东汉始筑的捍淮堰（后称高家堰、洪泽湖大堤）即北起马头镇。宋代复河开凿后，马头三面环水，运河从西、南、东三面绕过。明清时期，豫、鄂、皖等省沿淮而来的船只必经淮、运二水交汇的马头。而运河北上南下，江南诸省进京赋粟纳贡之舟楫，必经马头头闸、二闸、三闸而北去。清末民初，津浦铁路通车，淮关撤废，淮阴船闸竣工，使马头顿失水路交通优势，市井日渐萧条。

民国期间，马头曾为县直属乡，后为淮阴县一区所辖，另有一部分属二区所管，二区区公所设在马头。中华人民共和国成立初期，马头先后属王营区、城南区。1957 年撤区并乡时，改称码头乡，1958 年成立码头人民公社，1983 年恢复乡制，称码头乡，1987 年 2 月撤乡建镇。2018 年 7 月，原码头镇与吴城镇、凌桥乡合并为马头镇。

马头镇境内水网纵横，是黄河、淮河、运河交汇之地，国家级“台湾农民创业园”核心区、江苏淮安国家农业科技园核心区先后落户马头。新型文化旅游业和高效观光体验农业相得益彰，美丽乡村建设成效显著。原码头镇成为苏北新型城镇化的一个样板，先后获批江苏最美乡村、江苏省历史文化名镇、全国特色景观旅游名镇、全国美丽乡村试点等称号。

马头镇名特优土特产有汤羊肉和淮山药。汤羊肉用料独特，火功考究，肉烂骨离，无腥膻味，为冬令食补佳品，已开发成真空包装，远销大江南北。山药种植已有千年历史，清代称之为“楚地仙物”。

马头镇名胜古迹众多，主要有韩侯故里、枚乘故里、漂母祠等。韩侯故里，即汉初三杰之一的韩信出生和成长的地方。千百年来关于韩信的历史遗迹和纪念性建筑很多，而且是屡废屡建。改革开放以来，关于韩信的历史文化胜迹全面恢复，其中包括淮阴侯庙、韩信钓鱼台、胯下桥、漂母岸、千金亭等。漂母祠位于马头镇泰山村，是一组由大殿、两侧厢房和门厅组成的院落，正屋面南三间，硬山隔扇直棂窗。正堂供奉漂母塑像，左右联书写着：“人间岂少真男子，千古无如此妇人。”

二、临淮镇

临淮镇，江苏省宿迁市泗洪县下辖镇，位于泗洪县南端，南濒洪泽湖，北距泗洪县城 30 千米，因镇政府原驻临淮而得名。

临淮因濒临淮水而得名，西汉时置郡，唐时为徐城驿，宋景德三年(1006)，移临淮县治于此。据《泗州志》记载，临淮是三国时期著名政治家、军事家鲁肃故乡，因鲁肃字子敬，临淮境内仍存有子敬亭和子敬泉。明清时期，临淮属泗州。清乾隆年间，洪泽湖盛产鱼虾、芦苇，吸引大批山东农民来此营生，由于人数众多，临淮一片繁荣。民国年间，属泗县第五区。民国 30 年(1941 年)，淮北行署建立以临淮为中心的抗日民主政权——洪泽湖管理局。

临淮镇是隋唐大运河入淮的重要转折点，南北漕运的要冲。刘少奇、陈毅等曾在这里留下战斗足迹。1949 年，临淮划归泗洪县洪泽区。1956 年洪泽建县，隶洪泽县。1958 年 3 月成立临淮人民公社。1983 年 6 月恢复临淮乡。1985 年湖区分治，改隶泗洪县。1993 年撤乡建镇。2020 年 7 月，城头乡并入。

境内有老汴河在东部过境，溧河洼在西部过境。临淮镇拥有浅水滩涂 0.67 万公顷，水草覆盖率 95%，每公顷产水草 9 万多千克。据调查，约有 100 多种鸟类长期生活在乡境滩涂上。

临淮经济以水产养殖业为主。历史上，临淮渔民靠小卡、小簖等工具捕鱼。1996 年，临淮镇被国务院农村发展基金会等三部门命名为"中国螃蟹之乡"。2000 年水产品总产量达 1 万余吨，出口 370 吨。

临淮渔家文化别具一格，渔家剪纸、民间花船、水上婚礼、渔家民乐队等具有浓厚的水乡特色，是临淮镇文化中的瑰宝。临淮镇是大运河文化带江苏省龙舟精英赛（泗洪古运河通济渠站）活动的主要场地。图 8-9 为临淮镇胜利家园渔民安置小区。

图 8-9　临淮镇胜利家园渔民安置小区

临淮镇文物古迹有子敬泉、观日台、王沙岛等。子敬泉相传是三国名将鲁肃饮用过的井水，位于临淮镇粮管所院内荷池中，该泉建一六角飞檐小亭，亭壁绘数幅鱼虾图，并附简介，井水高于池水尺余。临淮水域广阔，古汴河入湖之处。夏日清晨茫茫湖面，托出一轮红日，似火球静静燃烧，如灯笼悬于天边。湖上，桨声篙影摇碎粼粼金波，其妙处在悦目，在爽心，在怡神。清乾隆帝南巡曾到临淮，登台观日出（今临淮水寨处），欣然题下“水乡泽国，人间仙境”。

王沙岛地质结构奇特，是天然的露天浴场。岛上有神奇的传说，有“红色”的印记，有遗失的黄金。四季气候宜人，空气纯净清新。遍生芦苇、荷花、莲子、芡实等三十多种水生植物，是一个天然绿色的生态氧吧。

临淮镇风景名胜为洪泽湖湿地温泉度假村。洪泽湖湿地温泉度假村是集温泉旅游、温泉地产、旅游购物、五星酒店为一体的大型综合性原生态度假村。依傍着国家5A级景区“洪泽湖湿地公园”，坐落在百亩原始水杉林中。取自地下2 500米的天然温泉水，经省地矿院鉴定，富含锶、溴、锂、碘、偏硅酸等多种对人体有益的微量元素，被国家权威部门命名为“锶型医疗热矿井”。

三、半城镇

江苏省宿迁市泗洪县下辖镇，位于泗洪县东南部，东、南濒湖，距西北泗洪县城20千米。

半城历史悠久，古称徐城，又名薄薄城、故故城、抱月城等，是中华徐文化和中华徐姓的发源地。据《泗虹合志》记载，殷商时期“封伯翳后若木于徐”，名徐国，半城曾为徐国都城。汉武帝元狩六年（前117），设临淮郡治于徐城（一说治临淮头）。东魏时，置高平县，徐城为县城。南北朝时，梁天监八年（509）徐城为高平郡治，因徐城被淹，土城只剩一半，故又名半城，半城名从此始。明清时期属泗州，民国时期属泗县，1949年属泗洪县，1956年起属洪泽县。1985年10月，恢复半城镇建制，年底由洪泽县划归泗洪县。2020年7月，撤销陈圩乡，并入半城镇。

抗日战争时期，半城镇是淮北抗日民主根据地的中心，刘少奇、陈毅、彭雪枫、邓子恢、张爱萍等曾在这里运筹帷幄，指挥淮北儿女抗击日本侵略者。1937年7月，中共皖东北第一个地下区委——中共半城区委在半城建立。1940年2月成立皖东北第一个抗日民主政权——泗县抗日民主政府。1940年10月，中共皖东北地委和专署在半城区成立。1941年5月，新四军第四师由津浦路西转移路东，进入洪泽湖地区，师部设半城。从此，半城成为中共淮北区党委、淮北苏皖边区行政公署和新四军第四师司令部的驻地，成为淮北的抗日指挥中心。1944年夏，彭雪枫将军在半城召开西征誓师大会，并率四师主力，冒暑西征。9月11日，在收复河南夏邑八里庄的战斗中，彭雪枫师长不幸被流弹击中，以身殉国，遗体安放在半城西郊。中华人民共和国成立后，修建"雪枫陵园"。墓园大门两侧为时任苏皖边区人民政府主席李一氓题写的对联："半壁河山留战绩，两淮风雨慰忠魂。"雪枫墓园现为宿迁市十大爱国主义教育基地之一。

半城镇大王庄是淮北抗日民主根据地中心、新四军四师师部和淮北行政公署所在地，被誉为"苏皖红土地，淮北小延安"。1942年12月17日，淮北区党委、淮北行政公署、新四军四师司令部分别移驻大王庄合署办公。此后，四师的将士们在这里开展了长达3年的艰苦战斗。这3年里，四师先后两次攻打马公店，并取得33天反"扫荡"斗争的胜利，狠狠打击了敌人的嚣张气焰，鼓舞了淮北人民争取抗战胜利的信心，也进一步巩固了淮北抗日民主根据地。大王庄党性现场教育基地规划总用地80余亩，能够同时承担300余人的学习培训活动。大王庄党性现场教学基地是许多党员干部的"精神圣地"，许多党员在这里追寻红色足迹，锤炼党性修养，汲取奋进力量。

中国人民解放军陆军指挥学院、中共江苏省委党校、江苏省国际交流中心、宿迁学院等单位已先后在此挂牌设立教学点，基地的对外影响力和知名度不断提高。见图 8-10。

图 8-10　泗洪县半城镇大王庄党性教育基地

半城镇文化底蕴深厚，半城剪纸、洪泽湖渔鼓、荷花舞等非物质文化遗产具有浓厚的地方民间特色，民间艺术形式有鱼皮鼓（渔鼓舞）、花鼓舞、花挑子等 30 多种。1990 年以来，半城镇大力挖掘古镇的文化底蕴，全面提升古镇的文化品位，挖掘整理出洪泽湖流域特有的非物质文化遗产“渔鼓舞”和“荷花舞”，开发出穆墩岛剪纸、帆船模型、徐城诗社等一系列特色文化品牌。其中，“渔鼓舞”分别被江苏省和宿迁市政府列入非物质文化遗产保护名录。

穆墩岛面积 1.96 平方千米，相传是宋代抗辽名将、巾帼英雄穆桂英的故里穆柯寨。

四、蒋坝镇

蒋坝镇，隶属于江苏省淮安市洪泽区，地处洪泽区南部，东、北与三河镇接壤，南与盱眙县观音寺镇交界，西濒洪泽湖。明万历年间，在高家堰上建起六座泄洪滚水石坝，蒋家坝就是其中“礼字坝”所在地。初建时，因村落有一道清澈见底的大水沟，故名清水沟集，居民只有20余户。因地处淮河、洪泽湖的交接地带，水陆交通发达，人口日渐增多。清朝康熙年间，境内有仁、义、礼三条河，泄滚水坝之水东流，为淮河入江主要通道，遂改名通淮集。

后来当地翟、蒋两姓争权，遂名蒋翟坝。清咸丰年间，蒋家家财丰盛，独霸渡口，又改名为蒋坝。清代属盱眙县，民国时期为盱眙县第五区。抗日战争时期先后属淮宝、洪泽二县。中华人民共和国成立后，先后属淮阴县盱宝区、蒋坝区。1956年划归洪泽县。1968年，更名为红卫镇。1971年，复名蒋坝镇。

明清以来，蒋坝的商业就比较发达，是周围重要的农副产品集散地，有“小南京”之称。长约1千米的古老街道上铺设了青条石路面，街道两侧商铺林立，除本地商人外，还有来自滁州、六合、高邮等地的商人。有“十里听响，五里停舟”之说。中华人民共和国成立后，特别是中共十一届三中全会以后，商业得到大力发展。

蒋坝的菜肴独具地方特色，分海菜、烧烤、河菜、家常菜肴等。较为著名的有蒋坝鱼圆子、白烧黄瓜丝、蟹黄蛋等。街上有大小饭店20余家，较著名的有老复兴菜馆、迎春饭店等10余家。全镇还有100多名厨师走南闯北。蒋坝的酱醋食品和糕点也远近闻名，特别是平方糕，洁白如银，切片如纸，折叠不裂，甜而不腻。

蒋坝镇境内河道属淮河流域，主要河道有入江水道、五乡干渠、洪金南干渠3条，总长度7.5千米，河网密度37.5千米每平方千米。境内最大的河流为入江水道，从洪泽湖至长江流经境内入江水道，长4.7千米。

蒋坝名胜古迹和人文景观众多，旅游资源丰富。历史上有古刹古观八座，这些建筑大都建于明代和清代，造型各具特色，建筑工艺和雕塑水平较高。现有洪泽湖大堤、三河闸、南水北调洪泽站、大小营门、银杏树、节孝坊等景观。

蒋坝镇坚持以打造特色小镇为导向，突出功能完善，旅游品牌日益响亮。先后投资兴建天鹅湾金陵温泉酒店、银杏广场和环岛绿岛项目，实施观沧海、落霞湾河工风情街区项目和快活岭湿地花田项目。美丽蒋坝休闲度假区项目获批全国优选旅游项目，美丽蒋坝PPP项目成为国家级示范项目。图8-11为蒋坝镇螺蛳节。

图8-11　蒋坝镇螺蛳节

五、老子山镇

老子山镇，隶属于江苏省淮安市洪泽区，地处洪泽区西南，东、北濒洪泽湖，南与盱眙县官滩镇接壤，西与盱眙县淮河、明祖陵两镇毗邻。

老子山镇因中国道教始祖老子在此炼丹普救民疾而得名，是全国唯一以老子命名的乡镇，也是江苏百家名镇之一。清朝时期，归清河县管辖。民国时期，归淮阴县管辖。中华人民共和国成立后，属盱眙老区。1956年划归洪泽县，1958年成立老子山人民公社。1983

年，复置老子山乡。1985 年，复置老子山镇。

老子山镇多滩涂、港湾、岗丘，有老子山、长山、龟山等小山岗，最高海拔 68 米。淮河由南而北入洪泽湖。老子山湖区特产洪泽湖螃蟹、青鱼圆、乌鱼片、龙虾球、白虾仁、冻银鱼，畅销海内外。特色菜肴红烧马鞍桥、葱烧野鸭、蟹黄豆腐，“色味甲天下”。

老子山镇自古物华天宝、人杰地灵，是人文荟萃之乡。南宋末期大画家龚开就是生于境内龟山。清代曾出举人、秀才 10 余人。它的文化底蕴深厚，现镇政府挖掘打造道教文化、佛教文化和古淮河文化，移建安淮寺和恢复青牛迹、仙人洞、龟山御码头、水母井、石龟等。风景名胜主要有老子山、地热温泉、安淮寺(图 8-12)等。

图 8-12　老子山安淮寺

老子山，古称丹山，扼淮河人湖之咽喉，悬崖壁立，气势雄伟。老子山拥有丰富的地热温泉资源，素有“温泉之乡”的美誉。已打 4 眼泉水，水温达 61 度，每眼温泉井日出水量达 2 000 立方米，水储量为中型。水中富含多种矿物盐成分，氟、硫磺等 20 多种微量元素含量也均达到医疗、矿水国家标准，适宜于建设温泉浴场、热带鱼养殖和矿泉水开发。

安淮寺位于老子山镇北山之巅，原址龟山，始建于宋真宗年间，史称龟山寺，为江淮名刹。清康熙十九年(1680)洪水暴发，该寺被湮入水底，道光十九年(1839)江南河道总督麟庆移建安淮寺，安置前龟山寺出水佛法器。此寺由于清代中后期年久失修，加之兵燹匪劫，到中华人民共和国成立时已为平地。1994年，老子山镇人民政府为了落实党的宗教政策，发展地方旅游经济，在北山之巅筹建了新的安淮寺。

洪泽湖大事记

古 代

建安五年（200）

广陵太守陈登筑堰30里，以御淮河决溢之水，堰“中地卑而工高，西为富陵湖，湖西为淮，每淮溢入湖，赖此堰障之”。

魏齐王正始二年 吴赤乌四年（241）

魏将邓艾创建白水塘，与破釜塘相连。塘阔30里，周120里。开8水门，立屯49所，溉田12 000顷。又于塘下建石鳖城以护屯。

△邓艾曾在盱眙东北君山堰涧为塘，用以灌田。

晋武帝咸宁四年（278）

七月，淮河流域二十郡国大水，“伤秋稼，坏屋间，有死者”。

晋武帝太康元年(280)

分下邳国置临淮郡，治盱眙县。

太康三年(282)

广陵郡治自射阳移至淮阴故城。

惠帝元康七年(297)

分临淮郡置淮陵郡，临淮郡仍治盱眙，辖盱眙、东阳等6县；淮陵郡治淮陵，辖淮陵等4县。

太安二年(303)

临淮人封云起兵响应石冰，自富陵（沉入洪泽湖中）北进，攻克徐州。

东晋穆帝永和八年(352)

荀羡镇淮阴,屯田于东阳石鳖,“公私利之”。

永和九年(353)

十二月　姚襄渡过淮河,屯兵盱眙,“招掠流民众至七万,分置守宰,劝课农桑”。

南朝宋文帝元嘉二十七年　北魏太平真君十一年(450)

十二月　魏兵南下至淮上,文帝使将军臧质率万人救彭城,至盱眙,魏兵已过淮。魏得平越、石鳖二屯积谷以为军饷。

同月　魏偏师出山阳,山阳太守萧僧珍令军民“入城台,送粮仗给盱眙”,魏兵被迫分兵留驻山阳。境内有白水陂,僧珍将陂内蓄满水,准备待敌人到来时决水灌敌,魏兵不敢停留而去。

南朝宋文帝元嘉二十八年　北魏太平真君十二年(451)

正月　魏兵自广陵北撤,军饷空虚又无处抢掠,闻盱眙城积粮很多,遂决计攻盱眙城以夺粮。臧质、沈璞以不到 4 000 兵力,同心坚守。魏军攻城月余,死尸积至城头,也未攻入城中。后军内又流行疾疫,死伤病者过半,遂放弃攻城,烧毁攻具撤兵。

是年　薛安都侄索儿由淮陵渡淮南犯,宋边庭告急,萧道成前往救援,屯破釜,遣全景文断其粮道。索儿在盱眙、石鳖、石梁等地与道成等接战,终被道成击败,退向钟离。

南朝宋明帝泰始七年　北魏延兴元年(471)

旱,淮河干涸。

南朝齐武帝永明七年　北魏太和十三年(489)

从光禄大夫吕安国请,割山阳官渎(即邗沟)以西 300 户置寿张县,割直渎(盱眙禹王河)、破釜塘以东淮阴镇下流杂 100 户置淮安县,二县均属东平郡,东平郡始有实土。

南朝梁武帝天监十三年　北魏延昌三年(514)

梁在钟离筑浮山堰,准备用淮水灌魏寿阳。于徐、扬二州,每 20

户抽5丁，计役夫达20万人。

南朝梁天监十四年　北魏延昌四年(515)

浮山堰成而复溃。是年夏，疾疫流行。冬，淮泗冰冻，死者不计其数。沿淮百里内木石不论大小，均无孑遗。次年，浮山堰复成，引淮水灌寿阳，城坏，洪水泛滥数百里。秋，堰坏，沿淮城戍村落10余万口漂流入海。

南朝梁天监年间(502—519)

立淮州，治淮阴，领盱眙、山阳、淮阴、阳平4郡。

南朝陈文帝天嘉元年　北齐废帝乾明元年(560)

齐尚书左丞苏珍芝建议建石鳖等屯，岁收数十万石，“自是淮南军防廪粮充足”。

南朝陈宣帝太建五年　北齐武平四年(573)

吴明彻于古屯城(泗州城西)置堰断淮水，以灌濠州。

△吴明彻北伐成功，置高平郡，筑郡城于今泗洪城头。

南朝陈太建六年(574)

宣帝遣使抚慰流离，耕种石鳖等屯。

南朝陈太建十一年　北周大成元年(579)

吴明彻兵败被俘后，陈盱眙、山阳等九郡百姓“自拔向建康”。

△淮南北地皆入于周，周改齐东楚州为泗州，仍治宿豫，泗州之名始于此。

隋文帝开皇十八年(598)

改高平县为徐城县。

炀帝大业元年(605)

隋炀帝征发河南、淮北诸郡民夫前后百余万，开凿通济渠，并征发淮南民夫十余万，拓宽扒深山阳渎。

八月　炀帝乘龙舟经都梁、破釜等地巡游江都。至破釜塘，适逢大雨流泛，炀帝遂为之易名“洪泽浦”。“洪泽”之名始此。

大业十三年(617)

大旱,江、淮数百里,水绝无鱼。

隋大业时(605—616)

破釜塘坏,水北入淮,白水塘亦涸。

唐总章二年(669)

徙高丽 38 200 户于江淮之间及山南、京西诸州空旷之地。

证圣元年(695)

于白水塘北面开置羡塘,与白水塘合,扩大屯田。

长安四年(704)

割徐城县南界两乡,于沙垫、淮口置临淮县,隶泗州。

睿宗太极元年(712)

敕令魏景清开直河,自盱眙圣人山东北,凿破黄土岗,下接衡阳河以通扬州。然终未开通。

玄宗开元二十三年(735)

泗州治所自宿豫移至临淮县。

开元二十七年(739)

采访使齐浣为避长淮风涛之险开广济新渠,该渠引汴水从夏邑、永城、宿州、灵璧、虹县至淮阴北十八里入淮。渠成后,因水流湍急,不久即废。

大历三年(768)

射阳湖、洪泽湖并置官屯,洪泽湖之名始见。

德宗贞元八年(792)

六月　淮水溢,平地水深七尺,没泗州城。自虹县至扬州漕路淤阻,经泗州张刺史治理,逾年始复。

穆宗长庆年间(821—824)

兴白水塘屯田,发青、徐、扬三州兵民凿泾溉田,名徐州泾、青州泾、大府泾、竹子泾(疑即草子泾),又凿棠梨泾,均与白水塘相通。

宣宗大中十二年(858)

河南、河北、淮南大水,徐、泗等州水深五丈,淹没数万家。

后唐庄宗同光三年(925)

十月二十五日　宿迁、泗州地大震。

后周太祖广顺三年　南唐保大十一年(953)

南唐御史田敬洙奏准修白水塘,以塘周闲旷土地屯田。由于主管人员奉行不善,甚至夺民田为屯田,民大怨,巡行使徐铉过境,察知,遂矫命停止屯田。

△南唐大旱,六月至冬无雨,淮水可以步涉,饥民纷纷渡淮而北。

后周世宗显德二年　南唐保大十三年(955)

汴水自甬桥(今宿县)以东淤浅不通。周世宗谋攻南唐,先令武宁节度使武行德发民夫疏浚汴水,东至泗上,以通漕运。

宋太祖开宝七年(974)

淮水暴涨,入泗州城,坏民居 500 余家。

太宗太平兴国三年(978)

六月　淮水涨入泗州南门,汴水又涨一丈,塞州城北门。

雍熙二年(985)

淮南转运使刘蟠倡开沙河运河,以避淮河山阳湾之险,旋由乔维岳按任,自末口至淮阴磨盘口开河 60 里,又创二斗门于西河第三堰,自此运舟往来无滞。这是史载最早的单级船闸。

至道元年(995)

汴河运江淮米达 580 万石。

景德三年(1006)

江淮发运使李溥令漕舟返回经过泗州,运载石头至高邮新开湖,积为长堤,自此漕舟无患。

仁宗天圣四年(1026)

泗州淮水溢,水面上距城垣砖顶四尺许。

景祐三年(1036)

作泗州城外堤,以备淮水,堤高33尺。

嘉祐年间(1056—1063)

由马仲甫创议,发运使许元主持开凿了自淮阴至洪泽镇的洪泽新河,与沙河运河相衔接。

嘉祐二年(1057)

夏秋,淮水暴涨,环浸泗州城。

仁宗年间(1023—1063)

孙长卿为淮南转运使,议者认为,楚水多风波,请开盱眙河,自淮河直趋高邮。长卿认为,"地阻山回绕,役大难就"。后调民夫数万,终以役大难成而罢。

英宗治平元年(1064)

许、陈、蔡、颍、庐、濠、泗、楚等州大水,高邮大水。

神宗熙宁年间(1068—1077)

沈括受命测量汴京至泗州淮口的汴渠,总长840余里。他创造分层筑堰测量法,测得汴京地势比泗州城淮口高十九丈四尺八寸六分。

熙宁九年(1076)

正月　从刘瑾言,修置淮阴县青州涧等水利设施。

熙宁十年(1077)

黄河大决于澶州,北流断绝,河道南移,分为二流,一合南清河入淮,一合北清河入海。

△淮为黄河所壅滞,潴于洪泽湖,横灌高、宝诸湖,江淮苦于水灾。

元丰六年(1083)

正月　淮东转运使蒋之奇开龟山运河,二月竣工,河长57里,宽15丈,深1丈5尺,自洪泽镇至龟山蛇浦。此后,"漕运往来,免风涛百年沉溺之患”。

徽宗建中靖国元年(1101)

蒋之奇以龟山运河被淮水浸淫、冲刷堤岸，请下发运司及时修筑。自此岁以为常，至南渡始罢。

崇宁三年(1104)

江淮发运使胡师文并役数郡兵夫，“费钱谷累百万”，开泗州直河，并筑签堤，阻遏淮水，不久淤淀，遂废拆。

宋政和三年至五年(1113—1115)

漕运改行直达纲，沿途转搬仓均被拆除，以致弊端丛生。后又沿途置仓，恢复转运法，并首先恢复泗州仓(在盱眙)。

重和元年(1118)

夏　汴、泗大水，大水距泗州城顶砖仅两层。

宋高宗建炎二年　金天会六年(1128)

东京留守杜充于河南李固渡西决黄河入清河，以阻金兵。

宋绍兴七年　金天会十五年(1137)

十二月　筑泗州城。

宋绍兴十一年　金皇统元年(1141)

十一月　绍兴和议成立，二国以淮水中流为界。宋在盱眙宝积山建岁币库，储放每年送往金国的“岁币”。按和议，岁贡银25万两、绢25万匹，于“每春季搬送至泗州交纳”。

宋孝宗隆兴二年　金大定四年(1164)

夏　淮东大水，淮水入泗州城。

宋淳熙八年　金大定二十一年(1181)

凿淮阴都灌塘以溉田。塘在淮阴驿西南渎头村。

宋光宗绍熙五年　金明昌五年(1194)

八月　黄河决阳武县，全河北注梁山泊，分为南北二流，南流与泗水合，经鱼台、徐州、邳州至清口合淮河。清胡渭以此为黄河大改道之始。

宋宁宗嘉定八年(1215)

四月　江淮蝗灾,“蝗食禾苗山林草木皆尽。”又大旱,“草木枯槁,百川皆竭,江淮杯水数十钱,渴死者甚众”。

宋嘉定十五年　金兴定六年(1222)

年初　金人开长直沟,由万安湖舟运粮入汴,至泗州积贮。

宋度宗咸淳九年　元至元十年(1273)

置清河军,治小清口。

宋恭宗德祐二年　元至元十三年(1276)

七月　泗州、盱眙因粮尽降元。

元世祖至元十四年(1277)

析宿迁县置桃源县,改清河军为清河县。又改淮东安抚司为淮东总管府,领山阳、盐城、淮安、淮阴、新城、清河、桃源7县。

至元十七年(1280)

六月　改泗州隶淮安路。

至元二十五年(1288)

春正月　江淮行省言:“两淮土旷民寡,有洪泽等屯,宜增置淮东西道劝农营田司,督使耕种。”从之。

至元二十六年(1289)

会通河开成,淮北运河遂恢复由清口北上之路,以行漕,与海运并行。

成宗元贞二年(1296)

以洪泽等屯田军修大都城。

大德十一年(1307)

淮水溢入泗州南门,水深七尺余。

泰定帝泰定元年(1324)

黄河南决入泗入淮,冲毁大清口城。又,河决桃园,入小清口合于淮。

泰定三年(1326)

洪泽屯田旱。

明太祖洪武四年(1371)

以泗州及盱眙、天长县改隶凤阳府。

洪武十八年(1385)

始建明祖陵于泗州杨家墩。

成祖永乐十三年(1415)

平江伯陈瑄沿宋乔维岳开沙河故道,凿清江浦,导水由淮安城西管家湖至鸭陈口入淮。河上递建四闸,以利节宣。陈瑄还修筑了高家堰,防淮东侵。

英宗正统二年(1437)

四五月间,连续降雨,河、淮泛涨,淮安、扬州等处均大水,泗州东北城垣崩,水内注,高与檐齐,泗人奔盱山;清河县房屋牲畜漂溺甚众;山阳城内行舟,禾苗荡然。清口以下,淮患始见。

正统三年(1438)

黄河在邳州决口,南入洪泽湖。

正统六年(1441)

五月　泗州淮水溢,水深丈余,漂庐舍。

孝宗弘治八年(1495)

刘大夏堵黄陵岗等处决口,筑太行堤成,黄河全流入淮,会于淮阴,奔腾浩渺,东溃西决,治河者自此疲于奔命。

武宗正德十二年(1517)

夏,淮水灌泗州城,浸祖陵门。黄河溢,清河县大水,山阳县城内行船。

世宗嘉靖元年(1522)

七月,江、淮、海暴溢,凤阳、淮安、扬州、通州各属同时大水,溺死人畜无算。

嘉靖三十年(1551)

闭废淮河南岸运口附近一段河道,把码头镇东南三里沟拓宽浚深,直达通济桥,漕船由此出淮达黄。同年,增筑高家堰。

嘉靖三十一年(1552)

黄、淮决溢。总河曾钧疏浚淮安刘伶台以下黄河 80 里,疏浚草湾老黄河口和三里沟新河口,增筑高家堰长堤。

嘉靖三十四年(1555)

盱眙县淮水暴涌,平地深丈许。淮安淮水滥。

穆宗隆庆二年(1568)

杨化知泗州,创筑泗州城内外石堤。

隆庆三年(1569)

黄、淮、沭并涨,决溢颇多。此后,遂有分黄之议。

隆庆四年(1570)

五月　淮水大涨,运河在黄浦决口,高、宝、兴、泰一片汪洋,不见涯际。自清河泰山庙至七里沟,淮河淤浅十余里,水从朱家沟旁出,至清河县河南镇与黄河合。

隆庆六年(1572)

七月　黄河涨溢,自徐、砀至淮、扬,一夕丈余,下游悉成巨浸。清口淤塞。

九月　漕抚王宗沐重修高家堰,自武家墩至石家庄,长计 30 里,底广 5 丈,面广 2 丈,高 1 丈。次年正月工毕。

神宗万历元年(1573)

五月　淮水暴涨,千里汪洋,没室淹田,濒河居民多溺死。

△开草湾河经安东县金城、五港入海。

万历三年(1575)

六月　久雨不止,河、淮并涨。淮河高家堰决口,黄河砀山决口,徐州、邳州、淮河南北两岸，汇而为一，漂没千里。居民结筏浮泊，采芦心、草根为食。

万历四年(1576)

邵陛巡按泗州，筑泗州、盱眙捍淮堤堰。

万历五年(1577)

黄河决崔镇，宿、沛、清、桃两岸多坏，黄河淤垫，淮河被黄河所迫，南移。时淮安、凤阳二府灾多，民多逃亡，数百里都成灌莽。

伏秋，清口淤垫，淮水由高堰出黄浦，并决高宝诸湖堤。

万历六年(1578)

张居正举潘季驯第三次出任总理河道兼提督军务，潘提出了“蓄清刷黄”的治水方略，把修筑高家堰作为治淮、治河的首务。九月，从武墩至越城，大筑高家堰六十里，使洪泽湖成为初具规模的防洪水库。并于清江浦、柳浦湾以东加筑礼、智二坝。又拆新庄闸建通济闸于甘罗城南，使里运河成“之”字形。又自归仁集至洋河筑归仁堤，障濉入黄，减黄入湖。

万历七年(1579)

淮水溢，平地深三丈。河臣潘季驯自清江浦沿钵池山至柳浦湾修筑长堤，防河南溢。于是淮水全流趋清口，会黄河入海。此后黄河安流 10 余年。

万历八年(1580)

十月　始筑高家堰石工，这次工程共筑 3 000 丈，从武墩南至高良涧北。到万历十一年三月竣工。时泗州苦水患，进士、泗州人常三省上书反对，并请开施家沟，浚周家桥，泄淮水以救泗州城，被总河潘季驯劾罢其官。

万历十六年(1588)

潘季驯大筑荥泽至海口的黄河两岸堤防，河道乱流的局面基本结束，其河道一直维持了 200 余年。

万历十九年(1591)

夏　久雨不止。六月二十七日至七月初三日,暴风霪雨,淮河、洪泽湖并涨,决口,山阳等县平地水深丈余,泗州城居民多沉溺。水浸明祖陵。

万历二十一年(1593)

六月　怪风猛雨,海啸,河溢,淮、沭、泗、沂诸水合,溺死居民无算。洪水浸明陵,灌泗州城;高家堰决高良涧、周家桥等地,成22个决口,又决运堤。清口淤浅,淮水不能东流。

万历二十三年(1595)

黄河水涨,漫出清口,淮河河道淤塞,洪水倒灌泗州城。

△高家堰于高良涧决口,水患益剧,舆论哗然,谓总河舒应龙无能,遂被罢官。

万历二十四年(1596)

朝廷采纳总河杨一魁"分黄导淮"之策,开挖桃源黄坝新河300余里分黄入海。又于高家堰上创建武家墩、高良涧、周桥石闸,导淮水分别由永济河、岔河、草子河汇射阳湖、广洋湖入海。十月工竣,役夫20万人。

熹宗天启元年(1621)

自七里闸(清口东南7里)至文华寺兴挑永济新河,以便通行回空漕船,使重载船与回空船不由一途。

天启六年(1626)

两淮南旱北涝,淮水涸,黄水涨,黄河高于淮河数尺,倒流入淮30多里,淤塞通济闸。

思宗崇祯十三至十四年(1640—1641)

洪泽湖周边大旱,间以蝗灾,民不聊生。

崇祯十五年(1642)

盱眙、泗州发生5级地震,泗州城房屋倒塌不少。

清世祖顺治六年(1649)

五月　淮水溢,泗州城水深逾丈,平地一望如海。

顺治十六年(1659)

黄河决桃源县崔镇,四乡庐舍漂没殆尽。又决归仁堤,直入洪泽湖,灌高邮、宝应。

圣祖康熙元年(1662)

归仁堤决口,开周桥,泄淮水。黄河水倒灌入清口,又挟睢、湖诸水从归仁堤决口处直入洪泽湖,冲决高家堰翟家坝,形成大涧九条。

康熙三年(1664)

淮河溢武家墩、高良涧,闸堤颓卸,遂用土石填塞,只存周桥一闸。

康熙七年(1668)

黄水尽注洪泽湖,湖水大溢,决清水潭,高邮环城水深近 2 丈。此后,黄河下游几乎每年决口。

六月十七日戌时　地大震,声如雷鸣,由西北传来,地软如绵且热,顷刻如万车齐发,摧城裂堞,泗州及淮安府属各县城均有颓败,官署民房倒塌无数,人民压死者以万计。

康熙九年(1670)

五月　黄、淮大涨,毁坏高家堰石工 60 余段,水由翟坝、周桥东注,决高邮、江都运堤多处,又坏淮安乌沙河西堤。

康熙十二年(1673)

洪泽湖决高良涧。修清水潭西堤,将竣复决。

康熙十五年(1676)

黄河南决宿迁白洋河、于家岗,高家堰决口 34 处,汪洋 600 余里。

△洪泽镇沉沦,居民逃散。

康熙十六年(1677)

靳辅出任河道总督,次年,在靳辅主持下,堵塞高家堰各处决口。

又筑周桥以南至翟坝25里堤段。

康熙十九年(1680)

夏秋　黄、淮并涨，归仁堤决，黄水直入洪泽湖，湖水陡涨，泗州城外堤决，继而洪水鼓裂东北、西北城墙，城内顷刻水深数丈，官民侨寓淮河堤上，部分奔上盱山。泗州城遂告沉没。

是年　靳辅将南运口改在烂泥浅七里墩，又挑烂泥浅引河，凡漕船北上，绕武家墩、烂泥浅引河上游，下达清口入黄河。继又创建武家墩、高良涧、周桥、古沟东西、塘埂等6座减水坝，总口宽170余丈。

康熙二十三年(1684)

康熙帝第一次南巡。十月二十日，视察清口险工。十一月自江宁北返，十日，阅高家堰堤工武家墩段，时雨初歇，道泥泞，康熙帝坚持步行十余里，指示靳辅："运口当添建闸，防黄水倒灌运河。"并赐辅五言律诗一首以资勖勉。

康熙二十四年(1685)

泗州大水，淮河堤上水深数尺，官民架木以栖，绝烟火数日。

康熙二十五年(1686)

增挑武家墩南永济河至周桥为运料河，以适应运大工木料等水利物资的需要。其北与盐河通。

康熙二十六年(1687)

为避黄河对漕运的影响，靳辅主持开挖中运河，自骆马湖张庄运口，经宿迁、桃源至清口仲家庄出口，长180里，黄、运至此彻底分离。

康熙二十八年(1689)

康熙帝第二次南巡。正月二十三至二十五日，先后视察归仁堤、高家堰等处，指示做好这些地方的减水坝，以防大水冲决。并豁免江南积欠租赋。三月回京，以"浚河深通，筑堤坚固"，恢复靳辅官阶。

康熙三十三年(1694)

秋　黄、淮高涨，高家堰决口10余处。

康熙三十五年(1696)

南运口淤塞，遂迁运口于仲庄对岸。七月，黄、淮大涨，高堰六坝决坏，建塘埂中、南、北坝，茆家圩南、北坝及夏家桥坝等新六坝。

康熙三十七年(1698)

夏　黄强淮弱，清口倒灌，为收缩运口，总河董安国自张福口堤尾接筑临清堤，移清口于风神庙前，并于此建东西束水坝，西坝御黄，东坝蓄清，中留口门二十余丈，湖水涨，相机拆展，湖水落，相机收束，清口有东、西坝始于此。

康熙三十八年(1699)

春　康熙帝第三次南巡视察河工，三月初一日至高堰，进一步强调“蓄清刷黄”的治河之策。

五月　淫雨，黄、淮交涨，溃高堰，淤垫清口，淮水东注，高、宝运河堤坏多处。

康熙三十九年(1700)

塞高家堰塘埂等六坝，提高洪泽湖水位。改建滚水石坝三座(后称仁义礼三坝)。

△总河张鹏翮堵塞靳辅时所建归仁堤便民闸(减水入洪泽湖助淮)，坚筑五堡土堤石工，开引河自九龙庙至桃源县老堤头黄河边止，引濉湖诸水达黄。又建利仁(西)、归仁(东)、安仁(中)三闸及老堤头出水闸、月河小闸。

康熙四十年(1701)

五月　泗、盱淮水涨，高家堰决古沟、塘埂、清水沟等处，淮、扬及泗州、盱眙等处水灾，张鹏翮托病不往灾区。诸处决口到冬天才堵塞。

△从张鹏翮之请，封河神为“显佑通济昭灵效顺金龙四大王。”又铸铁犀9尊，分置洪泽湖大堤各险要工段，以镇水除灾。铁犀上铸有铭文。

康熙四十一年(1702)

总河张鹏翮大挑清口内的引河，由原5条扩建为7条，自西而东分别为张福、天然、张家庄、天赐、裴家场、烂泥浅、三汊，各引河总汇点距清口束水东西坝约2里。此后十余年，淮、湖水畅流清口，汇黄入海，漕运无阻。

康熙四十二年(1703)

皇帝第四次南巡，二月到淮阴，阅视竹络坝、烟墩、九里岗、龙窝、清口等处河工和洪泽湖大堤六坝。

△废闭仲庄闸，将运口东移杨庄，“由是漕、盐两利”。

康熙四十四年(1705)

皇帝第五次南巡。三月十一日到达淮阴清口，阅杨庄等处闸口、堤工。四月北返，十日，至高家堰阅视。

康熙四十五年(1706)

七月　由于洪泽湖异涨，开南、北、中三坝：八月，又开天然北坝。

康熙四十六年(1707)

康熙帝第六次南巡。二月，步行数十里，视察“溜淮套工程”，并谴责总河张鹏翮，当场否决了这个分淮工程方案。五月二日回銮至淮阴运口大墩分水处时，又对治河治运形势利弊进行了深刻分析，作出重要指示。

康熙五十八年(1719)

河道总督向朝廷呈送治河防洪事宜，并著《河防志》，详录修、防、挑、筑、卷埽、下埽等方法。

世宗雍正三年(1725)

夏　淮、黄大涨，高家堰三滚水坝过水不畅，又启放天然土坝二道，并挖开两边土岸160余丈。

△清口7条引河淤浅，后恢复其中5条。

雍正四年(1726)

冬　修高家堰石工及柴、土工。次年八月工竣。

雍正七年(1729)

二月　朝廷设江南河道总督,驻节清江浦原,总河行馆内。其下辖淮扬、淮海、淮徐三道及专管河务钱粮的河库道,又设海安、海阜、山盱、里河、外河、睢南、宿虹等24厅。并派驻河标兵24营,分汛把守。

雍正八年(1730)

六月二十四、五、六等日　风雨连绵,昼夜不止。黄、淮、运皆涨溢,宿迁以下,淮河南北不辨涯岸。启放高堰天然南北二坝。

雍正九年(1731)

正月　发帑百万,大修高堰石工六千三百余丈,次年六月工成。

高宗乾隆二年(1737)

总河高斌移天妃运口于旧运口之南七十五丈,新运口内筑钳口草坝三道,自惠济闸以下张王庙前,开新河一千零六十八丈,穿永济河头,至庞家湾接旧河,即今头、二、三闸运河。其口称里运河口,在马头镇西侧。自马头镇至杨庄对渡黄河十里,又依次建通济、福兴、正、越四闸,擎托水势。

乾隆七年(1742)

六、七月　河、淮涨溢,高家堰在古沟决口,人畜漂溺无算。次年堵塞,建石工。

乾隆十六年(1751)

乾隆帝第一次南巡,视察清口、高堰,谕高堰滚水石坝增三为五。六月,由河臣高斌主持修建,称信坝、智坝,二座天然减水坝永禁开放。周桥至蒋坝筑石工墙,至此,高家堰全线石工告成。凡历171年。

乾隆十七年(1752)

挑谢家沟,泄濉水入洪泽湖,至1758年完工。

乾隆十八年(1753)

七月淮扬运河决开车逻坝，上下河尽淹；秋九月连雨，湖河洪没田庐。查明亏帑河臣被严谴。同知李大享、守备张宾侵帑误工，上谕著即于该工正法，并着将河督高斌等载赴行刑处所，令其目睹刑讫再行释放。

乾隆二十二年(1757)

河督高晋与钦差、侍郎裘曰修等视察归仁堤，认为形势已变，修归仁堤，障濉入黄，已不如疏浚安河，减濉助淮。遂动帑挑浚，自乌鸦岭至陡门 120 余里。

是年　皇帝下令安徽、河南巡抚，对淮河汛期水情水位，实行飞马向下游报汛制度。

乾隆二十六年(1761)

七月　洪泽湖风浪，坏高家堰砖石工 2 500 余丈，坏淮扬运河两堤砖石工 4 000 余丈，运堤决，下河田禾尽没。次年秋，大风浪又坏高堰石工 2 500 丈。

乾隆三十三年(1768)

六月　清口倒漾三月之久，各引河淤垫，黄水入运河，闸背淤平。

乾隆四十五年(1780)

皇帝第五次南巡至淮阴，谕建武家墩石工，拓展引河。

乾隆四十六年(1781)

六月十九日　黄河决睢宁魏家庄，南趋入洪泽湖，泗州遭灾。风浪掣坏高家堰石工 330 处。

乾隆四十九年(1784)

春　皇帝第六次南巡，阅视高堰。

乾隆五十年至五十一年(1785—1786)

苏北连续两年大旱，黄河水倒灌，清口淤滞，漕船搁浅，河臣始议“借黄(河)济运(河)”之策。开辟祥符、五瑞两闸，引黄助洪泽湖，出清口济运。

仁宗嘉庆十三年(1808)

黄河决大通口,洪泽湖大涨,最高水位 15.49 米,决清江浦上下运河堤工,又掣通运口外临湖砖工。

嘉庆十八至二十一年(1813—1816)

康熙时期修建的仁、义、礼三座滚水坝,嘉庆十五年后冲成深塘,一直未修复,十八年始,于蒋坝南山之地切开岗岭,开挖仁、义、礼三条引河(即头、二、三河),使洪泽湖水向东泄入高宝湖。

宣宗道光四年(1824)

十一月　黄河大涨,高堰十三堡决口百余丈,又决周桥,坏石工万余丈。洪泽湖全湖倾注,淮、扬二郡皆为鱼鳖。

△林则徐调任江苏布政使,翌年九月母亲病逝,但朝廷命他戴孝服赶赴十三堡决口抢险,他身先士卒,不分昼夜干了数月,工程完工时,他因过度劳累而得了一场大病。

道光六年(1826)

八月　黄、淮并涨,洪泽湖最高水位 15.23 米,波浪高于堤堰二三尺,掣塌石工 3 200 余丈。

道光八年(1828)

河督张井奏报:乾隆年间采用的"蓄清刷黄"策略,时至今日,由于黄河淤垫甚高,已不再有效。

道光九年(1829)

黄水大涨,漫吴城六堡堤入洪泽湖,自此湖滩日益淤高,淮河被通南下入江。

道光十二年(1832)

八月十八日,黄河决祥符。八月二十一日,桃源县监生陈端、生员陈堂等纠众在十三堡上下于家湾将黄河南堤挖开,放淤肥田,一时洪泽湖水暴涨,最高水位达 16.42 米。遂尽开吴城七堡御黄坝、顺清河，将湖水再放入黄河下游。一时，决口以下黄河断流 20 余里。

道光十三年(1833)

秋　两江总督陶澍设洪湖水师营于老子山。

道光十四年(1834)

河督在老子山附近建湖心船坞一座，以避洪泽湖风涛之险。并于老子山头立灯塔，商旅称便。

道光十八年(1838)

河督麟庆重修龟山寺，入水捞出旧寺的铁佛、铁罗汉、铁钟等物，更名为“安淮寺”，由阮元撰记书碑立寺前。

近　代

道光二十年(1840)

泗州水灾，洪泽湖最高水位 16.13 米。知州张应云查实泗虹成灾 95 堡。

文宗咸丰元年(1851)

秋　黄、淮并涨，洪泽湖最高水位 16.90 米(也为迄今为止历史最高水位)，淮河在礼字坝(位于今三河闸)决口，由高宝湖入长江。三河坝冲毁后，终年不闭，决口越冲越大，从此，淮河主流改为向南注入长江。

咸丰二年(1852)

洪泽湖涸滩千余顷，一片榛莽。时虽有开垦湖滩之议，然人皆畏惧，束手裹足。谈寿龄(金匮县籍，寓清江浦)独力担任，多方劝谕，陈述利益，后大片湖滩得以开垦，田壤膏腴，收获日见丰盈，开清河农业之利源。

咸丰四年(1854)

高家堰加筑子堤,大堤高达 19.5 米。

咸丰五年(1855)

六月十九日　黄河在铜瓦厢决口,改道北徙,由利津入渤海。后中运河浅涸,有 10 多年不能通航。

咸丰十一年(1861)

裁驻节清江浦的南河总督,以漕运总督兼管河务,由淮安府城移驻清江浦。

穆宗同治四年(1865)

漕督吴棠奏准朝廷,得以拆用河湖堤岸砖石,筑清河县新城于运河南岸,凭河为固。

同治五年(1866)

六月　洪泽湖盛涨,最高水位 15.94 米,清水潭决,里下河平地水深丈余。宿迁、盱眙、清河、安东等县大水。

是年　吴棠收束礼字河,疏浚张福口引河。

△淮安府山阳县绅士丁显,首先提出恢复淮河故道的倡议,发表"黄河北徙应复淮水故道有利无害论"一文。文章提出堵三河、辟清口、浚淮渠、开云梯关尾闾四项工程缺一不可的主张,以及复淮故道施工章程。

同治六年(1867)

十月　两江总督曾国藩在清江浦设导淮局,由淮扬道主持办理治淮事宜。由于经费无法解决而未能动工,仅在洪泽湖一带通江、通海水道进行初步测量,开近代淮河测量工作之始。

是年　漕督张之万试办导淮,修砌洪泽湖大堤,抽挑张福河及碎石河、旧黄河。

同治十年(1871)

冬　两江总督曾国藩挑淮水故道,自清河县西李工至卫滩(八滩）。

德宗光绪七年(1881)

两江总督刘坤一设立导淮局，主张开挖张福河、碎石河，引洪泽湖水由吴城七堡汇顺清河，水小由顺清河入运，水大则由废黄河入海。同年二月初九至四月中旬，募夫二万多，开浚自清河杨庄至安东云梯关一段河道，底宽四丈，双闸志桩一丈九尺八寸为准。后因阴雨等施工困难，只挑 20 多千米，即被迫停工。

光绪十三年(1887)

十月　两江总督曾国荃、漕运总督卢士杰会奏：自里运河运口开引河，由陈家集以西通洪泽湖，河长 870 余丈，称窑河。又堵顺清河，挑旧黄河 200 余里。

光绪十七年(1891)

五月　盱眙、泗州干旱，淮水浅涸，水离淮河堤约六七里。

光绪二十八年(1902)

湖区霍乱大流行，死者甚多。

光绪三十二年(1906)

华洋义赈会以工代赈，筑洪泽湖滩拦湖大坝，东起清河县的顺河集，西至高家渡，长 20 余里，底宽一丈六尺，顶宽八尺，高七、八尺不等，当地人称之为“洋堤”。

光绪三十三年(1907)

设导淮局，实测淮水故道，自洪泽湖经杨庄直至海口。次年，江督端方力陈导淮有四难，遂撤局。

清溥仪宣统元年(1909)

利淮轮船公司开始在正阳关至码头镇之间通行轮船，这是淮河上行驶轮船之始。同年，该公司以金陵制造局所造挖泥机船四部、沪产挖泥机船两部，从洪泽湖老子山向上游挖，上下同时并举疏挖。

宣统三年(1911)

秋　从张謇议,设江淮水利测量局于清江浦。该局聘美国工程师詹美生参加勘淮,议分疏淮河入江入海,沉田可涸。这次大规模应用西方测量技术,测绘淮域各水道平面、断面图和水位、流量等水文情况。至1922年,为期11年。这些测量成果,为以后各时期治淮提供了科学根据。

民国二年(1913)

江淮水利测量局先后在淮河中下游蚌埠、五河、中渡、淮阴、马头镇、蒋坝、盱眙、滩上集、六闸、瓜洲等处建立水位站、雨量站、流量站。蚌埠、中渡、马头、六闸几站记流量、含沙量,其他站只记水位。

民国三年(1914)

冬　安徽省疏浚濉河,上达江苏徐州境,下达洪泽湖。

民国六年(1917)

夏秋　湖区大旱,三个多月无雨,沟河浅窄,全部干涸开裂,洪泽湖局部行人,无水灌溉,吃水都困难,中晚秋庄稼歉收一般约在30%～80%不等。

江淮水利测量局主任沈秉璜等对淮河干流进行第二次全面测量,工作完成后编撰成《勘淮笔记》一书。

民国八年(1919)

泗县拟凿通洪泽湖顾家勒土垅,引安河洼之水泄入成子洼,泗阳县力争,遂止。

△北洋政府发表《江淮水利施工计划书》,提出淮水三分入海,七分入江的计划。

民国十年(1921)

6—8月　淮河流域阴雨连绵长达两个月以上,9月7日,洪泽湖蒋坝最高水位达16米,9月19日,由三河南下的最大流量为14 600立方米每秒。全流域受灾327.13万公顷,受灾人口766万人,淮阴地区主要河道均出现多处决口，一片泽国。加之沂水盛涨，运河水势浩瀚，清江城云昙坝漫溢，冲入东西水关，城南水深忽至五、六尺，居民迁避，城工局赶堵云昙坝兼塞水关。泗阳城四门闭其三。

冬　修整洪泽湖堤及运河堤。

民国十六年(1927)

4月　盱眙与泗县东部蝗灾，蝗虫铺天盖地，平地有五六寸深，持续一天，商店无法营业，居民紧闭门窗，蝗虫所过之处，草籽无存。高宝湖西地区，苇草、庄稼亦被啃光。

民国十八年(1929)

7月　国民政府成立导淮委员会，旋在淮河流域增设一批水文站，又组织查勘队，由总工程师李仪祉亲自率领查勘，为导淮工程的实施作准备。

是年　导淮委员会公布淮水入江计划，拟将湖(淮)水出三河口经宝应、邵伯诸湖至三江营入江。

民国二十年(1931)

6月28日　经数月干旱后，至此日突降暴雨，后连续阴雨达70天之久，风浪损坏洪泽湖大堤石工多处，并致直坝两处决口，洪泽湖最高水位16.25米，为黄河北徙后水位最高的一年。洪水横涨后，泗阳、淮阴二县，由城河乘船，可直达安徽临淮关、明光等地；由淮阴城南门乘船，可直达高宝一带，船皆行驶于秋禾之上。里运河堤决口26处，高宝湖西和里下河地区一片汪洋，水深丈余。据不完全统计，淹死22万余人，全流域受灾总面积426.67万公顷，灾民近2 000万人。

9月19日　导淮委员会召开第十二次全委会议，讨论议决《导淮入海工程计划》、导淮入海路线，决定采用从张福河经废黄河至套子口入海。

民国二十二年(1933)

1月　导淮的第一段工程——张福河疏浚工程开始，该河全长31千米，河底挖宽到32米，河底高程在上首段为8.62米，下段尾高为6.84米，河床比降为0.0 000 575，坡比1:2，疏浚土方220万立方米。同年7月竣工。

民国二十三年(1934)

3月　淮阴船闸开始建造，工程由上海陶馥记营造厂承包，耗银币80余万元。该闸至1936年6月竣工投产后，码头三闸遂废，中、里运河之间，缩短水程12千米。

春　对洪泽湖大堤进行培修加固。

11月　征集淮阴、泗阳、涟水、淮安、宝应、高邮、江都、泰县、盐城、东台、兴化、阜宁12县民夫共16万人，疏浚淮水故道。上起淮阴县杨庄，下至套子口入海处，全长163千米，由于经费困难，工程规模一再缩小，将河底宽改为42.5米，堤距减为230米，至1937年春完工。

民国二十五年(1936)

8月　洪泽湖大堤南端的三河活动坝由上海陶馥记营造厂承包施工。该坝是排泄淮水、调节洪泽湖水位的关键工程，设计长750米，60孔，每孔宽10米，孔高5.5米，基础和坝墩用混凝土浇筑，钢闸门，坝墩上建公路桥，预计1938年底竣工。到1937年底，桩基完成，翼墙浇灌，旋因日军进犯盱眙而被迫停工。

民国二十六年(1937)

1月9日　淮河入江水道平剖面测量工作完成。

民国二十七年(1938)

6月9日　郑州市花园口黄河决堤，洪水在正阳关至怀远一段倾注于淮河干流，洪泽湖暴涨，最高水位14.13米，里下河地区一片汪洋。此后，黄泛9年，黄河把大约100亿吨泥沙带到淮北平原，造成淮河干、支流及湖泊的严重淤积。其间，洪泽湖淤滩面积猛增。

民国三十一年(1942)

4月　于洪泽湖管理局辖地建洪泽县，洪泽建县始于此。

民国三十二年(1943)

春夏　苏皖边区淮北行署在高家堰南北修复临湖面石工墙一千三百七十丈，并填补被破坏的三段堤身。同时动员20万民工，自高良涧经顺河集、黄圩子绕成子湖，衔接安河，修筑了200余华里的马蹄形环湖圈堤。在临淮头以西，汴、溧两河间，也筑成挡湖水的新堤。

8月27日　彭雪枫在大柳巷参加会议，适逢淮河洪水泛滥，大柳巷圩堤决口10多处。彭雪枫率部属及群众抢险，堵住决口。

民国三十三年(1944)

3月12日　苏皖边区淮北行署组织10多万民工，修筑淮河北岸大堤180余里，完成土石方59 700多立方米，堤高超过1943年淮河洪水位1.1米。至6月20日竣工。

民国三十四年(1945)

5月　中旬以后，长江中下游一带连月大雨，淮南、洪泽湖一带统成泽国，很多群众被淹死。

民国三十五年(1946)

秋　大水，洪泽湖东、白马湖西一片汪洋，遍地行舟。湖西泗县、五河县坡地多被淹。

民国三十六年(1947)

6月7日　淮北地委与第七专署决定撤销洪泽县，其辖地分别并入淮泗、泗阳2县，湖西部分与泗南县合并成立泗洪县。同年11月，撤销泗洪县，恢复泗南县，同时成立洪泽湖管理局。

11月中旬　中国共产党华中七地委决定成立中国共产党洪泽湖工作委员会和洪泽湖管理局，仍辖有原洪泽县区、乡。

12月　洪泽湖管理局动员渔、村、船民疏通湖区水道。

△洪泽湖管理局在湖区全面进行"渔改"。

民国三十七年(1948)

12月　淮泗县撤销,并入泗阳县。

1949年

4月　泗南、泗宿、泗阳三县联合疏浚安河。

△江淮第二、第三专署撤销,成立宿县专署,将邳睢、睢宁、泗阳、淮宝县及宿迁市划归华中第六专署。同时,撤销泗宿、泗南县,将泗宿、泗南、泗阳县各一部分及洪泽湖管理局共16个区(局)合并,成立泗洪县,属宿县专区。

5月25日　华中第六专员会署改为淮阴专员公署。

现　代

1949年

11月8日　淮河水利工程总局组织洪泽湖测量队,在洪泽湖区开始实地测量,此项工作至1954年4月结束,完成4 588.5平方千米的万分之一湖区地形图。

1950年

2月　苏北行署决定撤销淮宝县建制,其辖地分属淮阴、淮安、宝应3县。

5月　中渡(蒋坝南)二等水文站成立。

△泗洪县于临淮头设洪泽湖水上公安分局。淮阴县于高良涧设洪泽湖公安办事处,旋改为公安分局。

10月1日　淮河入海水道查勘团一行40人,由刘宠光、汪胡祯、刘钟瑞率领,到淮阴经一个月的实地查勘和征集地方意见,后编写出《淮河入海水道查勘报告》,提出行洪8 000立方米每秒的具体方案。

10 月 14 日　中央人民政府政务院发布关于治理淮河的决定，决定共分 6 个部分。确定了蓄泄兼筹的治淮方针，1951 年应办的工程项目、组织领导以及经费等重大问题。

11 月 6 日　治淮委员会在蚌埠成立，曾山为主任，曾希圣、吴芝圃、刘宠光、惠浴宇为副主任，吴觉为秘书长。同时，召开第一次全委会。会议依据三省共保、统筹兼顾、互相配合的精神，拟定了 1951 年度的治淮工程计划。

11 月中旬　淮河下游工程局组织技术干部和民工 500 多人，组成 8 个测量队，从高良涧至扁担港口长 170 千米，为开挖苏北灌溉总渠开展测量工作。

冬　将洪泽湖管理局改为洪泽(水上)区，隶属于安徽泗洪县。

△皖北宿县专区组织 41.29 万人以工代赈疏浚濉河，疏浚上起濉溪县房庄，经宿县、灵璧、泗县、泗洪至临淮头入洪泽湖，长 220.8 千米，设计流量 52～190 立方米每秒，共完成土方 2 345.16 万立方米。工程至次年 6 月 19 日竣工。其间，浙江大学学生到工地实习。

1951 年

4 月 19 日　水利部长傅作义偕苏联水利专家布可夫和淮委副主任曾希圣、惠浴宇，淮河下游工程局局长熊梯云查勘洪泽湖大堤、三河闸和高良涧进水闸闸址。

5 月　毛泽东主席为治淮工程题词“一定要把淮河修好”。

8 月　洪泽湖大堤加固及部分直立式墙拆修工程开工，至 1955 年完成。

10 月 15 日　下草湾引河开工。它是淮河内外水分流工程的组成部分，是漴、潼河内水排水系统的尾闾，引河长 4.59 千米，设计排水流量 1 000 立方米每秒，底宽 96 米，最大挖深 27 米。漴河、潼河分别于五河及浮山入淮，历史上常遭淮河倒灌之灾，治理工程将两河合并，首尾两段开挖新河，中段利用窑河、老淮河，直接由溧河注入洪泽湖，缩短洪水行程 63.9 千米。由宿县专区先后组织 9.2 万人施工，共完成土方 523.8 万立方米，于 1952 年 7 月 13 日竣工。

11 月 2 日　苏北灌溉总渠开工，于次年 5 月 10 日基本完成，1953 年 4 月全部竣工，动员淮阴、盐城、南通、扬州四地区民工计 119 万人次，完成土方 6 321.9 万立方米，全长 168 千米，渠底宽 60～140 米，堤顶宽 8 米，设计流量 800 立方米每秒。

11 月 3 日　水利部召开治淮会议，商讨洪泽湖蓄水位问题。

11 月 7 日　高良涧进水闸开工。该闸为苏北灌溉总渠渠首，于次年 6 月建成，共 8 孔，每孔净宽 9.2 米，设计流量 700 立方米每秒。同时，高良涧船闸开工，于次年 10 月建成。

11 月 9 日　治淮委员会苏北工程指挥部在淮安成立，惠浴宇兼指挥，陈亚昌、熊梯云为副指挥，万众一兼政治委员。原治淮委员会下游工程局同时撤销。

11 月 16 日　濉、潼河疏浚工程开工，设计排水流量 1 000 立方米每秒，疏浚河段在五河北店子以西开挖接沱河、浍河的两条引河，二引河在北店子合并后，往东统称濉潼河，河底宽 128 米，下接峰山切岭引河，切岭段全长 6 594 米，东接窑河，底宽 100 米，最大挖深 23 米。连同 1954 年完成的补充工程，共动员 57.2 万人，完成土方 1 889 万立方米，石方 6.64 万立方米。

11 月 25 日　安河疏浚及顾勒切岭工程开工，施工河段长 102 千米。由宿县专区负责，共组织民工 10.7 万人次，于次年 7 月 20 日竣工，共完成土方 759 余万立方米。

是月　淮安运东分水闸开始建造，于次年夏完成。

12 月　张福河疏浚工程完工。

1952 年

1 月 5 日，淮委苏北治淮工程指挥部改名为苏北治淮总指挥部。

春　亚洲及太平洋地区和平会议 60 多个国家代表由水利部长

傅作义陪同，来淮阴参观苏北灌溉总渠等水利工程。

5 月 14 日　世界工联和全国工会部分代表抵淮阴，参观苏北灌溉总渠、高良涧进水闸、淮安运东分水闸、淮阴船闸和杨庄活动坝。

6 月 19 日　杨庄活动坝竣工并正式放水。

8 月 12 日　苏联水利专家布可夫在钱正英陪同下，赴三河闸工程指挥部筹建处指导工作。

10 月 1 日　经水利部批准兴建的新中国第二大闸——三河闸于此日开工，次年 7 月 26 日建成。共动员民工 15.8 万人次，完成土方 939 万立方米。全闸 63 孔，每孔净宽 10 米，总长 697.75 米，可控最高洪水位 15.32 米，设计泄洪流量 8 000 立方米每秒。

同月 24 日　出席亚洲及太平洋区域和平会议部分代表和国际新闻记者一行 61 人，到湖区苏北灌溉总渠、三河闸、高良涧闸、运东分水闸等治淮工地参观。

11 月 27 日　泊岗引河开工。该工程是淮河内外水分流工程的组成部分，动员民工最多时达 16 万人，共完成土方 2 543.06 万立方米，1954 年竣工。至此，淮河内外水分流工程全部完竣。

是年　治淮工程中，华东文物工作队杨钟健等在泗洪下草湾等地发现化石，其中下草湾出土的河狸化石，被命名为“中国杨氏河狸”。

△疏浚淮河入江水道。

1953 年

1 月 29 日　苏北治淮总指挥部改名为江苏省治淮指挥部，指挥管文蔚，副指挥高峰、余克、陈克天。

6 月 28 日　与苏北灌溉总渠平行的长达 135 千米的排水渠道及相关配套工程竣工。

7 月 26 日　三河闸隆重举行放水典礼。

7 月　淮阴、泗阳两县连续大雨，湖水上涨，淹 381 个村，撤出灾民 82 553 人，倒塌房屋 33 451 间，死亡 41 人。

12 月 3 日　根据治淮委员会通知，撤销“江苏省导沂整沭工程委员会”，成立徐州、淮阴专区治淮指挥部，分别负责各专区治淮和导沂整沭工程。

1954 年

1 月 24 日—28 日　治淮委员会召开洪泽湖蓄水位问题研究会议，会议暂定洪泽湖蓄水位为 12.5 米，4 月经水利部认可。

6 月—8 月　淮河上中游地区普降暴雨，平均雨量 520 毫米，暴雨中心最大雨量达 1 259.6 毫米。洪泽湖水猛涨，水位多日保持在 14.00 米左右，最高达 15.23 米，上游濉河水位 16.54 米，入湖流量最高达 15 800 立方米每秒，三河闸最大泄量达 10 700 立方米每秒。

7 月 27 日　泗洪县连降暴雨，雨量达 602 毫米，受灾农田 10.14 万公顷，灾民 396 000 人，倒房 22 992 间，淹死 51 人，伤 15 人。

8 月 8 日　开始在高良涧进水闸下 300 米处突击赶筑滚水坝，抬高闸下水位。同时闸上加压 700 吨钢轨，防止闸身滑动。

同月　江苏省治淮指挥部组织 2 万余人，突击加固洪泽湖东岸 50 多千米大堤，省交通厅在全省调集大批轮船、木船，抢运石块和器材，确保施工。共完成土方 25 万多立方米，石方 7.2 万多立方米，勾缝 5.3 万平方米。

1955 年

1 月　洪泽湖封冻，局部湖面有牛车载物行驶，从高良涧到尚嘴可全部履冰行走或骑自行车。

2 月　为解决洪泽湖提高蓄水位的矛盾，国务院电示，安徽省泗洪、盱眙 2 县划归江苏省，原属江苏的萧县、砀山两县划归安徽省。时泗洪县洪泽区辖湖东、三坝、龙淮、刘嘴、溧河、安河、台口、成河、肖河、临淮 10 个乡和双沟港。

3 月　洪泽湖周边 12.5 米高程挡浪堤及 13.5 米截水堤全面开

工。同年12月竣工。

11月8日　江苏省治淮指挥部提出“淮河入江水道第一期工程计划任务书”。次年2月和6月，先后经国家水利部和国家计委批准，同意按11 000立方米每秒入江流量设计，包括中渡至闵桥东西大堤工程、大汕子格堤工程、西南岸圩堤工程和堤西排水工程等，要求汛后开工。

1956年

5月1日　安河疏浚工程开工，翌年2月竣工。

是月　根据中央关于洪泽湖应“按湖设治”的原则，并经国务院批准，将湖东平原和湖四周部分陆地分别从淮阴、淮安、盱眙、泗洪、泗阳县划出，建立洪泽县，县治设高良涧镇。

6—8月下旬　淮河流域先后多次降暴雨，淮水上涨，洪泽湖最高水位15.23米，三河闸全部开启，致沿湖盱眙、泗洪、淮安、淮阴等县平地积水近1.2米。洪泽湖上下，江苏省受灾农田面积达92.7万公顷，安徽省高达157.1万多公顷。

11月　江苏省水产局拨款16万元，修理蒋坝、老子山、半城三个渔港，新建尚嘴渔港。

冬 江苏省整修淮河入江水道，对原行洪道整修复堤，其行洪标准为8 000立方米每秒。同时，对高宝湖、白马湖、邵伯湖圩区进行全面复堤，修筑白马湖格堤，工程于1957年5月完成。

1957年

3月1日　洪泽湖移民垦区灌溉工程开工。工程包括9处农田水利工程，计土方99.6万立方米，涵闸2座，抽水站2座，投资62万元。

11月11日　二河闸开工。该闸是“分淮入沂、淮水北调”的关键工程，闸宽401.8米，共35孔，每孔净宽10米。设计流量3 000立方米每秒，校核4 000立方米每秒。次年8月建成，总投资

1 225.66万元。

冬　洪泽湖区建成成河港，疏浚整修了蒋坝港、老子山港。其中成河港最大，周长近 2 000 米，可泊渔船 1 000 多只。

1958 年

4 月 1 日　分淮入沂工程二河段开工。设计湖水位 15.4 米，分淮入沂 3 000 立方米每秒，输送灌溉用水 750 立方米每秒。灌溉水、旱田可达 76.27 万公顷。省动员扬州、盐城、南通和淮阴专区（盱眙、洪泽两县）计 11.8 万民工施工。二河段自二河闸至淮阴闸全长 29.3 千米（另闸上切滩 6.4 千米），东西堤距 800～1 500 米。次年 1 月基本完成。做土方 3 383.2 万立方米，石方 12 198 立方米。

5 月 15 日　高良涧进水闸发生下游消力塘及倒滤水器被冲翻的严重事故。事后进行修复加固。

9 月 21—23 日　中国共产党中央副主席、全国人大常委会委员长刘少奇视察二河闸、高良涧闸、三河闸等，并听取了淮阴专区水利规划的汇报。

9 月　淮沭河工程指挥部成立，淮阴专署副专员陶硕夫任指挥，张一清、杜林任副指挥。同时工程全面开工，工程从淮阴县杨庄至沭阳县新沂河，长 62.5 千米，动员淮阴地区及毗邻地区民工 16 万人。1959 年冬—1960 年春，计完成土方 4 188 万立方米，石方 15.1 万立方米，混凝土 20.6 万立方米。

12 月 31 日　中国共产党淮阴地委批转专署水利局党组“关于河网化工程安排等问题的报告”，要求全区确保 1958 年冬 1959 年春实现河网化 3.23 万公顷，1959 年实现旱改水 34.93 万公顷。

是年　淮阴专区在洪泽湖区开工建设淮涟、涟西、涟中、周桥等灌区。

1959 年

1 月 2 日　淮阴地专机关和淮阴市各单位组成绿化大军开赴洪

泽湖大堤，10 天植树 300 万株。

1 月 30 日　国务院第七办公室就洪泽湖蓄水位问题向国务院报告，提出五条意见，主要是：(一)安徽省的受灾群众，国家给救济费 850 万元；(二)江苏省应使洪泽湖水位在 5 月 23 日至 28 日降到 12.5 米；(三)从明春起安徽省的史淠河、临淮岗、蚌埠闸和江苏省的分淮入沂等灌溉工程，将逐步发挥作用。为了合理解决春季用水的突出矛盾，洪泽湖的蓄水位在今后一两年内应抬高到 13.5 米。

10 月 12 日　水利电力部发出关于洪泽湖蓄水问题的要求：从 1960 年汛期以后即开始由 12.5 米高程逐步提高蓄水位，至年底达到 13.5 米。

1960 年

3—5 月　由长江水产研究所、江苏省水产科学研究所、南京大学、中国科学院南京地理研究所、华东水利学院、江苏省水利厅、江苏省气象局、南京师范学院、上海水产学院共 9 个单位 177 位科技工作者及工作人员，组成洪泽湖水产资源综合调查队，对洪泽湖水产资源进行综合调查。

11 月 3 日　洪泽湖突起 8 级以上大风，洪泽 202 船队翻船，23 人遇难。

12 月　洪金灌区开工，设计灌溉面积 2.2 万公顷，1961 年完成蒋坝干渠，1963 年完成南北干渠，1970 年建成洪金洞，1983 年实灌面积 2.208 万公顷。

△大旱，洪泽湖底大部分脱水干裂，从高良涧到尚嘴可行人，湖心或深水区泥水相混，鱼又运不出湖，除腌制一部分外，大批烂掉。

1961 年

2 月 28 日　关于洪泽湖蓄水位问题，水利电力部钱正英副部长电话传达谭震林副总理指示，在当前安徽省沿湖工程未做完的情况下，既照顾到两省沿湖三麦生长，又保证江苏省灌溉用水，决定临淮岗水库今春不合龙，如遇干旱年份，蚌埠闸不控制，淮河底水苏、皖两省各半分用。洪泽湖汛前蓄水位仍按 12.5 米拦蓄，汛后再逐步蓄到 13.5 米。

1962 年

7 月　周桥避风港工程施工，9 月底竣工。

1963 年

5—8 月　淮河流域连降暴雨，淮河上中游干流启用 8 个行洪区，夏、秋两季涝灾为 1949 年以来最重的一年。环湖的淮阴专区三麦受灾 33.87 万公顷，秋熟作物受灾 62.93 万公顷，倒塌房屋 80 多万间，暴雨洪涝造成死伤 1 057 人，全区灾民 411.8 万人。

7 月 30 日　洪泽县颁发《洪泽湖禁捕期禁渔区制度》，规定洪泽湖区清明至芒种为银鱼禁捕期，清明至白露为毛刀鱼禁捕期。

1964 年

春　古山河、高松河疏浚工程完成。

1965 年

7 月 22 日　当洪泽湖水位上升到 12.99 米时，蒋坝二帝宫大堤直立石墙因基桩腐烂，石工失修，突然倒塌 40 多米，引起各级重视，迅速组织全线检查，由蒋坝至高良涧 26.44 千米堤段，发现各种隐患 1 381 处。

7—8 月　淮阴地区接连大风，暴雨成灾，60 多天降雨 1 000 毫米左右，其间不时伴有台风。沿洪泽湖、白马湖地区一片汪洋。

12 月—1969 年 10 月　对洪泽湖大堤进行全线改建加固，蒋坝至高良涧 25 千米的险工段，拆除旧石工墙，迎湖面改筑顶高程 14.5 米、宽 50 米的防浪林台，台顶以上堤坡用水泥砂浆砌块石防护。

1966 年

8 日　洪泽湖大堤改建工程蒋坝段试验结束，建成斜坡式人工堤体长 160 米，衡重式直立墙 162 米。同年 11 月至 1968 年 4 月，洪

121.9 万立方米，混凝土和石方 2 500 余立方米。

1978 年

6 月　大旱，淮河断流，洪泽湖干涸。1～8 月份，降雨量比正常年份少六七成，苏北淮河流域成灾面积 61.3 万公顷。淮阴地区利用各种水利工程进行抗旱，并打井 1 780 眼，为部分旱作物抗旱提供了水源。

1979 年

春　洪泽湖因连续干旱 13 个月，致湖水深 30 厘米以上水域仅剩 2.66 万公顷，高良涧至老子山可以步行，大鱼几乎捕光，大部分港口不能进船。

1980 年

9 月　联合国世界粮食计划署在考察洪泽湖后，决定就开发洪泽湖渔业资源项目向洪泽县提供援助，内容包括改善沿湖 5 个公社的 8 000 户渔民的社会和经济条件，为他们提供住房、学校和医疗设施。并将通过一系列措施使渔业生产从原来的年产 9 500 吨增加到 1985 年的 12 000 吨。

1981 年

2 月 26 日　江苏省地震局答复省建委、水利厅关于江苏省重点水利工程地区地震基本烈度核定意见，洪泽湖地区具有发生5.5～5.75 级地震的可能，其基本烈度Ⅶ度。

1982 年

4 月　联合国粮食计划署将开发洪泽湖渔业资源批准为“2633”援助项目，这是全国水产系统第一个接受计划署援助的项目。项目包括增殖资源、发展养殖、加工保鲜、改善生产生活设施 4 个方面 17 项工程。

夏　盱眙县明祖陵、东阳城、第一山摩崖题刻，泗洪县雪枫陵园、朱家岗烈士陵园，洪泽县高良涧镇水铁犀，被列为江苏省重点文物保护单位。

8月20日　上午8时左右，洪泽湖湖面上突然刮起10级以上大风，造成29条船只翻沉，淹死8人，经济损失10万余元。

11月5日　中国政府代表和世界粮食计划署代表在北京正式签订协议，世界粮食计划署以粮油等食物援助洪泽湖渔业资源开发工程。整个工程计划到1986年底结束，总投资为3 507万元（包括劳务投资）。

△对洪泽湖水产资源进行调查，连同1960年、1973年两次调查，已知洪泽湖有鱼类17科114种，另有水生植物21科36种，底栖动物39种，浮游植物8门46科134属，浮游动物32科69属。

1983年

1月1日　联合国粮食计划署援助洪泽湖“2633”项目工程在洪泽县各乡镇全面动工。是月21日，粮食计划署驻京代表褚玉龙来洪泽县察看援建工程施工情况。

1月　抬高洪泽湖蓄水位，安徽省影响地区处理工程开工。国家拨款3 000万元，至1985年底完成各有关项目。工程完成后，洪泽湖汛后蓄水位由12.5米抬高到13.0米。

1984年

10月31日　中国共产党中央总书记胡耀邦视察洪泽湖，作出关于要综合开发洪泽湖，成立开发公司，广泛吸引国内外投资，加速开发进程的指示。

1985年

4月　淮阴市首次进行鸟类资源调查，初步认定有鸟类125种。其中，属国家一类保护动物的有丹顶鹤、大鸨。

6月1—4日　洪泽湖综合开发领导小组邀请全国41个单位的58位专家学者和有关人员，在淮阴市召开洪泽湖综合开发规划论证会。“以湖区水面为主体，以周边陆地为依托，在保证防洪和供水的前提下，充分发挥湖区资源优势，重点发展水产生产，同时发展农、林、牧、副和工、商、建、运、服务各业，努力提高经济效益、社会效益和生态效益，尽快实现湖区经济腾飞”的开发方针，受到与会者的一致肯定。不久，这个规划被江苏省、淮阴市列入“七五”计划。

11 月 22 日　淮阴市人民政府召开市长办公会议，决定成立洪泽湖管理局、洪泽湖渔政管理总站、洪泽湖水上公安分局、洪泽湖开发总公司。根据这次会议精神，洪泽湖周边 5 县也各自成立洪泽湖综合开发局(所)。

12 月　经江苏省人民政府批文同意，调整洪泽湖区行政区划，将洪泽湖水域分由洪泽、淮阴、泗洪、泗阳、盱眙 5 县管辖。

1986 年

3 月 21 日　淮阴市洪泽湖开发总公司成立，洪泽、泗阳、泗洪、盱眙、淮阴 5 县成立分公司。次年 7 月 16 日，市人民政府下文撤销。

12 月 20—22 日　《淮河流域水产规划报告》评审会在安徽省滁县召开。30 多位专家与会，评审并通过了这个报告。这个报告是中国各大水系综合治理规划中第一个发展水产的规划，会议建议尽快组织开展规划报告的试点工作。

是月　治淮委员会应用遥感技术开展淮河流域水系、湖泊变迁的研究。

1987 年

2 月　世界自然保护协会主席梅适时博士率 11 名专家到洪泽湖鸟类自然保护区考察。

1988 年

1 月　《新华日报》报道：经过两年综合开发，洪泽湖区首次实现水产品的人工养殖量超过大湖捕捞量，水产品总产量比 1985 年翻了一番。

2 月 28 日　淮阴市人民政府发出《关于洪泽湖封湖禁渔的通

告》,时限为 90 天,1989 年又延长 10 天。此后,每年均按照此通告执行。

5 月 29—30 日　淮河流域水资源保护领导小组在安徽省屯溪市召开成立大会暨第一次会议。

6—8 月　淮河流域大旱,江水北调沿线抽水站运行时间均超过 1978 年。

25 日　卫星遥感图像测算洪泽湖水位在 12.97 米时,水域面积为 1 508.33 平方千米。

1989 年

3 月　蚌埠闸下泄工业污水 1.1 亿立方米,使淮河盱眙段 8 万公顷水面受污染,盱眙县城自来水厂停水一周,部分工厂停产,经济损失 1 250 万元。

8 月 20 日　纵贯洪泽湖西线航道的 25 座航标,全线接通,投入使用,结束了该条航道不能夜航的历史。

12 月 15—17 日　淮河流域水资源保护领导小组第二次会议在洛阳召开,会议原则通过了第一批限期治理污染企业名单、《关于淮河流域防止河道突发性污染事故的决定(试行)》、《淮河流域水资源保护信息资料传递暂行办法》等。

1990 年

1 月　洪泽湖区首次发现一群在滩涂栖息越冬的丹顶鹤。

10 月 27—28 日　豫皖两省在阜阳召开"沙颍河污染联防会议",决定 1992—1993 年度,将水污染联防范围扩大到淮河润河集至洪泽湖,在沙颍河、淮河共设 26 个水质监测站。

1991 年

6 月 4—10 日　淮河上游有大股污水泻入洪泽湖,给湖上渔民食用水带来严重困难,并造成洪泽县老子山镇的网箱、围栏养殖死鱼等直接经济损失达 30 多万元。

7月10日　凌晨2时，淮沭河开始为洪泽湖泄洪，流量达700立方米每秒。这是淮沭河开挖以来第一次行洪。淮阴市在南起淮阴闸、北至沭阳闸的70多千米长的淮沭河沿岸投入民工10.2万人，抢修险工险段77处，确保行洪安全。

16—17日　三河闸最大泄量为8 600立方米每秒。16日晨6时起，淮沭河上的淮阴闸实测流量达1 030立方米每秒。至17日晨6时，淮沭河泄洪量加大到1 200立方米每秒，这是淮沭河“分淮入沂”的最大泄洪量。洪泽湖终安全渡汛。

8月17—20日　国务院治理淮河、太湖会议在北京召开，会议决定：计划在“八五”期间国家与地方投资61亿元，在淮河上兴建18项大型水利工程，提高防洪排涝能力。

11月16日　怀洪新河澥河洼、香涧湖段工程开工，安徽省委书记卢荣景、省长傅锡寿等出席开工典礼。

11月底　安徽正阳关至江苏下草湾的淮河北岸大堤加固工程开工，加上安徽境内3个圈堤，总长700千米。此次工程还包括加固7处涵闸、3处防汛路面。

28日　淮河入江水道加固工程(含清障固圩、新民滩处理工程和沿线闸坝加固等)全线展开。1995年竣工。

30日　分淮入沂续建工程开工。项目包括：堤防黏土灌浆51.5千米，块石护坡11千米，淮阴闸、沭阳闸除险加固，滩地清障，修筑防汛道107.9千米。1995年底竣工。

12月　洪泽湖大堤防洪抗震加固工程开工，1995年底竣工。

1992年

1月9日　《扬子晚报》报道：从去年12月16日开始，洪泽湖由于受寒潮袭击，出现历史上罕见的大封冻，冰层平均厚度10厘米，最厚处达20厘米以上。

2月4日　沙颍河大量污水下泄，酿成淮河突发性污染事故，河、湖出现死鱼,整个过程持续20多天。

2月18日　三河闸加固工程全面投入施工。本次主要更新闸门,对消力池、工作桥、公路桥加固,闸下游两岸坡脚护砌石坡,至1994年竣工。

6月7日　江苏省省长陈焕友等视察了三河闸闸门更换项目、金湖入江水道西堤南端、下塘闸、大汕子格堤护坡工程等,并看望正在工地施工的民工们。

7月8日　至本日,淮河已断流一个月,洪泽湖水位10.47米;淮阴市67万公顷秋熟作物受旱,其中10万公顷濒于死亡;水产业遭受特大灾难;200多万城乡人民生活用水困难。市委、市政府根据保生活、保发电、保航运、保大局的"四保"精神,动员全市人民奋力抗旱。

8月6—7日　农业部农业投资总公司、江苏省计经委、省水产局、省投资公司等有关部门负责人来淮阴考察洪泽湖综合开发工程进展情况。

12月5日　上午10时整,宁连一级公路马坝至武墩段(长70千米)通车典礼在盱眙县和洪泽县交界处的三河大桥举行。省长陈焕友剪彩。

1993年

9月14日　安徽省第八届人大常委会第五次会议通过《安徽省淮河流域水污染防治条例》,并公布施行。

10月6—20日　治淮委员会派出两个调查组,对淮河干流及支流沙颍河、涡河、大洪河、新汴河沿线的农业、工业近100个取水口作了全面调查,行程6 000千米。

1994年

1月21日　淮阴市人民政府淮政发〔1994〕29号文制定了《洪泽湖水产资源增殖保护实施细则》。

4月4日　治淮委员会怀洪新河工程指挥部成立，该指挥部负责怀洪新河苏、皖两省省界段1.8千米河道及建筑物工程施工任务。

4月6日　怀洪新河续建工程及江苏省段峰山切岭工程开工。续建1980年停建的怀洪新河是国家治淮中的战略性决策，此河从安徽怀远县的涡河口至江苏泗洪县洪泽湖边老窑河口，全长127千米，江苏境内长26.13千米，河底宽280～380米，建成后连同以往所开河道，可行洪4 710立方米每秒，排内水1 650立方米每秒，防洪可达百年一遇，排内水可达40年一遇标准。至2000年底，江苏境内续建工程全部完竣。

5月24—26日　以国务委员宋健为团长的全国环保执法检查团，在蚌埠市召开环保执法检查现场会，苏、鲁、豫、皖四省政府和淮委负责人出席会议。宋健指出：各级党政领导不能强调客观，一定要采取有力措施，在20世纪末恢复淮河的本来面目。

8月9日　江苏省委副书记曹鸿鸣等在淮阴市委书记许祖元陪同下，先后视察了盱眙、泗洪两县受旱、抗旱和淮河污染情况。

8月11日　南京军区为支援盱眙抗污染的引水管线架设成功，管线长15千米。隔日，江苏省委书记、省长陈焕友视察盱眙，慰问抗旱抗污第一线的人民解放军和广大干群。

8月16日　淮阴市政府从市直有关单位、各县（市）紧急调拨的19辆运水车抵达盱眙，帮助灾区人民运送生活用水。

8月19—24日　国家环保局局长解振华、水利部副部长严克强率国务院工作组赴江苏、安徽受污染水域现场办公，20—22日在淮阴察看洪泽湖水情。工作组对今后如何防止淮河污染提出严格要求。

8月26日　洪泽湖避风港通过验收。该避风港位于洪泽湖心，有效停泊面积达1.5万平方米，可容纳100吨级船舶100艘避风。

8月30日　国务院办公厅发出《关于防止淮河流域再次发生重

大水污染事故的紧急通知》。次日至9月2日，国务院办公厅召开淮河流域水污染防治工作会议，会议传达李鹏总理指示：从明年起，国务院用3年左右时间，使淮河流域所有企业都要达标排放，1997年淮河初步变清。完善环保法制，加大环保执法力度，增加有关刑事处罚条款，治淮委员会对主要闸坝实施统一调度，不允许擅自决定开闸放水。今后凡因工作不力、管理不严、采取措施不及时、互相推诿扯皮等造成水污染事故的，要严肃追究有关领导人的责任。

12月17—18日　国务院副总理姜春云到蚌埠市考察怀洪新河施工进展情况。

1995年

8月8日　国务院总理李鹏签署中华人民共和国国务院令第183号，发布施行《淮河流域水污染防治暂行条例》。

9月13日　淮河流域第二次环境保护执法现场会在连云港市召开，国务委员宋健出席会议并作了重要讲话，会议决定：对造成水体污染的企业，采取“关、停、禁、改、转”的措施，做到在《条例》面前一律平等，坚决杜绝新污染源的产生。

10月27日　洪泽湖大堤三河上游拦河坝防洪抗震加固工程竣工，通过了治淮委员会、江苏省水利厅等单位专家验收，并被评为优良工程。

11月24日　淮河干流防汛移动通讯网建成。

1996年

1月17日　水利部副部长严克强、水利部治淮委员会副主任赵京武、江苏省省长助理张长胜在淮阴市视察洪泽湖入海水道工程项目和二河闸、三河闸等治淮工程。

8月11日　江苏省委、省政府在淮阴市召开全市领导干部大会，省委副书记许仲林宣读了国务院关于江苏省政府请求调整淮阴市行政区划、新组建地级宿迁市的批复：撤销县级宿迁市，设立地级宿迁市，将淮阴市的沭阳、泗阳、泗洪 3 个县划归宿迁市管辖；灌南县划归连云港市管辖。同时宣布了中国共产党宿迁市委班子和宿迁市筹建领导小组成员。

11 月 20 日　盱眙县仁集乡境内的明祖陵被公布为第四批全国重点文物保护单位。

1997 年

7 月 16—18 日　盱眙县连降 5 场暴雨，沿淮沿湖 7 个乡镇降雨量高达 449.2 毫米，县城街道积水深达 60～100 厘米，局部在 200 厘米以上。农村 1.29 万公顷农作物受灾，水漫鱼塘、蟹池 0.12 万公顷。灾情发生后，江苏省副省长姜永荣等来盱眙视察指导抗灾工作。

22 日　三河闸加固和洪泽湖大堤防浪林更新工程通过国家和省有关部门组织的验收，标志三河闸和洪泽湖大堤防洪保安能力进一步增强。

1998 年

11 月 19—21 日　受强冷寒流袭击，洪泽湖湖面结冰封冻，人民生命财产受到威胁。洪泽县港航部门共出动破冰船近 20 艘次，救助遇险船舶近百条（艘）、遇险船民 550 余人，挽回经济损失 1 000 余万元。

8 月 13 日　盱眙县第一山风景名胜区正式批准为省级风景名胜区。

28 日　江苏省政府在淮安市城东乡举行淮河入海水道开工典礼。新开挖的淮河入海水道与苏北灌溉总渠平行并紧靠北侧，西起洪泽湖二河闸，东至扁担港入海，全长 163.5 千米，近期投资 35.7 亿元，至 2005 年前全面完成。

1999 年

2 月 1 日　洪泽湖大堤十三堡大塘二期加固工程破土动工。该工程由国家、省、市拨专款 300 万元实施，4 月底竣工。

6月16日　江苏省政府以苏政发〔1999〕54号“关于划分水土流失重点防治区和平原沙土区的通知”，将洪泽湖与太湖、骆马湖、高宝湖一起，列为省级特殊保护林带和水源涵养林区。

7月1日　南京军区司令员陈炳德中将视察三河闸管理处、洪泽湖大堤等重点防汛设施，就驻淮部队和民兵预备役人员防汛抗洪工作作了指示，

2000年

2月13日　历时21天的淮河、洪泽湖冰封全线融解。冰封期间，洪泽县共出动破冰救助船艇35艘次，救助受困船舶500余条(艘)、船民1 000余人。

5月30日　淮河航道水位降至11米，盱眙县境内滞留船舶千余艘，至6月8日，淮河上中游普降大雨，境内主要航道均恢复通航。

6月12—13日　中国共产党中央政治局委员、国务院副总理温家宝由水利部部长汪恕诚、江苏省委书记回良玉等陪同，视察了二河大堤和淮河入海水道等一批重点水利工程，并在淮阴主持召开了苏、皖、鲁、豫4省负责人参加的淮河流域防汛防旱工作会议。

13日　水利部副部长张基尧率水利部南水北调东线工程考察组一行17人，就江苏省南水北调淮阴段工程建设、管理、运行状况和需要解决的有关问题来淮阴市考察。

7月1—14日　淮河流域普降大到暴雨，上游污水下泄，造成盱眙、洪泽、金湖等县受污染水面达2.07公顷，造成大量鱼虾蟹死亡，直接经济损失6 000多万元。

19日　“中国龙年盱眙龙虾节”在盱眙龙虾城隆重开幕，举行了千人广场盱眙龙虾天岛啤酒宴等10项活动，各具特色，丰富多彩，季允石省长给予高度评价。

8月27—31日　洪泽湖区连降暴雨，平均降雨量达296.2毫米，洪泽湖超过警戒水位0.18米，沿湖农作物大面积受涝，水漫鱼

塘、围网沉没，直接经济损失近亿元。

10月25日　盱眙县的古桑乡白虎山、桂五镇陶山、王店乡杜梁山小流域综合治理和水土保持生态环境监督管理规范化建设示范县工程，通过国家级验收。

11月13日　淮河入海水道淮安枢纽工程开工建设。

12月27日　南水北调东线工程之一的淮阴第二抽水站工程开工。该工程位于清浦区京杭运河与二河交汇处，总投资1.25亿元，建成后安装直径3.1米的水泵3台，总装机容量8 400千瓦，可抽水100立方米每秒，还可结合发电3 000千瓦。

是年　根据朱镕基总理关于加快淮河入海水道工程建设步伐、2003年汛前具备行洪条件的指示，江苏省委、省政府在国家计委、水利部的支持下，调整了工程建设进度，将建设工期从原定的7年缩短到4年半。此后建设进度大大加快。

2001年

2月10日　江苏省辖淮阴市更名淮安市，原县级淮安市改为淮安市楚州区，原淮阴县改为淮安市淮阴区。省辖淮安市辖清河、清浦、淮阴、楚州4区，涟水、洪泽、盱眙、金湖4县。

4月20日　水利部副部长翟浩辉率国家防汛总指挥部淮河防汛抗旱检查组察看洪泽湖大堤49K(千米)渗水处。5月16日，渗水处压密注浆及振动沉模防渗墙开工，至7月24日全面竣工。

2002年

至本年底，历时11年的第二期怀洪新河续建工程全部完成。此期共建设国家投资的单项工程30个，累计完成土石方1.6亿立方米，土方填筑0.47亿立方米，堆砌石46.09万立方米，混凝土及钢筋混凝土9.42万立方米，工程永久占地0.58万公顷，迁移人口1.72万人。

2003年

6月28日　淮河入海水道近期工程基本完成，正赶上淮河流域

1954年以来的最大洪水。上午，中国共产党中央政治局委员、国务院副总理回良玉启动入海水道滨海枢纽开闸放水按钮，宣布淮河入海水道全线建成通水。此次行洪，最高流量达1 830立方米每秒，累计泄洪43.8亿立方米，大大地缓解了洪泽湖大堤及入江水道等处的防洪压力。

7月8日　省淮河流域防汛工作会议召开，省委书记李源潮、省长梁保华、副省长黄莉新参加会议。

7月11日　省委书记李源潮检查洪泽湖大堤防汛工作并视察石港站北堤险情。

7月13日　国务院总理温家宝视察洪泽湖大堤。

10月9日　三河闸水利风景区被评为国家水利风景区。

10月22日　江苏省人民政府公布第五批省级文物保护单位名单，其中有淮安市淮阴区马头镇的漂母墓、淮阴区和洪泽县境内的洪泽湖大堤。

2004年

6月11日　淮河流域灾后重建重点工程之一——三河闸下游北岸护坡加固工程开工。

2005年

3月1日　《江苏省湖泊保护条例》正式施行。根据《条例》规定，经调查核实，并经省人民政府批准，决定将洪泽湖等137个0.5平方千米以上湖泊、城市市区内湖泊、城市饮用水源湖泊列入江苏省湖泊保护名录。

2006年

6月25日　江苏省人民政府同意建立“江苏淮安洪泽湖东部湿地省级自然保护区”。保护区位于洪泽县、盱眙县和淮安市淮阴区范围内，面积540平方千米，其中核心区面积164平方千米，缓冲区面积141平方千米，实验区面积235平方千米。

《关于加强洪泽湖非法圈圩非法养殖清除执法工作的通知》。

10月28日　洪泽湖大堤除险加固工程开工仪式举行。本次除险加固后，洪泽湖大堤防洪标准将达到100年一遇以上。

12月26日　江苏省政府批复同意设立江苏省泗洪洪泽湖生态旅游度假区，位于泗洪县城以南、洪泽湖西岸，规划面积18平方千米，四至范围：东至青城路（含森林温泉度假区），西至湿地公园西入口通道，南至湿地公园南防洪堤，北至洪泽湖大堤以北约300米。

2013年

1月10日　洪泽湖管理与保护联席会议召开专题视频会议，部署清除洪泽湖非法圈圩养殖工作，省水利厅设立主会场，淮安、宿迁两市分别设立分会场。省水利厅、省公安厅、省海洋与渔业局、省环保厅、省林业局、淮安和宿迁两市人民政府及有关部门、省洪泽湖水利工程管理处和洪泽湖渔业管理委员会办公室等联席会议成员单位负责人参加会议。

7月31日　省水利厅分别在淮阴区和泗阳县召开洪泽湖清障工作验收会。省水利厅工管处、省水政监察总队、省洪泽湖水利工程管理处、省水利科学研究院以及淮安、宿迁两市水利（务）局参加验收会。验收组评议认为，淮阴区、泗阳县洪泽湖湖区非法圈圩清除工作符合省防指《关于加强洪泽湖非法圈圩非法养殖清除执法工作的通知》要求，清障任务完成率100%，同意通过整体验收。

8月21日　省水利厅在洪泽县组织召开洪泽县洪泽湖违法圈圩清除工程验收会。省水利厅联合省洪泽湖水利工程管理处、省水政监察总队、省水利科学研究院、淮安市水利局、洪泽县人民政府、洪泽县水利局等单位组成验收工作组，对洪泽县洪泽湖非法圈圩清除工作组织验收。验收组听取了洪泽县政府清障工作汇报和省水科院水下检测情况报告，查阅了清障工作档案资料。验收组认为，洪泽县洪泽湖湖区非法圈圩清除工作符合省防指《关于加强洪泽湖非法圈

12月31日　江苏省人民政府批复同意《江苏省省管
规划》。原则同意江苏省洪泽湖、骆马湖、高邮湖、邵伯湖
部地区湖泊湖荡、白马湖、宝应湖、太湖、滆湖、长荡湖、石
湖等12个省管湖泊，以及嘉菱荡、鹅真荡、宛山荡等3个
护规划。同意规划提出的湖泊保护范围、湖泊功能区划、
实施意见。

2008年

5月30日　江苏省洪泽湖水利工程管理处举行揭
省三河闸管理处更名为江苏省洪泽湖水利工程管理处。

6月18日　江苏省省长罗志军，省委常委、副省长
省洪泽湖水利工程管理处视察指导防汛工作。

2009年

6月26日　江苏省人民政府召开洪泽湖管理与
暨湖泊保护研讨会，会议决定在洪泽湖试点开展联席会
由省水利厅牵头，地方政府及相关涉湖部门参与的
机制。

2010年

8月6日　洪泽湖管理与保护联席会议第二次
洪泽县召开。

2011年

1月26日　南水北调东线一期洪泽站工程开工

12月16日　2011年度洪泽湖管理与保护工作
开。省水利厅工管处、省洪泽湖水利工程管理处、
迁市水务局、省水利科学研究院、沿湖六县区水利（
单位代表出席会议。

2012年

9月　省防汛防旱指挥部向洪泽湖沿湖县（

圩非法养殖清除执法工作的通知》要求,洪泽县非法圈圩清除任务基本完成,同意通过验收。

9 月中旬　洪泽湖管理与保护联席会议办公室下发《关于进一步加强洪泽湖非法圈圩清除执法工作的通知》,要求各地立即对核定的非法圈圩开展执法清除工作。

2014 年

1 月 23 日　泗阳、泗洪、宿城三县区 2013 年新一轮以及泗洪县上一轮洪泽湖非法圈圩清除工作通过省水利厅组织的整体验收。

6 月 21 日　洪泽湖大堤作为大运河重要节点入选世界文化遗产名录。

8 月 14 日　经省政府同意,省水利厅、省交通运输厅、省公安厅及省海洋与渔业局联合发布洪泽湖水域禁止采砂通告及通知,对洪泽湖水域实施禁采。

11 月 19 日　省水利厅在南京召开协调会,部署打击洪泽湖非法采砂“利剑”行动,省水利厅、财政厅、交通运输厅、公安厅、海洋与渔业管理局相关部门负责人,淮安、宿迁市水利局,省骆运、洪泽湖水利工程管理处,洪泽、泗阳、泗洪县水利局分管负责人参加会议。

2015 年

7 月 30 日　水利部、国土资源部、交通运输部、江苏省人民政府、山东省人民政府联合下发《关于在南水北调东线输水干线洪泽湖骆马湖至南四湖段全面禁止采砂活动的通知》。

9 月 16 日　省政府下发《省政府关于同意成立江苏省洪泽湖管理委员会的批复》(苏政复〔2015〕95 号),同意成立江苏省洪泽湖管理委员会。

10 月 20 日　省编办下发《关于江苏省洪泽湖水利工程管理处增挂江苏省洪泽湖管理委员会办公室牌子的批复》,同意江苏省洪泽湖水利工程管理处增挂江苏省洪泽湖管理委员会办公牌子。

2016 年

2 月 22 日　省水利厅印发《关于同意调整省洪泽湖水利工程管理处(省洪泽湖管理委员会办公室)内设机构的批复》(苏水人〔2016〕10),同意省洪泽湖水利工程管理处(省洪泽湖管理委员会办公室)核销湖泊管理科,新增湖泊综合规划科、湖泊监督管理科。

3 月 7 日　省洪泽湖管理委员会办公室组织召开洪泽湖网格化管理方案座谈会,研究讨论洪泽湖网格化管理方案的可行性和可操作性。沿湖淮安、宿迁水利(务)局相关处室、淮安市湖泊管理处以及六县(区)水利(务)局和湖泊管理单位的负责同志参加了座谈会。

3 月 16 日　省洪泽湖管理委员会办公室联合省水利科学研究院对泗洪县洪泽湖 2013 至 2014 年非法圈圩清除扫尾任务进行初步验收,标志着洪泽湖 2013 至 2014 年非法圈圩清除任务圆满完成。据统计,近 3 年来经省防指发文清除的洪泽湖湖区非法圈圩 372 处、面积 7.88 万亩,经洪泽湖联席会议办公室、洪泽湖管委办发文清除的非法圈圩 14 余处、面积 3 000 余亩,共恢复调蓄库容 1 亿多立方米。

4 月 21 日　省洪泽湖管理委员会第一次全体成员会议召开,省洪泽湖管理委员会主任、省水利厅厅长李亚平出席会议并讲话。省发展改革、公安、财政、环保、交通运输、海洋渔业、林业部门以及沿湖两市六县区政府相关负责同志参加会议。

7 月 2 日　省委书记李强检查指导三河闸防汛工作,听取了省防指副指挥、省水利厅厅长李亚平关于淮河流域防洪工程体系及当前我省苏北地区防洪形势的情况汇报,省委常委、秘书长樊金龙,省委常委、副省长徐鸣等参加调研。

11 月 28—29 日　省洪泽湖管理委员会办公室在盱眙县举办洪泽湖网格化管理网格长培训班,沿湖两市六县区以及省属洪泽湖网格化管理湖长办公室负责同志和 125 名洪泽湖网格长参加培训。

12 月 20 日　洪泽湖大堤除险加固工程省管段通过竣工验收。

2017 年

1 月 1 日　洪泽湖网格化管理平台正式上线。

1 月 17 日　2016 年度洪泽湖管理与保护工作总结会在洪泽区召开。

3 月 20 日　我省第一个省管湖泊管理能力建设可行性研究报告——《洪泽湖管理能力建设可行性研究报告(送审稿)》编制完成。

4 月 12 日　江苏省人民政府发布关于禁止在洪泽湖周边滞洪区建设工程建设范围内新增建设项目和迁入人口通告。自通告发布之日起,禁止任何单位和个人在工程征地、占地范围内新建、扩建和改建建设项目,已批准的项目不再建设,在建的项目停止建设。违反规定进行建设的,一律不予补偿。除因新生儿出生、婚嫁、军人转业退伍、大中专毕业生分配等国家政策允许人员迁入外,禁止其他人口迁入征地、占地范围。违反规定擅自迁入的人口,不予移民安置。

6 月 8 日　洪泽湖周边视频监视系统通过验收。

10 月 24 日　洪泽湖网格化管理平台通过验收。

2018 年

2 月 6 日　省洪泽湖管委办组织召开 2017 年度洪泽湖管理与保护工作总结会暨河湖管理法规宣贯培训班,会议听取了洪泽湖管理委员会办公室 2017 年度洪泽湖管理与保护工作汇报,表彰了 2017 年度洪泽湖管理与保护工作先进集体和先进个人,淮安市洪泽区和宿迁市泗洪县相关人员分别作交流发言。

3 月 22 日　省洪泽湖管委办发文要求泗洪县人民政府依法查处泗洪洪泽湖生态资源开发有限公司违法建设培训中心项目。

3 月 26 日　淮安市洪泽湖水域拆解采砂船 413 条,待拆解 38 条,停靠点 2 条,实现淮安市洪泽湖全面禁采目标。

4 月 25 日　省人大调研制定《洪泽湖管理条例》座谈会在洪泽召开。省洪泽湖管委办在座谈会上汇报了洪泽湖管理与保护工作开展情况。本次调研会由省人大常委会农业和农村工作委员会组织，省海洋与渔业局、淮安市洪泽区人大、宿迁市泗阳县人大等单位参加，省水利厅副巡视员韩全林参加调研。

4月18日　淮安、宿迁两市六县区共拆解采砂船只711条，实现洪泽湖非法采砂船只"清零"。

6月25—27日　省发改委会同省水利厅就洪泽湖综合保护与开发利用进行调研。调研组分别与淮安、宿迁市及沿湖县区发改委、水利、环保、国土、交通、农委等有关部门开展了座谈，详细了解了洪泽湖管理保护和开发利用现状及存在问题，对进一步完善《洪泽湖综合保护与开发利用实施方案》提出了意见和建议。

7月3日　省水利厅副厅长、省洪泽湖管理委员会副主任张劲松来省洪泽湖管理委员会办公室开展工作调研。调研中，张副厅长肯定了洪泽湖管委会和管委办成立近3年来在洪泽湖管理与保护方面取得的工作成绩，要求进一步认真解决好思想认识、管理体制、洪泽湖的定位、管理方式和管理能力5个方面的问题，充分利用法律法规，努力把洪泽湖管理与保护工作提升到新水平。

7月12日　省洪泽湖管委办在泗洪组织召开洪泽湖周边圩区泵站入湖河道调查会，部署开展洪泽湖周边圩区泵站入湖河道调查工作。

7月30日　省洪泽湖管理委员会在洪泽区组织召开第二次全体成员会议，会议要求重点抓好5大工作：一要扎实推进水污染防治；二要扎实推进"三乱"专项整治；三要扎实推进退圩退渔退耕；四要扎实推进重点民生工程建设；五要扎实推进洪泽湖网格化综合监管。洪泽湖管理委员会成员单位淮安、宿迁以及沿湖6县(区)政府、省级有关部门负责同志出席会议。

7月　洪泽湖首次湖流监测工作正式启动。本次监测工作由省洪泽湖管理委员会办公室委托中科院南京地理与湖泊研究所承担，在全湖布设 4 个固定监测点、6 个漂浮监测点和 10 个监测断面，对洪泽湖关键河口吞吐流和洪泽湖风生流进行为时一年的监测。监测结果将为深入了解洪泽湖水环境变化情况，科学管理洪泽湖，维持洪泽湖健康生命提供重要基础数据保障。

9 月 8 日　CCTV－7 首届中国农民丰收节特别节目暨第十三届中国洪泽湖国际大闸蟹节开幕式在洪泽区洪泽湖古堰景区渔人湾举行。中国洪泽湖国际大闸蟹节被授予“中国十佳节庆品牌”，知名度、美誉度不断提升。

10 月 15 日　省委常委、省委统战部部长杨岳巡查洪泽湖和淮河干流江苏段，在泗洪县召开座谈会，部署推进洪泽湖和淮河的治理与保护工作。会议审定了洪泽湖、淮河干流江苏段“一河一策”行动计划。

10 月 23—25 日　省水利厅调研组来洪泽湖开展退圩还湖工作调研，察看了泗阳县洪泽湖退圩还湖和泗洪县、宿城区、盱眙县、洪泽区以及淮阴区部分历史圈圩现场，征询了相关县区对洪泽湖退圩还湖规划编制的意见和建议。

10 月 30 日　省洪泽湖管委办会同泗阳县人民政府、县水利局赴泗阳县卢集镇、高渡镇、裴圩镇，检查泗阳县退圩还湖工作。

11 月 20—23 日　水利部水资源司会同河湖司来洪泽湖就水生态保护工作开展调研。调研组先后考察了洪泽湖溧河洼湖区、新汴河入洪泽湖控制工程团结闸、洪泽湖水生态监测取样以及白马湖水生态修复等现场，听取了省洪泽湖管理委员会办公室、淮安市水利局、宿迁市水务局关于洪泽湖水生态保护工作情况汇报，中科院南京地理与湖泊研究所专题汇报了洪泽湖水生态监测工作情况及取得的成果。

12 月 12—13 日　省洪泽湖管理委员会办公室分别在泗洪县、洪泽区举办洪泽湖网格化管理宿迁片、淮安片培训班。宿城区、泗阳县、泗洪县、淮阴区、洪泽区、盱眙县湖长办及网格员共 140 余人参加培训。

12 月 15 日　省洪泽湖管委办组织召开 2016—2017 年洪泽湖水生态监测成果验收会。与会专家认为，本次监测工作思路清晰，监测方案合理，完成了合同规定的各项任务和要求，同意通过验收。省水利厅工管处、省水利厅规划办以及省水利科学研究院等单位的专家和代表参加了验收会。

12 月 18—19 日　淮河入江水道整治工程三河闸石港站加固改造工程通过竣工验收。

12 月 19—21 日　省洪泽湖管委办会同淮安、宿迁两市水行政主管部门，对沿湖 6 县(区)的 2018 年度洪泽湖网格化管理工作进行年度考核。

2019 年

3 月 6 日　省水利厅印发《关于进一步加强洪泽湖水域岸线管理保护工作的意见》，进一步规范洪泽湖水域岸线的管理和保护。

6 月 18 日　省洪泽湖管理委员会召开全体成员会议，副省长、管委会主任费高云出席会议并讲话。

7 月 17 日　副省长、省洪泽湖管理委员会主任费高云来到淮安市洪泽区，实地检查省委省政府对洪泽湖生态环境治理保护决策部署和省洪泽湖管理委员会第一次会议部署要求落实情况。

8 月 31 日　江苏省政府印发《关于加强洪泽湖生态保护和科学利用的实施意见》，落实省委、省政府关于加强洪泽湖生态环境保护的部署要求，促进洪泽湖区域生态经济协调发展。

11 月 15—17 日　第十七届中国国际农产品交易会在南昌举办。洪泽湖大闸蟹入选中国农业品牌目录。

2020 年

3 月 11 日　省洪泽湖管委办深入洪泽湖宿城区水域，调研入湖河道水质及住家船登记情况。

3 月 16 日　省洪泽湖水利工程管理处召开统筹推进洪泽湖管理保护工作会议，落实洪泽湖治理保护三年工作计划，研究部署管理处 2020 年度河湖管理工作任务。

4 月 1 日　省司法厅、省水利厅来洪泽湖开展《江苏省水域保护办法（草案）》调研。调研组在泗洪县召开座谈会，听取了宿迁市和泗洪县有关部门关于《江苏省水域保护办法（草案）》的意见和建议，并就洪泽湖历史圈圩的形成、住家船清理整治与湖区百姓生产、生活的关系以及河道上下游生态补偿机制的建立等问题展开研讨，实地察看了临淮镇住家船集中居住点和半城镇洪泽湖历史圩区现场。

4 月 16—17 日　省洪泽湖管理处在盱眙组织召开 2019 年度洪泽湖淮河盱眙五座中型水库遥感监测核查成果会商会。

5 月 8 日　省洪泽湖水利工程管理处组织召开洪泽湖大堤周桥大塘段生态修复与文化展示和菱角塘段生态廊道建设一期工程方案初审会。

7 月 9 日　省委书记娄勤俭通过省防指视频会商系统连线三河闸工程行洪现场，听取三河闸工程运行情况的汇报，并通过视频向坚守在抗洪一线的全处干部职工致以诚挚的慰问。

7 月 24 日　省洪泽湖水利工程管理处在三河闸工程现场举办三河闸工程建成放水纪念活动。管理处全体党员，面对鲜红的党旗和滔滔淮水，再次重温入党誓词，与会人员演唱了歌曲《淮河两岸鲜花开》和《我和我的祖国》，纪念仪式结束后全体党员高举旗帜，分赴工程运行现场，继续开展工程巡查。

7 月 28 日　外交部前部长、中国人民外交学会名誉会长李肇星来洪泽湖管理处考察防汛抗洪等工作。

7 月　江苏省政府发布《关于全面推进我省长江流域禁捕退捕工作实施方案的通知》（苏政发〔2020〕58 号）文件，2020 年 10 月 10

日零时起，收回洪泽湖省管水域渔业生产者捕捞权，撤回捕捞许可，相关证书予以注销，在洪泽湖省管水域全面实施10年禁渔期。

9月6日　水利部规计司、水利水电规划设计总院、淮河水利委员会等单位专家领导来金湖站开展南水北调东线二期工程现场查勘和调研。

9月17—18日　省水利厅会同省人大农委，就《江苏省洪泽湖保护条例》立法工作赴淮安市洪泽湖地区开展调研。

10月20日　宿迁市洪泽湖水域4 714艘捕捞渔船的船网评估、协议签订、权证注销、船网回收工作已全部完成。

12月　洪泽湖湿地景区创成国家5A级旅游景区。

2021年

3月16日　省洪泽湖管委会全体成员会议在南京召开，会议要求各地各部门要深入学习贯彻习近平生态文明思想和习近平总书记关于治水的一系列重要论述、对江苏工作的重要讲话指示精神，全面落实中央和省委、省政府决策部署，对照洪泽湖三年工作计划，坚持目标导向、问题导向、结果导向，坚持生态优先、水陆统筹、区域联动，推动洪泽湖治理再上新台阶。要聚焦盛水的“盆”，强化河湖空间管控；聚焦“盆”里的水，强化水污染防治；聚焦上岸的人，强化民生服务保障；聚焦湖区的美，强化水生态修复和水文化建设。要压实工作责任，加强支撑保障，强化跟踪问效。

6月29日　洪泽湖“两船”整治市级终验全部结束，洪泽湖7 066条住家船全部完成处置，49条餐饮船全部回收，近2万住家船渔民上岸安居，实现“两年任务一年基本完成”。

11月29日　省十三届人大常委会第二十七次会议审议了《江苏省洪泽湖保护条例(草案)》。条例草案拟通过将洪泽湖管委会模式上升为法规制度、强化入湖河道地方政府责任等规定，遏制和逐步解决洪泽湖保护中的突出问题。

2022 年

3 月 31 日　江苏省第十三届人民代表大会常务委员会第二十九次会议审议通过《江苏省洪泽湖保护条例》,《江苏省洪泽湖保护条例》自 2022 年 5 月 1 日起施行。

附　录

江苏省洪泽湖保护条例

2022 年 3 月

江苏省人大常委会公告

第79号

《江苏省洪泽湖保护条例》已由江苏省第十三届人民代表大会常务委员会第二十九次会议于2022年3月31日通过，现予公布，自2022年5月1日起施行。

江苏省人民代表大会常务委员会

2022年3月31日

江苏省洪泽湖保护条例

（2022年3月31日江苏省第十三届人民代表大会常务委员会第二十九次会议通过）

目　录

第一章　总则
第二章　规划与管控
第三章　资源保护与利用
第四章　水污染防治
第五章　水生态修复
第六章　法律责任
第七章　附则

第一章　总则

第一条　为了加强洪泽湖保护，促进资源科学利用，保障防洪、供水、生态安全，根据《中华人民共和国水法》《中华人民共和国防洪法》《中华人民共和国水污染防治法》等有关法律、行政法规，结合本省实际，制定本条例。

第二条　在本省洪泽湖集水汇水区域内开展洪泽湖保护以及从事各类生产生活、开发建设等活动，应当遵守本条例。

洪泽湖周边滞洪区、自然保护区、大运河文化带的管理按照有关法律、法规和国家、省有关规定执行。

第三条　洪泽湖保护应当坚持生态优先、绿色发展，遵循科学规划、系统治理、统筹兼顾、协同共治的原则。

第四条　省人民政府和相关设区的市、县（区）人民政府（以下统称相关县级以上地方人民政府）应当将洪泽湖保护工作纳入国民经济和社会发展规划，将洪泽湖保护经费列入本级政府财政预算，落实调整经济结构、优化产业布局、推动绿色发展、促进生态安全的责任。

相关乡镇人民政府、街道办事处应当按照规定的职责，做好本辖区内洪泽湖保护的有关工作。

洪泽湖各级河湖长按照各自职责做好洪泽湖保护的相关工作。

第五条　省人民政府设立的洪泽湖管理委员会统筹协调洪泽湖保护工作，拟订相关政策措施，确定治理目标和考核指标，督促检查重要工作的落实。

相关设区的市、县（区）人民政府设立的洪泽湖保护综合协调机制统筹协调、指导监督本行政区域内的洪泽湖保护工作。

第六条　省人民政府水行政主管部门是洪泽湖的主管部门，承担省洪泽湖管理委员会的日常工作。经批准设立的省洪泽湖水利工程管理机构，按照规定的职责做好洪泽湖保护相关工作。

相关设区的市、县（区）人民政府水行政主管部门是本行政区域洪泽湖的主管部门，承担同级洪泽湖保护综合协调机制的日常工作。

相关县级以上地方人民政府发展改革、工业和信息化、公安、财政、自然资源、生态环境、住房城乡建设、交通运输、农业农村、文化和旅游、林业等相关部门按照职责分工，做好洪泽湖保护有关工作。

第七条 相关县级以上地方人民政府应当支持和引导金融组织和社会资本参与洪泽湖保护。

第八条 鼓励和支持开展洪泽湖集水汇水区域防洪排涝、污染防治、生态修复、绿色发展的科学研究与技术开发、成果转化与应用。

第九条 相关县级以上地方人民政府应当加强洪泽湖保护宣传教育工作，引导公众参与洪泽湖保护。鼓励依法开展生态环境公益诉讼等活动。

第十条 相关县级以上地方人民代表大会常务委员会通过听取和审议本级人民政府专项工作报告、组织执法检查等方式，加强对洪泽湖保护工作的监督。

第十一条 对保护洪泽湖成绩显著的单位和个人，按照国家和省有关规定给予表彰、奖励。

第二章 规划与管控

第十二条 省人民政府水行政主管部门应当会同省发展改革、自然资源、生态环境、住房城乡建设、交通运输、农业农村、林业等有关部门，依据流域综合规划、流域水生态环境保护规划、省国民经济和社会发展规划、国土空间规划等，编制洪泽湖保护规划，报省人民政府批准后实施。

洪泽湖保护规划的内容应当包括功能定位、保护目标、保护范围、防洪除涝要求、供水保障要求以及措施、水域岸线功能分类保护要求、种植养殖区域以及面积控制目标、水生态保护与修复措施、退圩(渔)还湖措施等。

涉及洪泽湖的交通、湿地、林业、自然保护区、生态环境保护、旅游、养殖水域滩涂等专项规划应当与洪泽湖保护规划相衔接。

经批准的洪泽湖保护规划是洪泽湖保护的依据,任何组织和个人不得违反洪泽湖保护规划从事开发利用活动。

第十三条 相关设区的市、县(区)国土空间规划应当体现洪泽湖保护范围和水域岸线功能分类保护要求。

洪泽湖集水汇水区域生态保护红线划定、永久基本农田划定、城镇开发边界划定,应当服从防洪总体安排,预留防洪设施建设空间。

第十四条 相关设区的市、县(区)人民政府应当依据洪泽湖保护规划,组织划定本行政区域内洪泽湖具体保护范围,设置界桩、标识牌,并向社会公告。

第十五条 相关设区的市、县(区)人民政府应当依据洪泽湖保护规划以及省洪泽湖管理委员会确定的洪泽湖治理目标和考核指标,制定实施计划,并将实施计划完成情况纳入对本级人民政府有关部门和下一级人民政府及其负责人考核评价的内容。

第十六条 洪泽湖保护范围内禁止下列行为:

(一)弃置废弃船只,擅自弃置清淤弃土;

(二)围湖造地、圈圩种植、圈圩养殖;

(三)新设除城乡生活污水集中处理设施排污口以外的排污口;

(四)设置住家船、餐饮船;

(五)新建、扩建宾馆饭店,开发建设房地产,或者违法建设其他设施;

(六)在洪泽湖迎水侧水域、湖洲、滩地上种植阻碍行洪的林木和高秆作物;

(七)其他缩小水域面积、侵占水域岸线、危害防洪安全、影响河势稳定、破坏水生态和水环境的行为。

洪泽湖保护范围内已有的耕地和永久基本农田应当依法逐步退出。对已有的圈圩，不得加高、加宽圩堤和垫高土地地面，不得新建、扩建硬质道路、涵闸、泵站、房屋等设施；已经列入洪泽湖退圩还湖规划和实施方案的，在退出前不得转作他用。

第十七条 相关县级以上地方人民政府应当调整洪泽湖集水汇水区域产业结构，优化产业布局，推进清洁生产和资源循环利用，促进绿色发展。产业结构和布局应当与生态系统、资源环境承载能力相适应。

相关县级以上地方人民政府应当开展洪泽湖集水汇水区域工业污染整治，淘汰不符合产业政策的落后产能。

第十八条 相关县级以上地方人民政府应当采取措施，推进洪泽湖堤防、滞洪区、主要出入湖河道整治，提高洪涝灾害防御工程标准，加强水工程联合调度，建立与经济社会发展相适应的防洪减灾工程体系，提升洪涝灾害整体防御能力。

第十九条 洪泽湖集水汇水区域内圩区的建设和治理应当符合防洪要求，合理控制圩区标准，统筹安排圩区外排水河道规模，严格控制联圩并圩。禁止在洪泽湖蓄水范围内开展圩区建设。省人民政府水行政主管部门应当按照规定的权限开展洪泽湖洪水调度，相关设区的市、县（区）人民政府应当采取相应措施，落实滞洪区滞洪和超标准洪水应对的有关要求。

第二十条 确需在洪泽湖保护范围和入湖河道管理范围内建设跨河（湖）、穿河（湖）、临河（湖）、穿堤的建筑物、构筑物等工程设施的，其工程建设方案以及工程位置和界限应当经相关县级以上地方人民政府水行政主管部门或者流域管理机构按照权限批准。

在洪泽湖保护范围内开展水上旅游、水上运动等活动，应当符合洪泽湖保护规划，不得影响防洪安全、工程安全、生态安全和公共安全，有关部门在批准前应当征求相关设区的市人民政府水行政主管部门意见。

第二十一条 洪泽湖保护范围内实施网格化管理。省洪泽湖水利工程管理机构负责网格化管理机制运行的具体协调、指导和考核。

第二十二条 相关县级以上地方人民政府应当加强洪泽湖集水汇水区域内河湖公共空间治理，维护河湖公共空间的完整性。相关县级以上地方人民政府可以根据本地实际情况制定公共空间治理的具体办法。

第二十三条 相关县级以上地方人民政府水行政、自然资源、生态环境主管部门应当根据职责分工，对洪泽湖和入湖河道的水位、水量、水质、水生态、开发利用状况、地下水资源等进行动态监测，建立健全监测体系。

省人民政府水行政主管部门应当会同省有关部门每两年对洪泽湖保护状况进行评估，并向社会公布评估结果。

第三章 资源保护与利用

第二十四条 洪泽湖水资源配置与调度应当统筹本地水源与引江水源，协调省外调水与省内用水，优先满足城乡居民生活用水，保障基本生态用水，兼顾农业、工业用水以及航运等需要。省人民政府水行政主管部门按照国家有关规定统一调度洪泽湖水资源，组织编制年度水量调度计划，明确相关河段流量水量、水位管控要求，分解下达到相关设区的市、县（区）人民政府；制定洪泽湖抗旱应急水量调度方案，发布洪泽湖干旱预警信息。

第二十五条 相关县级以上地方人民政府应当依法加强洪泽湖饮用水水源地、南水北调输水通道保护，组织开展应急水源地建设。

第二十六条 省人民政府水行政主管部门应当会同省有关部门确定洪泽湖生态水位并向社会公布。

省人民政府水行政主管部门应当建立洪泽湖生态水位监测预警

机制，组织制定生态水位保障实施方案。洪泽湖水位接近生态水位时，省人民政府水行政主管部门应当采取补水、限制取水等措施。

第二十七条 相关县级以上地方人民政府应当按照洪泽湖以及入湖河道水域岸线功能区用途管制、节约集约利用的要求，开展河湖水域岸线综合整治，优化整合生产岸线、整治提升生活岸线、保护修复生态岸线，依法清退不符合功能区用途管制要求的项目。

第二十八条 洪泽湖采砂管理实行相关县级以上地方人民政府行政首长负责制。省人民政府应当依法确定洪泽湖禁止采砂区和禁止采砂期，并予以公告。

洪泽湖入湖河道禁止采砂区和禁止采砂期由相关县级以上地方人民政府依法确定并公告。

第二十九条 相关县级以上地方人民政府可以按照国家有关规定，结合河湖和航道的清淤疏浚、综合治理等，建立疏浚砂综合利用机制，促进疏浚砂综合利用。河湖和航道的清淤疏浚、综合治理工程涉及疏浚砂综合利用的，应当在项目实施方案中明确疏浚砂处置方案。

第三十条 相关县级以上地方人民政府应当在洪泽湖集水汇水区域重要典型生态系统的完整分布区、生态环境敏感区、珍贵野生动植物天然集中分布区和重要栖息地、重要自然遗迹分布区等区域，依法设立自然保护区、自然公园等自然保护地，加强自然保护地的保护和管理，维护生态功能和生物多样性。

第三十一条 省人民政府农业农村主管部门应当会同省有关部门组织开展洪泽湖水生生物资源监测，加强水产种质资源保护区管理。相关县级以上地方人民政府及其农业农村等主管部门应当加强水生生物资源保护，采取水生生物增殖放流等措施，维护水生生物多样性。

第三十二条 相关县级以上地方人民政府农业农村主管部门应

当依据洪泽湖保护规划，编制洪泽湖养殖水域滩涂规划，划定禁养区、限养区和养殖区，报同级人民政府同意后公布并实施。

禁养区内的养殖应当依法退出；限养区内的养殖应当按照规划严格控制规模；养殖区的布局应当满足水域功能区的要求，兼顾近岸水域水生生物栖息地保护与恢复。

第三十三条　省人民政府农业农村主管部门应当依法确定洪泽湖禁止捕捞和限制捕捞的渔业资源区域、种类、期限。

洪泽湖水产种质资源保护区禁止生产性捕捞和垂钓。

第三十四条　相关县级以上地方人民政府及其有关部门应当保护洪泽湖集水汇水区域历史文化遗存，合理规划和建设水工遗址展示点、水文化展览馆、水情教育基地等设施，继承和弘扬大运河、洪泽湖历史文化。

第四章　水污染防治

第三十五条　相关设区的市、县（区）、乡镇人民政府对本行政区域内的水环境质量负责，应当加大洪泽湖集水汇水区域的水污染防治力度，推进城市内涝治理，合理规划建设城乡生活污水集中处理设施及配套管网，并保障其正常运行，预防、控制和减少水环境污染。

第三十六条　洪泽湖集水汇水区域实行重点水污染物排放总量控制制度。相关设区的市、县（区）人民政府应当根据省人民政府下达的总量控制指标，制定洪泽湖水污染物排放总量削减和控制计划，并分解下达实施。

省人民政府可以根据洪泽湖水生态环境保护的需要，对国家水污染物排放标准中未作规定的项目制定地方水污染物排放标准，对国家水污染物排放标准已作规定的项目制定严于国家水污染物排放标准的地方水污染物排放标准。地方水污染物排放标准应当报国务院生态环境主管部门备案。

第三十七条　洪泽湖主要入湖河道实行行政区界上下游、左右岸水体断面水质交接责任制。入湖河道水质未达标的，由相关县级以上地方人民政府制定整治方案并限期整改；未按期整改到位的，生态环境主管部门应当报经有批准权的人民政府批准后，责令排污单位采取限制生产、停止生产等措施，减少水污染物排放。

相关设区的市、县（区）人民政府应当组织开展洪泽湖入湖河道排污口核查整治，明确责任主体，实施分类管理，依法予以处理。

第三十八条　在洪泽湖集水汇水区域内，新建、改建、扩建排放水污染物的生产项目，应当符合《中华人民共和国水污染防治法》《淮河流域水污染防治暂行条例》《江苏省水污染防治条例》等法律、法规和国家、省产业政策。

在洪泽湖集水汇水区域内，禁止和严格限制的产业、产品名录，按照国家有关规定执行。省人民政府可以根据洪泽湖水生态环境保护的需要，增加严格限制新建的生产项目类别。

第三十九条　相关县级以上地方人民政府及其有关部门应当指导农业生产者科学合理使用化肥和农药，加强对洪泽湖周边圩区农田灌溉退水的治理和水质监控，因地制宜采取建设生物拦截带、生态沟渠、径流集蓄与再利用设施等措施，推进农田灌溉水循环利用，控制地表径流农业污染。

洪泽湖集水汇水区域畜禽养殖应当严格遵守国家和省关于禁养区的规定。依法设置的畜禽养殖场（小区）应当对畜禽粪便、污水进行无害化处理，因地制宜开展综合利用；达到省定规模的养殖场（小区）应当配套建设相应的畜禽粪污处理利用设施，并确保其正常运转。

洪泽湖集水汇水区域从事水产养殖的单位和个人，应当科学使用饵料、药物，开展养殖池塘标准化改造，促进养殖尾水达标排放或者循环利用。

第四十条 无船名船号、无船舶证书、无船籍港的船舶和住家船、餐饮船不得进入洪泽湖保护范围。

在洪泽湖和入湖河道航行、停泊、作业的船舶应当根据船舶种类、吨位、功率和配员等，配备相适应的生活污水收集处理设施以及废油、残油、垃圾和其他有害物质的存储容器，并正常使用。

第四十一条 禁止在洪泽湖保护范围和入湖河道管理范围内倾倒、填埋、堆放、弃置、处理固体废物。

相关县级以上地方人民政府应当加强对跨区域固体废物污染环境的联防联控。

第四十二条 相关县级以上地方人民政府应当与相邻省份、本省相邻区域同级人民政府建立洪泽湖水污染防治跨区域协作机制，共同预防和治理水污染、保护水环境。

生态环境主管部门应当将跨省断面纳入水环境监测网络，建立与相邻省份同级人民政府有关部门的联动工作机制，加强水环境信息交流和共享，依法开展生态环境监测、执法、应急处置等合作，共同处理跨省突发水环境事件以及水污染纠纷，协调解决重大水环境问题。

第五章 水生态修复

第四十三条 相关县级以上地方人民政府应当依据国土空间生态保护和修复规划，按照山水林田湖草系统治理的要求，坚持自然恢复为主、自然恢复与人工修复相结合的原则，组织开展退圩（渔）还湖、水域岸线生态修复、清淤疏浚、水系连通、入湖河道综合治理、水生态涵养区建设、水土流失防治等，恢复、修复河湖功能。

第四十四条 相关县（区）人民政府应当依据省人民政府批准的洪泽湖退圩（渔）还湖规划，编制实施方案，落实年度计划。

退圩（渔）还湖需要堆放弃土的，应当符合洪泽湖退圩（渔）还湖规划的要求，兼顾防洪调蓄、生态保护与科学利用。退圩（渔）还湖完成后，根据实际情况重新划定洪泽湖保护范围。

相关县级以上地方人民政府在安排年度建设用地指标时，对退圩（渔）还湖涉及的水利工程建设用地应当优先予以支持。相关县（区）人民政府应当将土地整治等形成的新增耕地，优先用于退圩（渔）还湖需要调整的耕地和永久基本农田的调整补划。省人民政府自然资源主管部门应当加强洪泽湖退圩（渔）还湖涉及用地的协调、指导工作。

相关设区的市、县（区）人民政府实施退圩（渔）还湖时，应当采取切合当地实际的政策措施，依法保护有关组织和个人的合法权益。

第四十五条　相关县级以上地方人民政府应当依据洪泽湖保护规划，在确保防洪、供水安全的前提下，因地制宜开展洪泽湖水域岸线生态修复，建设生态型护岸，保护洪泽湖滩地，改善水生动植物赖以生存的生态环境。

第四十六条　相关县级以上地方人民政府应当采取河道清淤、岸坡防护、截污纳管、生态湿地过滤、排污口整治等多种措施，开展入湖河道综合治理，保证入湖河道水质达标。

第四十七条　相关县级以上地方人民政府可以将生态功能突出的区域划定为水生态涵养区，实行严格保护。

相关县（区）人民政府应当加强洪泽湖和入湖河道水生植物的管理，科学利用、合理收割芦苇、蒲草等水生植物。

第四十八条　相关县级以上地方人民政府水行政主管部门应当根据洪泽湖集水汇水区域河湖水网水系特点，实施河湖水系连通工程，逐步恢复河湖自然连通能力；加强防洪、供水、生态综合调度，促进水体互联互通、活水畅流。

第四十九条　相关县级以上地方人民政府水行政主管部门应当定期开展河湖淤积监测，根据需要进行清淤疏浚，实施淤泥无害化、减量化处置，推动无污染淤泥的综合利用。

第五十条 省人民政府应当将洪泽湖生态空间管控区域纳入重点生态功能区转移支付范围，并加大财政转移支付力度。

鼓励洪泽湖集水汇水区域内上下游、左右岸地方人民政府之间开展生态保护补偿。鼓励社会资金建立市场化运作的洪泽湖生态保护补偿基金。鼓励洪泽湖集水汇水区域相关主体之间采取自愿协商等方式开展生态保护补偿。

第六章 法律责任

第五十一条 违反本条例规定，法律、法规已有处罚规定的，从其规定。

第五十二条 违反本条例规定，相关县级以上地方人民政府、有关部门、乡镇人民政府、街道办事处及其工作人员玩忽职守、滥用职权、徇私舞弊的，对直接负责的主管人员和其他直接责任人员依法给予处分；构成犯罪的，依法追究刑事责任。

第五十三条 违反本条例第十六条第一款第一项规定，在洪泽湖保护范围内弃置废弃船只的，由相关县（区）人民政府指定的部门责令违法者限期清除；逾期不清除的，代为清除，所需费用由违法者承担；违法者无法确定的，组织清除。

违反本条例第十六条第一款第一项规定，在洪泽湖保护范围内擅自弃置清淤弃土的，由相关县级以上地方人民政府水行政主管部门责令停止违法行为，限期清除，可以处一万元以上五万元以下罚款；逾期不清除的，代为清除，所需费用由违法者承担。

违反本条例第十六条第一款第四项规定，在洪泽湖保护范围内设置住家船、餐饮船的，由相关县（区）人民政府指定的部门责令限期拖离或者拆除，逾期不拖离的，予以拖离；不能拖离或者逾期不拆除的，代为拆除，所需费用由违法者承担，可以处五千元以上二万元以下罚款。

第五十四条 因污染洪泽湖环境、破坏生态造成他人损害的，侵权人应当依法承担侵权责任。

违反规定造成洪泽湖生态环境损害的，国家规定的机关或者法律规定的组织依法有权请求侵权人承担修复责任、赔偿损失和有关费用。

第五十五条 相关县级以上地方人民政府应当建立洪泽湖联合执法机制，组织有关部门对洪泽湖跨行政区域、生态敏感区域和违法案件高发区域以及重大违法案件，依法开展联合执法。有条件的地方经依法批准，可以建立综合行政执法制度，相对集中洪泽湖管理保护行政处罚权。

相关县级以上地方人民政府有关部门应当依照本条例规定和职责分工，对洪泽湖保护活动进行监督检查，依法查处各类违法行为；发现涉嫌犯罪的，应当移送司法机关。司法机关对有关部门移送的涉嫌犯罪案件，应当按照国家和省有关规定处理。

第五十六条 对洪泽湖保护工作不力、问题突出、督查检查发现问题整治不力、群众反映集中的地区，省洪泽湖管理委员会和省人民政府有关部门可以约谈相关设区的市、县（区）人民政府及其有关部门主要负责人，要求其采取措施及时整改。

第七章 附则

第五十七条 本条例所称洪泽湖集水汇水区域，是指淮安市、宿迁市行政区域内废黄河以南、洪泽湖大堤以西、盱眙山脉分水岭以北、苏皖省界以东的区域。

本条例所称相关设区的市、县（区），是指淮安市、宿迁市，淮安市淮阴区、洪泽区、盱眙县，宿迁市宿城区、泗阳县、泗洪县。

本条例所称洪泽湖保护范围，是指洪泽湖设计洪水位以下的湖泊水体（包括淮河洪山头以下至老子山的干流）、湖盆、湖洲、湖滩、湖心岛屿、湖水出入口、堤防及其护堤地。其中，无堤防段根据洪泽湖设计洪水位确定；有堤防段以背水坡堤脚外五十米为界（有顺堤河的，以顺堤河为界），城镇段堤防背水坡堤脚外不小于五米。

本条例所称入湖河道，是指洪泽湖集水汇水区域内的高桥河、维桥河、池河、淮河干流、团结河、怀洪新河、新汴河、老汴河、新濉河、老濉河、濉河、徐洪河、安东河、西民便河、古山河、五河、肖河、马化河、朱成洼河、成子河、高松河、黄码河、淮泗河、赵公河、老场沟、杨场沟、张福河。

第五十八条 本条例自 2022 年 5 月 1 日起施行。

江苏省人民政府

苏政复〔2015〕95号

省政府关于同意成立
江苏省洪泽湖管理委员会的批复

省水利厅：

你厅《关于成立省洪泽湖管理委员会的请示》（苏水管〔2015〕67号）收悉。现批复如下：

一、为贯彻落实省委常委会109次会议议定事项，完善湖泊管理与保护体制机制，同意成立江苏省洪泽湖管理委员会。

二、同意你厅提出的洪泽湖管委会组建方案。管委会主任由省水利厅主要负责同志担任，省发展改革、公安、财政、环保、交通运输、渔业、林业等部门，淮安、宿迁市人民政府及所辖洪泽、盱眙、淮阴、宿城、泗洪、泗阳县（区）人民政府分管负责同志为成员。管委会下设办公室，承担日常工作，办公室具体组建方案由你厅按规定报省编办审核批准。

三、洪泽湖管委会成立后，要认真贯彻湖泊管理保护、开发利用、综合治理等方面的法律法规，研究制定加强洪泽湖管理与保护的政策措施，组织编制洪泽湖管理与保护、资源开发利用、综合治理等规划，统筹协调洪泽湖管理、开发、利用、保护、治理等事务，切实强化湖泊监督管理，全面提升洪泽湖管理与保护水平。

江苏省人民政府

2015年9月16日

（此件公开发布）

抄送：省编办，省发展改革委、公安厅、财政厅、环境保护厅、交通运输厅、海洋与渔业局、林业局，淮安、宿迁市人民政府。

江苏省洪泽湖管理委员会文件

苏洪管委〔2019〕1号

关于调整完善省洪泽湖管理委员会的通知

淮安、宿迁市人民政府，省发展改革委、公安厅、财政厅、自然资源厅、生态环境厅、住房城乡建设厅、交通运输厅、水利厅、农业农村厅、文化和旅游厅、林业局：

为推动洪泽湖生态环境保护省委专项巡视问题整改落实，切实加强洪泽湖管理和保护，经省政府同意，现对2015年省政府批复成立的江苏省洪泽湖管理委员会进行调整，进一步明确洪泽湖管理和保护牵头部门和相关部门的责任。具体方案如下：

一、管委会工作职责

认真贯彻湖泊管理保护、开发利用、综合治理、生态修复等方面的法律法规，统筹协调、组织指挥和督促落实洪泽湖管理和保护中的重大事项，强化湖泊监督管理，提升洪泽湖管理和保护水平。

二、管委会人员组成

管委会主任由分管水利副省长担任，副主任由省政府分管自然资源、水利副秘书长和省水利厅厅长担任。

管委会成员由省发展改革委、公安厅、财政厅、自然资源厅、生态环境厅、交通运输厅、住房城乡建设厅、水利厅、农业农村厅、文化和旅游厅、林业局以及淮安、宿迁两市人民政府分管负责同志担任。

三、管委会组织架构及职责

管委会下设办公室，办公室设在省水利厅，承担洪泽湖管理委员会日常工作，牵头抓总推进洪泽湖管理保护，组织、协调、推动、督促相关事项落实，研究落实洪泽湖长效管护措施。办公室主任由省水利厅厅长担任，常务副主任由省水利厅1名负责同志担任。管委会办公室下设综合计划组、政策法规组、规划管控组、生态环境组、水利安全组、退养还湖组、执法监督组，各组组长由省有关部门和单位分管负责同志担任。

综合计划组，由省水利厅、财政厅牵头，具体负责管委会办公室日常工作，承担管委会年度计划的制定，以及洪泽湖管理保护、综合治理资金保障工作，抓好相关事项的协调、推进和落实。

政策法规组，由省发展改革委、水利厅牵头，省相关部门及淮安、宿迁两市政府参加，省发展改革委重点牵头研究制定进一步推进洪泽湖管理和保护的政策举措，省水利厅重点牵头起草洪泽湖保护条例等法规。

规划管控组，由省自然资源厅、水利厅牵头，省相关部门及淮安、宿迁两市政府参加，组织编制洪泽湖区域综合性保护规划和洪泽湖保护规划、洪泽湖退圩还湖规划等规划，负责洪泽湖区域空间管控，并监督实施；省林业局监督指导洪泽湖区域自然保护区和湿地保护工作。

生态环境组，由省生态环境厅牵头，省相关部门及淮安、宿迁两市政府参加，负责洪泽湖区域水生态环境监督管理，指导推进水污染防治、生态保护修复等工作。

水利安全组，由省水利厅牵头，省相关部门及淮安、宿迁两市政府参加，负责洪泽湖防洪安全和水资源保护，负责指导推进洪泽湖退圩还湖及水生态治理、保护。

退养还湖组，由省农业农村厅、住房城乡建设厅牵头，省相关部门及淮安、宿迁两市政府参加，负责组织实施洪泽湖退渔还湖工程和渔民上岸工程。

执法监督组，由省水利厅、公安厅牵头，省相关部门及淮安、宿迁两市政府参加，开展洪泽湖违法建设、非法采砂、环境污染、非法养殖捕捞等执法监督。

各相关地区和部门要认真贯彻省委、省政府部署要求，在省洪泽湖管理委员会的组织领导下，在管委会办公室的统一协调下，认真履职尽责，加强协同配合，切实抓好各项任务落实。

牵头单位对牵头任务负总责，要制定具体工作计划，及时协调推进相关任务落实；参加单位要根据职能分工，积极配合、主动作为，合力推进洪泽湖管理与保护。

江苏省洪泽湖管理委员会

2019年4月30日

抄送：省委编办。

江苏省洪泽湖管理委员会办公室 2019年5月5日印发

江苏省人民政府办公厅文件

苏政办发〔2019〕72号

省政府办公厅关于加强洪泽湖生态保护和科学利用的实施意见

淮安、宿迁市及所辖县（市、区）人民政府，省各委办厅局，省各直属单位：

洪泽湖是我国第四大淡水湖，是国家南水北调东线工程重要调蓄湖泊和我省苏北地区重要水源，连通长江与淮河，地处长江经济带和淮河生态经济带交汇点，具有重要的生态区位价值与资源优势。保护好洪泽湖，事关江苏生态文明建设大局，事关苏北地区经济社会高质量发展和人民群众福祉。为认真落实省委、省政府关于加强洪泽湖生态环境保护的部署要求，促进洪泽湖区域生态经济协调发展，经省人民政府同意，现提出以下意见。

一、总体要求

（一）指导思想。坚持以习近平新时代中国特色社会主义思想为指导，全面贯彻落实习近平生态文明思想，牢固树立“绿水青山就是金山银山”理念，坚持共抓大保护、不搞大开发，坚持生态优先、水陆统筹、区域联动，坚持山水林田湖草系统治理，坚持问题导向，着力解决我省境内洪泽湖区域水污染、水生态、水空间面临的突出问题。

（二）基本原则。

——坚持规划引领，强化系统治理。充分发挥规划的引领约束作用，建立洪泽湖区域“多规合一”的生态保护和利用体系。强化系统思维，提高洪泽湖治理保护的科学性、系统性。

——坚持治污先行，加强空间管控。加大洪泽湖区域水污染防治力度，推进内外源污染系统治理，削减污染物排放总量，对湖泊生态空间、管理保护空间严管严控，恢复湖泊自由水面，提升湖泊水环境容量。

——坚持绿色发展，优化产业布局。摒弃拼人力、拼资源的传统发展模式，优化产业发展布局和生态建设空间，深化供给侧结构性改革，推动产业结构调整、经济转型升级，形成洪泽湖全面保护、绿色发展的新格局。

（三）主要目标。到2021年，恢复湖区自由水面50平方公里以上，湖区消除V类水，满足南水北调送水水质要求，国控断面优III类比例达到国家考核要求，完成湿地修复10平方公里，区域内绿色产业格局基本形成。到2025年，退圩还湖综合治理基本完成，湖区水质进一步改善，达到国家考核要求，区域水生态得到有效保护与恢复，水利、交通、环境等基础设施网络基本健全，高端绿色产业初步形成，治水文化传承繁荣，展现大美洪泽湖的美好愿景。

二、主要任务

（一）坚持规划引领约束。

1. 出台《洪泽湖区域综合性保护规划》。统筹安排洪泽湖区域的国土空间优化、自然资源利用、流域综合治理等，分阶段、有步骤推进洪泽湖综合治理和保护。

2. 推进专项规划实施。与《洪泽湖区域综合性保护规划》相衔接，修编《洪泽湖保护规划》，统筹洪泽湖功能管理、资源管控和生态保护；编制实施洪泽湖区域交通、湿地自然保护区、退圩还湖、生态旅游、养殖水域滩涂规划等专项规划，推动涉湖各个行业、各项功能协调融合发展。

（二）强化生态空间管控。

1. 守住生态红线底线。支持环湖地区将具有重要生态价值的区域纳入生态保护红线管理，确保生态空间完整，维护区域生态安全。制定实施生态系统保护与修复方案，有序推进生态红线区域内产业退出、企业搬迁、项目迁移和生态修复工程。

2. 严控河湖管理保护范围。严守湖泊管理范围，严格湖泊滞洪区和保护范围线管控，建立湖泊水域岸线自然资源总量管理、全面节约和违规退出制度，制定保护范围内负面清单，核定岸线开发利用总量控制上限，规范涉湖建设项目与开发活动管理，推行节约集约利用，严禁高消耗低产出的水域岸线资源利用项目，禁止湖泊保护范围内新增风电、光伏发电等建设项目。

3. 严格保护自然资源。切实推动洪泽湖区域内水资源、山岭、林地、湿地等各类自然资源有效保护，严防各类自然资源资产总量减少，实施自然资源恢复和补偿工程，加快偿还"生态欠账"，确保总量稳中有升，质量稳步提高。

4. 严厉打击涉水违法犯罪。重点查处洪泽湖水域非法采砂、非法捕捞、非法排污、非法圈圩等违法犯罪行为，建立执法信息共享、联合执法、联合办案、案件移送等制度。

5. 严守耕地和永久基本农田红线。充分发挥耕地和永久基本农田在调节气候、维持生态多样性、涵养水源等方面的重要作用，严格洪泽湖区域耕地保护责任落实，强化永久基本农田特殊保护。根据《自然资源部农业农村部关于加强和改进永久基本农田保护工作的通知》（自然资规〔2019〕1号）要求，逐步清理基本农田划定不实现象。

（三）加大水污染防治力度。

1. 加强工业污染整治。强化区域重点企业污染源头管控，执行更严格的排放标准，深入推进化工污染整治专项行动，加快处置落后工艺、不符合产业政策的小型和重污染项目，淘汰关停一批环保水平不达标的造纸、皮革、蓄电池等粗放型、资源依赖型产业，进一步削减污染物排放总量。对水质不达标的入湖河道，制定实施达标整治方案并限期整改；未按期整改到位的河道，实施上游企业污水强制性减排、停止排放等措施。

2. 推动农业面源污染治理。严格畜禽禁养区管理，防止关闭养殖场（小区）复养回潮。规范非禁养区养殖场户生产行为，落实养殖企业污染治理和废弃物资源化利用主体责任，督促指导其建设与养殖规模相配套的粪污处理和资源化利用设施并正常运转，全面推进畜禽养殖废弃物资源化利用，集中连片开展以农业、物理、生物等措施为主的绿色防控示范区建设。支持专业化统防统治服务体系建设，推进化肥农药减量增效。探索推进土地轮作休耕模式和补贴机制，让耕地休养生息。实施洪泽湖蓄水范围线外养殖池塘生态化改造，推广生态健康养殖技术模式，促进养殖尾水达标排放或循环利用。因地制宜建设生物拦截带、生态沟渠、径流集蓄与再利用设施，控制地表径流污染。

3. 强化生活污染治理。加快补齐城乡污水收集和处理设施短板，着力推进环湖城镇、村庄生活污水管网设施建设，建制镇污水处理设施全运行，基本实现农村生活垃圾集中收运处理。

4. 开展入湖排污口排查整治。实施入湖河道水质监测，按照“排查、监测、溯源、整治”要求开展全口径排查整治，依法取缔非法设置的排污口，严厉打击向湖区非法排放、倾倒污染物等违法行为。

5. 加强湖泊渔业综合整治。全面清理圈圩养殖，依法依规推进退养还湖，进一步压减湖泊围网养殖面积，逐步取缔湖内投饵养殖；大力推进洪泽湖渔民上岸工程，多渠道支持渔民上岸安居乐业。

6. 严格船舶污染防治。全面清理河湖管理范围内住家船和餐饮船，禁止加油船、未封舱船进入湖区，持续推进运输船舶生活污水储存、处理装置安装改造，全面完善船舶污染物接收、转运、处置联单监管制度，推动船舶污染物免费接收示范试点。

（四）加快推动生态修复与保护。

1. 实施退圩还湖。科学制定退圩还湖规划，洪泽湖蓄水范围线内的圈圩逐步实施退圩还湖还湿，实施中充分考虑水生态修复、岸线保护及沿湖绿色产业发展需求，重塑洪泽湖形态。

2. 推进湖滨带生态修复。在退圩还湖基础上，全面开展湖泊近岸带水生态保护与修复，提高湖泊水体自我修复能力，形成生态缓冲带。

3. 严格保护自然湿地。加快自然保护区湿地退圩（养）还湖、天然植被恢复和湿地生态修复等工程建设，提升自然湿地保护水平。对区域内退化湿地以及珍稀濒危动物栖息湿地，加大生态修复治理力度，恢复生态功能，逐步提升生态质量。

4. 依法依规推进聚泥成岛。积极推进清淤疏浚、聚泥成岛工程，开展河湖生态清淤，探索建立入湖河道常态化清淤机制，建造河湖良好生境。

5. 开展生态廊道建设。在确保防洪和供水安全前提下，因地制宜打造生态性护岸，尽量减少裁弯取直，构建生态安全屏障，恢复河道自然形态和生态空间，展现河道自然美。

6. 大力实施森林生态修复工程。加强区域水系林网、航道林网、道路林网、农田林网和绿美乡村建设，推进丘陵岗地植被恢复，协同发挥林地、绿地、水面的生态修复保护作用。加强水土流失综合治理，推进生态清洁小流域建设。

7. 建立河湖休养生息制度。把湖泊生态环境保护放在突出位置，通过最严格的管控，合理降低洪泽湖开发利用强度，保护并有效恢复湖泊生态空间，提高生态资源对经济社会发展的保障能力，实现湖泊生态资源永续利用和可持续发展。加大水生生物增殖放流力度，推进生态健康养殖。

（五）完善基础设施网络。

1. 完善水陆交通基础设施。构建环洪泽湖公路网，结合退圩还湖和堤防工程建设环洪泽湖公路，为区域一体化发展奠定基础。积极推进洪泽湖区省干线航道建设，加强航道养护和清淤疏浚，有序发展洪泽湖水上旅游。

2. 完善水利基础设施。实施洪泽湖周边滞洪区建设、水系连通调整建设、水资源供给工程建设、病险工程建设，重点骨干河道综合治理等工作，提高环湖区域防洪除涝能力。

3. 完善环境基础设施。以城乡生活污水处理、工业废水处理、垃圾处理、危险废弃物利用处置、污泥处理处置与资源化利用、清洁能源供应及园区监测监控能力建设为重点，加快补齐环境基础设施短板，促进环境基础设施增量、提质、增效，提升洪泽湖生态环境治理能力。

4. 完善流域监测网络。对水域、陆域，水上、水下，水量、水质，水工程、水生态、水空间，开展全方位、全要素立体式监测，完善信息互通共享机制，形成“一张网”“一张图”。完善生态状况评价指标体系，加强洪泽湖资源环境承载能力和生态功能趋势系统分析，为治理保护提供决策支持。

（六）大力发展绿色生态产业。

1. 推动生态旅游发展。循序渐进发展养生度假、文化游憩、生态休闲、渔业旅游，配套观光游览、民俗体验、农业旅游等辅助功能，努力打造融水、山、岛、景、城、乡于一体的湖泊休闲度假目的地，塑造“洪泽湖全域旅游”大品牌。

2. 推动生态农业发展。突出市场导向、消费导向，以提供绿色优质农产品为目标，积极开拓优质产品市场。采用自然农耕、生物防治、有机施肥等方式，扩大优质稻米、有机稻米种植规模，打造一批优质、有机稻米产业化基地。开展高效园艺提升行动，大力发展水生蔬菜、花卉苗木、果品、食用菌、中药材等特色产品，因地制宜发展绿色有机食品产业，加快“菜篮子”工程建设，建设蔬菜全产业链示范园区。

（七）挖掘弘扬传承优秀文化。

大力挖掘文化内涵。加强历史文化遗产保护和发展，积极推进历史古镇、古村建设，保护古遗址类、古建筑类、革命遗址类、古水利工程类等物质遗产保护，推动非物质文化遗产挖掘，注重保护洪泽湖周边传统风貌，将洪泽湖作为传承地方民俗风情的新节点、彰显地方历史文化的新载体，讲好洪泽湖故事，提升人文特色品质。

三、保障措施

（一）加强组织实施。淮安、宿迁两市是洪泽湖生态保护与利用的责任主体。沿湖地区要提高政治站位，把意见明确的工作任务摆到全局工作的突出位置，强化党政领导责任制，落实牵头部门和相关部门工作责任，确保任务全面完成。省洪泽湖管理委员会负责监督指导意见落实，省洪泽湖管理委员会办公室负责具体牵头抓总工作，在省级湖长和管委会的领导下，会同管委会成员协同发力，共同推进洪泽湖生态保护与利用工作。

（二）建立协同机制。推进洪泽湖网格化管理提档升级，积极探索构建河湖长制下的河湖流域化管理机制，通过管理机制的创新，实现“责任到位、监督定位、奖惩定量”的管控目标。建立联合执法、联合巡查和管理会商机制，在洪泽湖管委会的领导下，建立健全洪泽湖治理保护长效机制。强化污染防治区域联动机制，全面开展环境协同整治，抓紧制定并落实区域环境污染联防联控工作机制。完善流域生态补偿机制，依托重点生态功能区开展生态补偿示范区建设，积极推进市场化、多元化生态保护补偿机制，切实发挥环境经济政策的调控和倒逼作用。

（三）落实资金保障。各级财政部门要统筹整合用于支持乡村振兴、生态环保、脱贫攻坚、产业布局、湿地保护、水利发展等方面资金，加大对洪泽湖治理与保护的投入力度。完善洪泽湖治理保护投融资机制，建立政府引导、市场运作、社会参与的多元化投资渠道，利用好金融信贷政策，引导鼓励金融机构、各类企业、社会组织等各方面资金投入，培育一批专项从事湖泊监测监控、生态保护修复的专业化队伍。省级要完善洪泽湖治理保护资金奖补政策，充分发挥财政资金引导作用。省有关部门要加强与国家部门沟通，用好用足国家相关政策。

（四）强化监督问效。沿湖市县要将洪泽湖治理保护纳入地方国民经济和社会发展规划，将相关目标、任务、措施纳入年度重点工作进行考核，并建立有效的激励和问责办法。省洪泽湖管理委员会及相关成员单位要加强指导，建立按月统计、按季通报制度，及时跟踪督办工作进度，协调会商工作推进过程中遇到的热点和难点，建立问题追溯机制，实施精准治理。省、市、县三级建立有效的责任追究问责制度，对洪泽湖治理保护任务落实不力、问题整治不力，慢作为、不作为甚至失职的地区和单位要限期整改，曝光典型案例，对相关负责同志进行约谈和问责。

江苏省人民政府办公厅

2019年8月31日

（此件公开发布）

江苏省洪泽湖管理委员会文件

苏洪管委〔2019〕3号

省洪泽湖管理委员会关于印发《洪泽湖治理保护三年工作计划》的通知

淮安、宿迁市人民政府，省发展改革委、公安厅、财政厅、自然资源厅、生态环境厅、住房城乡建设厅、交通运输厅、水利厅、农业农村厅、文化和旅游厅、林业局，淮安市淮阴区、洪泽区、盱眙县人民政府，宿迁市宿城区、泗阳县、泗洪县人民政府：

《洪泽湖治理保护三年工作计划》已经省人民政府同意，现印发给你们，请认真组织实施。

江苏省洪泽湖管理委员会

2019年7月6日

抄送：省委巡视办、省政府办公厅、省纪委监委办公厅。

洪泽湖治理保护三年工作计划

洪泽湖地处江淮生态经济区核心区域，是淮河流域洪水的主要调蓄湖泊，也是南水北调东线的调蓄水库和苏北地区工农业生产的重要水源地，在流域防洪保安、城乡供水、农业灌溉以及维系生态平衡等方面发挥着不可替代的作用。为认真落实省委省政府和省委巡视办关于加强洪泽湖管理与保护的工作要求，保障洪泽湖区域经济社会协调发展，现提出洪泽湖治理保护三年工作计划。

一、指导思想

深入贯彻落实习近平生态文明思想，牢固树立新发展理念，坚持共抓大保护、不搞大开发的工作方针，围绕江苏经济社会高质量发展大局，以问题和治理目标为导向，尽快解决洪泽湖水污染、水域萎缩、水生态环境退化、基础设施不完善等突出问题，合理确定洪泽湖治理保护近期任务，推动洪泽湖水陆同治、流域共治、系统修复、长效保护，逐步增加洪泽湖水域面积和水环境容量，改善湖体水质和水生态环境，维护洪泽湖生态健康和功能完好，努力打造流域湖泊治理保护的江苏样板。

二、主要任务

（一）开展外源污染治理

1. 实施入湖河道水质监测全覆盖。加强入湖河道水质监测，对淮河干流、维桥河、高桥河、新老滩河等26条入湖河道，2019年启动实施水质监测，2020年实现监测全覆盖。（责任单位：

省生态环境厅、省水利厅）

2. 开展入湖河道整治。重点推进古山河、维桥河、高桥河、新老濉河、赵公河、西民便河等入湖河道综合整治。2019年开展前期工作，2020~2021年开工实施。（责任单位：沿湖县（区）政府；监督单位：淮安、宿迁市政府，省水利厅、省生态环境厅）

3. 开展入湖排污口全口径排查整治。全面摸清洪泽湖入湖排污口底数，按照“排查、监测、溯源、整治”的工作要求开展全口径排查整治，形成权责清晰、监控到位、管理规范的入湖排污口监管体系。2019年底前完成“排查、监测、溯源”工作，2020年底前全面完成整治工作。推动工业污染整治，加快处置落后工艺、不符合产业政策的小型和重污染项目，削减污染物排放总量。（责任单位：沿湖县（区）政府；监督单位：淮安、宿迁市政府，省生态环境厅、省水利厅）

4. 加强生活污染治理。2019年度新增城镇生活污水处理设施能力6.2万立方米/日，新建污水管网250公里以上，沿湖六县（区）污水处理率达到85%以上，基本消除洪泽湖周边设区市建成区黑臭水体。到2020年，洪泽湖周边地区60%以上行政村建有生活污水处理设施，规模较大的规划发展村庄生活污水治理覆盖率达到90%以上，建制镇污水处理设施覆盖率达到95%以上，村镇生活垃圾集中收运率达到85%以上。（责任单位：沿湖县（区）政府；监督单位：淮安、宿迁市政府，省住房城乡建设厅、省生态环境厅）

5. 深化农业面源污染防治。在洪泽湖周边有条件的地区加快推进轮作休耕试点，开展有机肥替代化肥行动，引导施肥方式和模式转变，支持专业化统防统治服务体系建设，推进化肥农药减量增效。到2019年，主要农作物测土配方施肥技术推广覆盖率达到90%以上，氮肥利用率提高到40%以上，农作物病虫害统防统治覆盖率达到40%以上。全面清理整顿不符合规范标准的养殖场（小区）、养殖专业户，2019年，关闭搬迁禁养区养殖场；2020年，规模化养殖场畜禽粪便综合利用率达到98%。（责任单位：沿湖县（区）政府；监督单位：淮安、宿迁市政府，省农业农村厅）

（二）推进内源污染治理

6. 清理圈圩养殖。按照《防洪法》《渔业法》，全面排查洪泽湖蓄水范围内圈圩归属主体，圈圩养殖一律停发养殖证、停止收费，到2020年底，圈圩内一律停止养殖。（责任单位：沿湖县（区）政府；监督单位：淮安、宿迁市政府，省农业农村厅）

7.清理养殖区外围网养殖。按照《渔业法》以及《省洪泽湖渔业养殖规划（2011-2020）》，2020年底全面拆除洪泽湖渔业养殖区外的围网养殖，养殖区外养殖不发证、不收费，养殖区内圈圩养殖需清理整顿。（责任单位：沿湖县（区）政府；监督单位：淮安、宿迁市政府，省农业农村厅、省生态环境厅、省林业局）

8. 推进渔民上岸工程。坚持因地制宜，充分利用现行有关城乡住房和社会保障相关政策，多渠道支持渔民上岸安居工程，针对新建安置用房的用地指标给予全省统筹、单列支持。（责

任单位：沿湖县（区）政府；监督单位：淮安、宿迁市政府，省住房城乡建设厅、省农业农村厅、省发展改革委、省自然资源厅）

9. 清理住家船和餐饮船。2019年，完成入湖河道和蓄水范围内住家船和餐饮船调查任务，2020年~2021年全面清理拆除住家船和餐饮船。（责任单位：沿湖县（区）政府；监督单位：淮安、宿迁市政府，省交通运输厅、省农业农村厅、省住房城乡建设厅、省公安厅）

10. 严格船舶污染防治。禁止加油船、未封舱船进入湖区，持续推进运输船舶生活污水储存、处理装置安装改造工作。（责任单位：沿湖县（区）政府；监督单位：淮安、宿迁市政府，省交通运输厅）

（三）积极恢复洪泽湖水域面积

11. 完成溧河洼清障行动。在前期清理违法圈圩取得阶段成效的基础上，进一步将圩埂清理至湖底，确保2020年底前完成。（责任单位：泗洪县政府；监督单位：宿迁市政府）

12. 完成泗阳县退圩还湖工程。按照省政府批复，2020年前，全面完成泗阳县洪泽湖退圩还湖、聚泥成岛工程。（责任单位：泗阳县政府；监督单位：宿迁市政府，省水利厅）

（四）加快生态保护与修复进程

13. 严格保护自然湿地。加快保护区湿地退圩（养）还湖、湖底清淤、天然植被恢复和湿地保护等工程建设，提升自然湿地保护水平。对区域内退化湿地以及珍稀濒危动物栖息湿地，加大生态修复治理，恢复生态功能，逐步提升生态质量。（责

任单位：泗洪县政府；监督单位：宿迁市政府，省林业局）

14. 实施入湖河道生态廊道建设。推进淮河干流生态廊道建设前期工作。2020年完成濉河洼、新老濉河、维桥河、高桥河、古山河、西民便河、安东河、五河、老汴河等河道生态廊道建设，修复河湖近岸带，协同发挥林地绿地水面的生态修复保护作用。（责任单位：沿湖县（区）政府；监督单位：淮安、宿迁市政府，省水利厅、省林业局）

（五）推动基础设施建设

15. 推进环湖交通基础建设。根据洪泽湖一体化发展需求，构建洪泽湖区域的交通网络，为沿湖地区生产、生活、环湖生态旅游、防汛抢险建设提供必要的基础设施。2020年前编制《洪泽湖区域交通发展规划》，并纳入省交通"十四五"发展规划。（责任单位：淮安、宿迁市政府；监督单位：省交通运输厅）

16. 强化水利基础设施建设。2020年前完成淮河行蓄洪区及干流滩地居民迁建（不安全人口搬迁工程）和濉河洼灾后重建应急治理工程，加快洪泽湖周边滞洪区建设前期工作，2019年完成可研报告编制。（责任单位：盱眙县政府、泗洪县政府；监督单位：淮安、宿迁市政府，省水利厅）

17. 加快环境基础设施建设。按照省政府办公厅印发的《江苏省环境基础设施三年建设方案（2018-2020年）》的要求，加快补齐推动洪泽湖周边区域环境基础设施短板，促进环境基础设施增量、提质、增效。（责任单位：沿湖县（区）政府；监督单位：淮安、宿迁市政府，省生态环境厅、省住房城乡建设厅）

（六）加强洪泽湖管理能力建设

18. 构建法规规划体系。推动《洪泽湖保护条例》立法进程。建立多规合一规划体系，2019年完成《洪泽湖区域综合性保护规划》，2020年完成《洪泽湖保护规划》等规划修编，跟踪推进《洪泽湖退圩还湖规划》报批，为洪泽湖综合治理、保护、利用提供指导和支撑。（责任单位：省水利厅、省自然资源厅）

19. 完善网格化管理体系。在湖长制和洪泽湖管理委员会的框架下，加快推进洪泽湖网格化管理的提档升级，进一步完善网格化管理组织体系。（责任单位：沿湖县（区）政府，省水利厅）

20. 推进能力建设工程。2019年完成洪泽湖管理能力建设可研编制；编制洪泽湖区域和出入湖河道水文、水质、水生态监测方案。2021年完成洪泽湖区域和出入湖河道监测体系建设。（责任单位：省水利厅、省生态环境厅）

（七）挖掘文化旅游资源

21. 传承治水文化。实施古闸、古坝、古堤、古码头等重要水利遗产修缮与修复工程，打造治水博物馆，保留治水记忆，弘扬治水工匠精神。对当代洪泽湖周边特色水利工程的基本情况、成效以及建设人物、故事等进行文化艺术性展示，将洪泽湖作为传承地方民俗风情的新节点、彰显地方历史文化的新载体。（责任单位：沿湖县（区）政府；监督单位：淮安、宿迁市政府，省水利厅、省文化和旅游厅）

22. 发展环湖生态旅游。2020年底前，编制《洪泽湖生态旅游规划》，在有效保护湖泊生态和文化资源的前提下，依据相关政策法规和保护规划，科学合理适度开展旅游活动。以洪泽湖生态保护为核心、整合环湖旅游资源，建设沿湖旅游精品，共同塑造“洪泽湖大旅游”品牌。（责任单位：沿湖县（区）政府；监督单位：淮安、宿迁市政府，省文化和旅游厅）

三、保障措施

（一）加强组织领导。三年工作计划由省洪泽湖管理委员会牵头抓总，各成员单位和沿湖地区党委政府要提高政治站位，加强组织领导，统筹协调推进，确保各项工作有计划、有安排、有力有序推进。要细化实化各级湖长工作职责，协同出入湖河道河长和湖域各网格长工作。

（二）落实治理责任。沿湖两市、六县区要切实履行属地职责，进一步分解三年工作计划，细化年度目标任务，形成市县三年工作实施方案，扎实做好推进。市县三年工作实施方案和年度工作任务请于2019年7月31日前报管委会审定。管委会办公室要加强指导，建立按月统计、按季通报制度，及时跟踪、督办工作进度，协调会商工作推进过程中遇到的热点和难点。

（三）统筹治理资金。各级财政部门要统筹整合用于支持乡村振兴、生态环保、脱贫攻坚、产业布局、湿地保护、水利发展等方面资金，加大对洪泽湖治理与保护的投入力度。省级完善洪泽湖治理保护奖补政策，充分发挥财政资金引导作用。要积极探索建立多元化、多渠道、多层次的投资体系，引导金融机构和社会资本投资洪泽湖管理与保护。要加大渔民上岸生产、生活安置资金扶持力度，优先扶持渔民退圩转产、就业、创业。